安倍晴明【占いの秘密】

平安京の闇を支配した
スーパー陰陽師の実像

京都造形芸術大学教授
渡辺豊和
Watanabe Toyokazu

文英堂

安倍晴明／占いの秘密

文英堂

目次

第一章　スーパー陰陽師はなぜ現れたか

一　政治は女たちによって夜つくられる

故郷の町の闇

　最初から私事にわたって恐縮だが、私の子供の頃、夜は漆黒《しっこく》の闇《やみ》であった。私の故郷は秋田県の東部中央、角館《かくのだて》町という小城下町であり、父はここの女子高校の教師であった。終戦直後から昭和三十年頃まで、教師が宿直をしていて、父の当番の夜には家から夜の弁当を女子高校まで持って行った。小学生の私はその役目であった。家から高校までの途中にお寺があり、このお寺から家がとぎれ、灯が全くない。晩秋の夜、ここを通るのが怖かった。

　昭和二十年代は、私の故郷では土葬がまだ一般的であり、よく墓場に火の玉が飛ぶとか、幽霊が出るといったことが子供たちの中で話題になっていた。角館町は町の周囲を十以上のお寺が取り囲むが、私が通らなければならないお寺の墓場が特に怖いと噂されていた。晩秋の夜、この寺の墓場の脇の道を通る時、きまってペタペタと後をついて来る者の足音が聞こえる。私は、耳をふさいで急ぎ足というよりも駆けるようにして通り過ぎたものだ。しばらくすると、ようやく向こうに女子高校の灯が見えてきてほっとして振り向くと、足音は止み後ろには誰もいないのであった。今から思うと、あの足音は実は自分が履いている草履のペタペタという音だったのだ。お寺に近づくだけで、思い出さなくてもいいのにわざわざ知っている怪談を次から次へと思いだし、恐怖をつのらせるから、ほんのかすかな物音にすら驚いて腰を抜かしかねないのだ。子供心には、漆黒の闇とは斯《か》くも恐ろしいものであった。

しかし、二十世紀も半ばを過ぎようとしていた昭和二十年代後半の大人たちには、そのような恐怖感はなかったであろう。太陽のまわりを地球がまわっていることや、地球も星の内の一つであることも知っている。ましてや第二次世界大戦の広島、長崎への原爆投下による悲惨な敗北は、科学技術の優劣がもたらしたことを彼らは熟知している。世界は目に見えるもので出来上がっているという信念を持ちこそすれ、まず漆黒の闇の中に姿なき怪物がひそんでいるなどと想像する人はいない。

だが、今から千年も昔の平安時代には違っていた。大人の心理も、私の子供の頃のものとさほど変わらなかった。いや、むしろもっと激しい恐怖感を抱いて夜の漆黒の闇を過ごしていた。

もう一つ子供の頃のことであるが、ある大きな屋敷の奥さんが急死した。大分たって、あれは旦那さんに殺されたらしいと噂になり、例のお寺の墓地に埋葬してあった死体を警察が掘り出したと聞いた。これ以後、私はこの大きな屋敷の脇を夜通る時、こわくてこわくて仕方なかった。それでなくても、この屋敷には大きな猟犬が飼われていて、不気味な鳴き声が夜な夜な聞こえていたから、その恐怖は例のお寺以上であった。漆黒の闇は、事件の不気味さを一層助長する。もうこうなっては、恐ろしくて死体が掘り返された例のお寺の脇など夜はとても通れたものではない。わざわざ遠回りして、女子高校に弁当を届けたものである。ただし遠回りすると、殺人のあったと噂される屋敷の前を通らなければならず、その時々の心理状態によってどちらがこわくないかで道順を決めた。

女々しい平安朝の時代

私の子供の頃のことはこれまでとして、話は平安時代である。特に、希代の陰陽師《おんみょうじ》の安倍晴明《あべのせいめい》(九二一～一〇〇五)が生存していた都平安京はどうであったか、そこから語り始めなければなるまい。平安時代といえば「この世をば　わが世とぞ思ふ　望月《もちづき》の　虧《かけ》たる事も　無《なし》と思へば」とうたった藤原道長《みちなが》の栄華と紫　式部《むらさきしきぶ》の『源氏物語《げんじ》』は誰しも知っていることであろう。ところが、道長も式部も晴明と同時代に生存していた。ということは、『源氏物語』の世界そのものが晴明の時代を活写しているはずだ。

この時代、女性の嫉妬《しっと》すらが物の怪《もののけ》になってしまった。主人公の光源氏《ひかるげんじ》の正妻 葵《あおい》の上《うえ》が病気になって夕暮方床《ゆうぐれがた》にふせっていると、突然顔つきが変わり、何時もの声とはまるで違った声で呪《じゅ》のふくんだ恨《うら》み事を言い出す。そばで看病していた源氏は驚いて葵の上を見ると、なんと彼女の顔も声も捨てた恋人六条御息所《ろくじょうみやすどころ》(源氏よりも七歳も年長の未亡人)とそっくりであった。葵の上に六条御息所の生霊が取憑《とりつ》いたのだ。嫉妬の念が高じると、生霊となって恋敵に取憑くのである。いわんや、無念のまま死んでいった者の怨霊《おんりょう》は凄まじい。『源氏物語』には、怨霊に取憑かれ、どんどんやせ細って死んでしまった恋人の話などがよく語られている。これを読んでいると、物の怪がうようよと平安京の闇の中を思うがままに徘徊《はいかい》しているさまが手に取るようにわかる。

平安時代の怨霊で有名なのは、なんといっても菅原道真《すがわらのみちざね》である。道真は下級貴族でしかなかった学者の家に生まれ、自身も学者であった。また、政治家としても優秀で右大臣にまで登りつめ、宇多《うだ》天皇を補佐し後世まで伝えられる「寛平《かんぴょう》の治《ち》」を現出した。

しかし、宇多天皇が退位し醍醐《だいご》天皇に譲位すると、藤原時平《ときひら》が権力を握った。このため、道真は延喜元（九〇一）年に右大臣の地位を追われ、九州大宰府《だざいふ》に左遷された。このことをはかなんで、道真は二年後に大宰府で死んでしまう。「こちふかば にほひおこせよ 梅のはな あるじなしとて 春なわすれそ」は大宰府に流される時に詠《よ》んだものであるが、この道真が凄

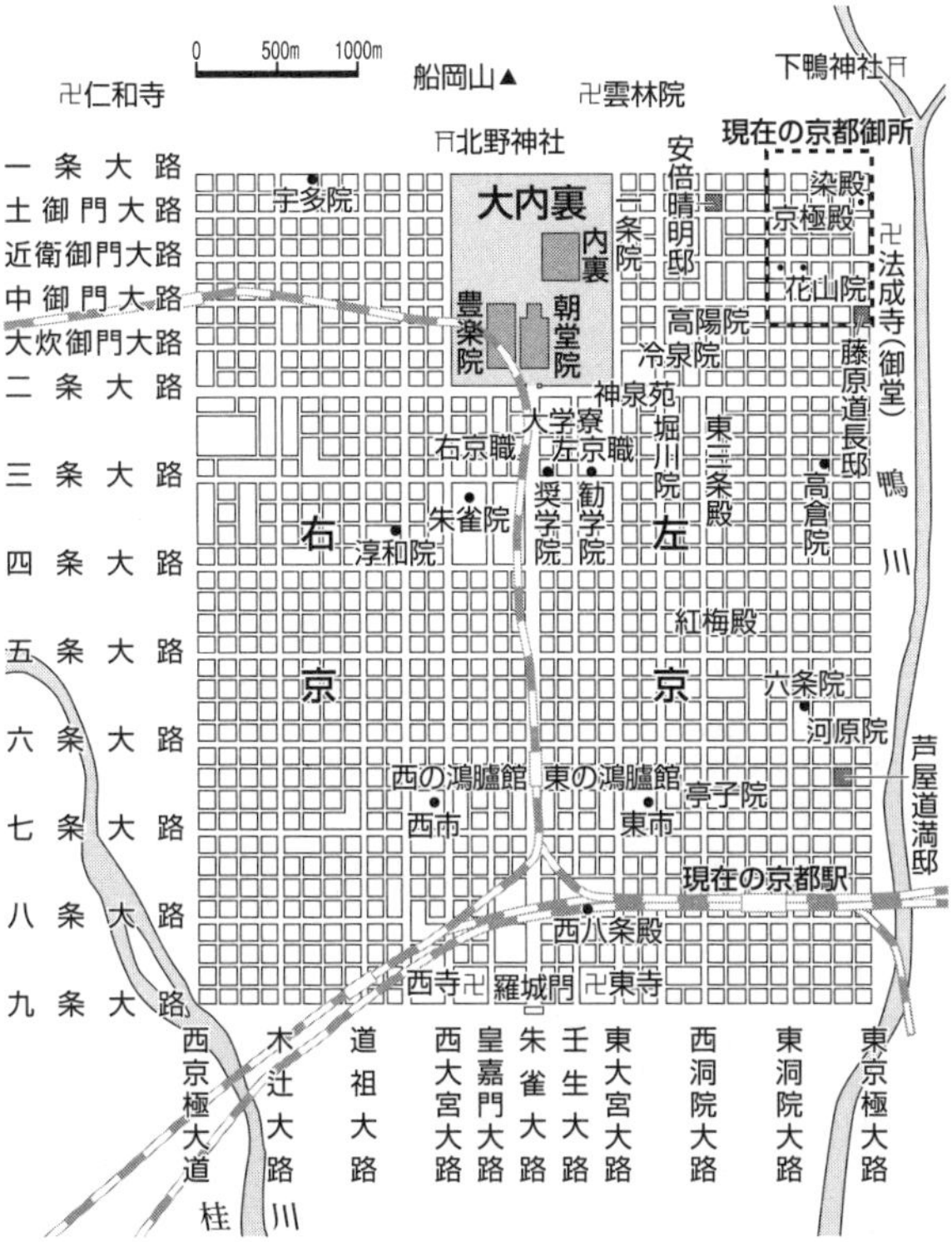

▲平安京　南北約5.2キロ、東西約4.5キロの規模であった。

絶な怨霊と化すのである。左大臣時平は延長三(九二五)年、三十九歳の若さで死に、同八(九三〇)年には醍醐天皇が急死した。時平も醍醐天皇も、道真を左遷させた張本人であるから、彼らの死は道真の祟《たた》りだといわれた。後世、時平は雷に打たれて死んだことにされたが、その雷こそ道真の怨霊だったというわけである。ただし、道真が雷公として祀られるようになったのは、延喜八(九〇八)年の内裏《だいり》落雷事件をきっかけにしているといわれている。

ともあれ、時平の子孫や醍醐天皇に次々と不幸がおとずれると、これすべてが道真、雷公の祟りとされ、この怨霊を祀って洛外の北野《きたの》神社が造営された。現代の感覚からすれば、道真の恨みは随分女々しい限りだ。死刑になったのでもなければ、牢獄に収監されたのでもない。左遷ではないか。いずれ本職に復すればいいのではないかと誰しも思うだろう。しかし、道真はそうは思わなかった。

平安時代は、どう考えても女々しい時代に違いない。都の夜が漆黒の闇であったのは、平城京の奈良時代でも変わりはないし、鎌倉時代の鎌倉にしても大差はなかったはずである。しかし、物の怪がさかんに跋扈《ばっこ》したのは平安京である。なぜ、平安京のみが目立って物の怪が跋扈跳梁《ちょうりょう》したのか。たぶん、平安朝貴族の精神状態が子供時代の私とほとんど変わらなかったからであろう。もちろん、それは闇に対する恐怖心だけに限ってのことではあるが。

政治は夜つくられる

それでは、平安貴族はどうして闇を極端に恐怖したのか。平安時代は自閉《じへい》の時代である。寛平六(八九四)年、菅原道真の提案で遣唐使が廃止になってから、外国との交流はほとんどなくなった。

上級貴族たちは、天皇に娘を嫁がせ皇子が誕生すると、彼を天皇とし、天皇の外戚《がいせき》となって権力を振るうことを最上のこととした。藤原道長は知力も体力も優れた娘たちに恵まれ、彼女らを天皇の后妃として嫁がせ、生まれた皇子を次々に天皇としたから、外戚として絶大な権力を握ったのであった。もちろん、道長自身の知力も胆力も当時にあっては衆に優れていたと言われている。しかし、権力者となる第一条件は何といっても優れた娘をもち、天皇の后妃として次代の天皇を生み出すことにかかっていた。道長の子頼通《よりみち》は、娘にさほど恵まれなかったため凋落した。

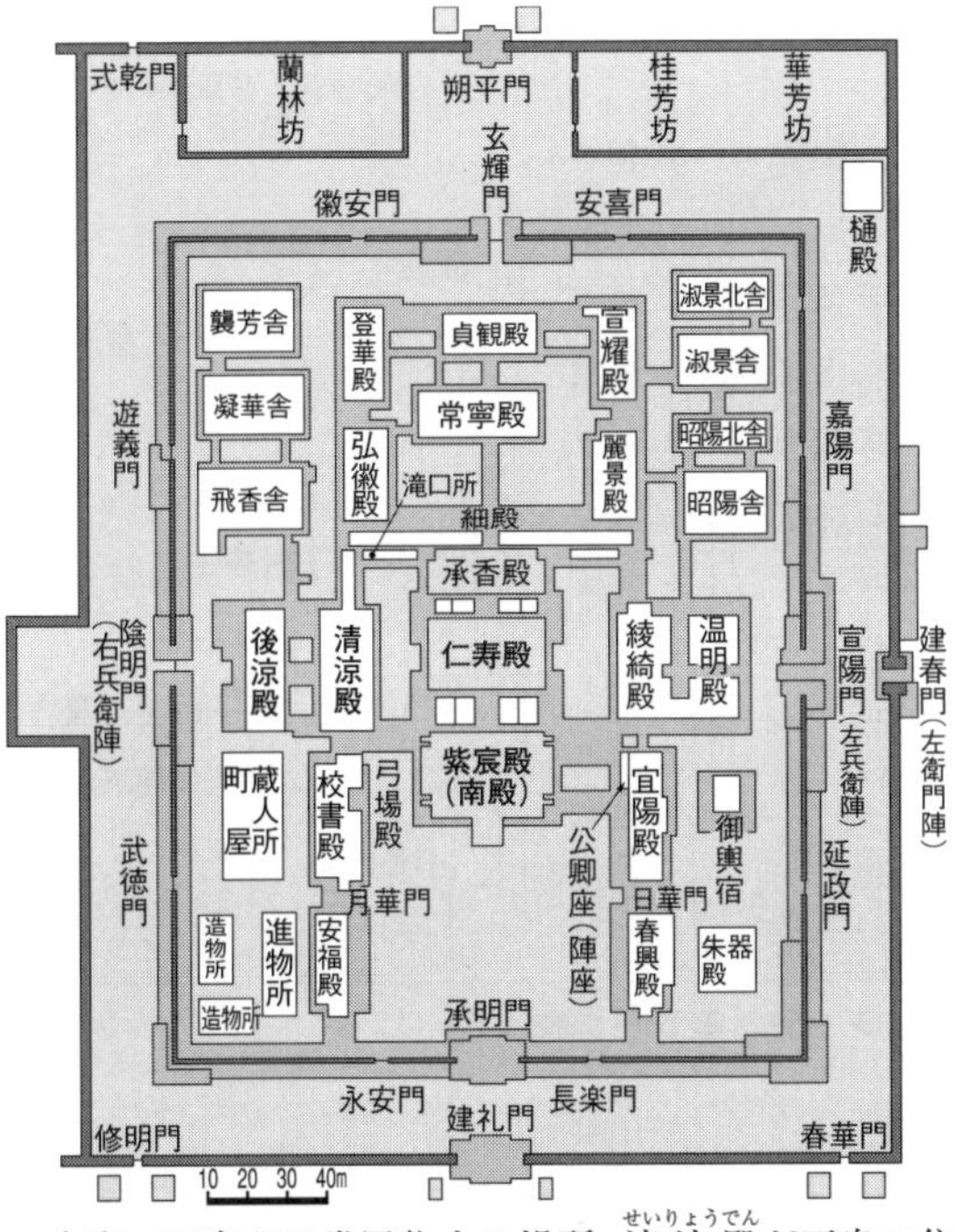

▲内裏　天皇が日常居住する場所。清涼殿《せいりょうでん》が天皇の住まい。後涼殿《こうろうでん》は女御などの居所で、承香殿《じょうきょうでん》より北半分は七殿五舎とよばれ、后・女官・女房の居所であった。

このように、自閉してなお優秀な娘をもつかどうかの運が左右する権力への道は、当然のように陰湿な権力闘争を生み出す。また、多数の妻妾を抱え、多くの娘を生み出す夜の営みが実は政治を動かす大きな原動力ともなった。漆黒

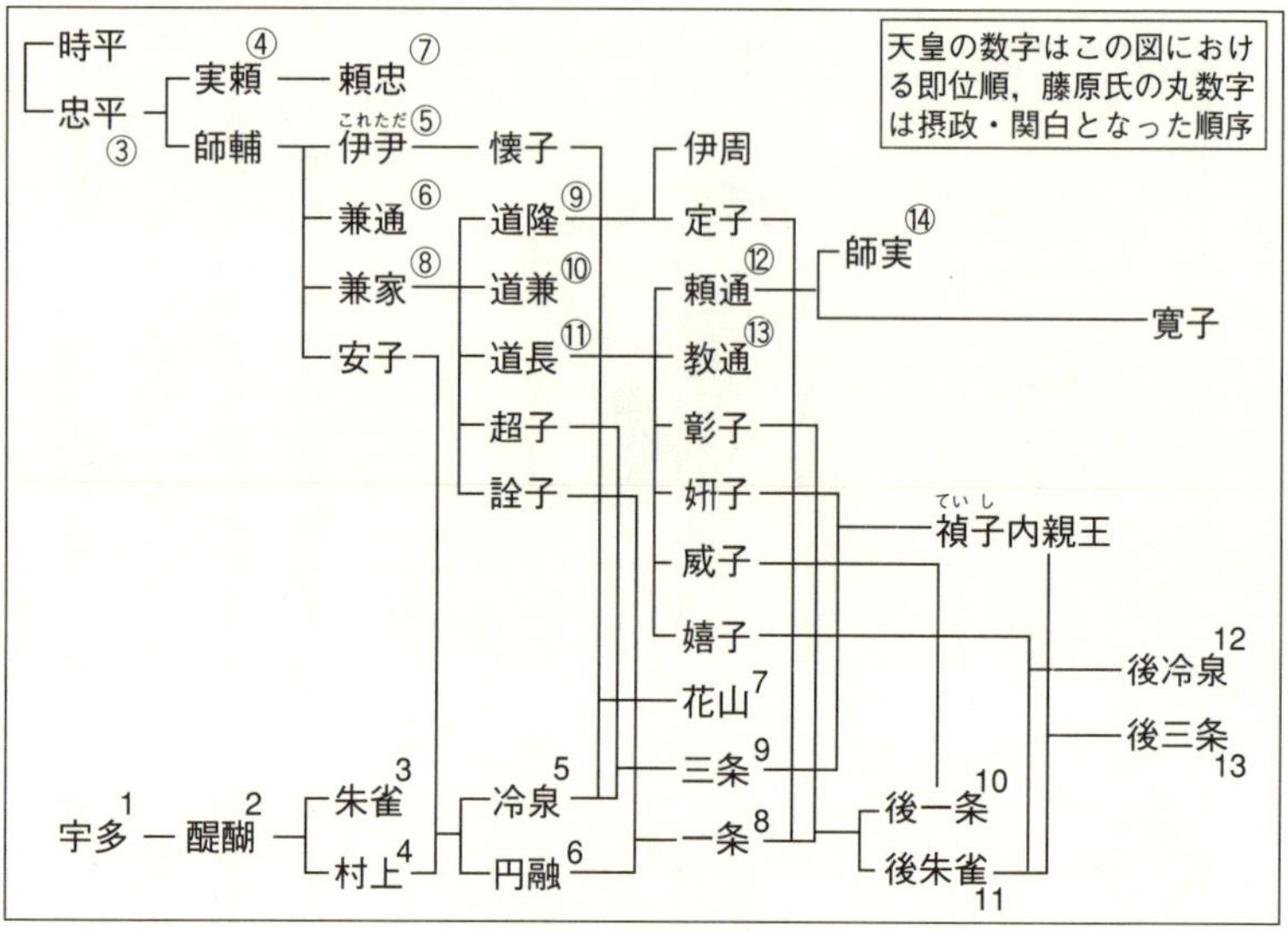

▲天皇家と藤原氏の略系図

の闇の中で、政治権力の栄光と挫折へのうごめきが繰り返されていた。『源氏物語』にはそれが克明に描写されている。政治は夜つくられていたのである。しかも貴族の女たちのもらす閨房《けいぼう》の溜息から。こうなると嫉妬や怨恨が政治を支配するようになる。

　また、白昼堂々とした権力闘争も影をひそめてしまう。嫉妬に狂った女の生霊や怨霊が夜な夜な内裏や貴族の屋形に立ち現れ、そこの人々を苦しめることになる。貴族たちには、夜につくられる政治が白昼には明確な姿をとっていないだけに恐ろしかったに違いない。誰もが漆黒の闇に、私の子供時代のような恐怖を抱いたのではないか。恐怖心は、実際にはありもしない物《もの》の怪《け》を作り出してしまう。物の怪、すなわち鬼も含めた魑魅魍魎《ちみもうりょう》である。

『源氏物語』に現れる魑魅魍魎

藤原道長は兄である道隆《みちたか》、道兼《みちかね》があいついで死去したので栄光の座を射止めることが出来たが、父兼《かね》家《いえ》の行ったことは陰にこもっている。いまだ十九歳でしかない花山《かざん》天皇(在位九八四〜八六)は、兼家に騙《だま》されて夜、内裏から連れ出された。そのうえ、出家させられ知らずのうちに退位させられてしまう。

花山天皇は兼家の兄伊尹《これただ》の娘懐子《かいし》の子であり、実権は兄とその子義懐《よしちか》が握っていた。兼家がそれを奪うには、花山天皇を退位させ兼家の娘の子(のちの一条天皇)を即位させるしかない。それを陰険姑息《いんけんこそく》な方法で仕遂げてしまう。しかも、実の兄からの奪権である。花山天皇はちょうどその時、母と姉のあいつぐ死、さらには妊娠中の最愛の妃までも死なせて悲しみにくれ、無常観にとりつかれていた。だから、兼家の出家のすすめに簡単に乗せられた。兼家の兄伊尹一統は、一夜にして急転直下してしまったことになる。平安期のクーデターとは、こうも女々しく陰にこもっている。これでは、男らしい雄々しい傑物が出現することはよもやあるまい。

いずれにしても、このような陰険姑息な方法で奪権された方の恨みはどうであろうか。これは筆舌に尽くせぬ凄絶さとなるのではなかろうか。しかも表立っては異議は申し立てにくい。天皇の意志で出家してしまったのだと言い立てられたら、反論は出来ないであろう。こうなると恨みも陰にこもるであろう。呪いにかけてライバルを死に至らしめるといったことが横行するはずだ。何せ、クーデター自体があやめもわからぬ夜の漆黒の闇の中で音もなく行われたのである。奪権された方からすれば、天皇に物《もの》の怪《け》や鬼のような魑魅魍魎《ちみもうりょう》でも取憑《つ》いたのではないかといぶかしむであろう。しかも、相手の兼家方をも魑魅魍魎が動かしたに違いないと考えたのではないか。これをなんとかしなければならない。これが平安貴族の誰もが抱いた感懐ではなかったか。

『源氏物語』はフィクションではあるが、藤原道長時代の上級貴族の日常生活を活写しているとよくいわれる。しかも、光源氏は道長をモデルとしているらしい。紫式部が宮廷の女房生活を終えた後、道長邸に仕えたこともある。式部は、道長の日常生活や政治を内側から見ていたから、光源氏の信じられないほどの女たらしも、実は道長の現実であったかもしれない。女たらしは、当然捨てられた女の怨恨《えんこん》をかう。道長を代表とする上級貴族たちの身のまわりには、常に捨てられた女の怨恨が渦巻きまとわりついていた。

▲藤原道長が夜陰に紛れ、紫式部を訪れる場面
『紫式部日記絵詞』より。

怨恨、すなわち怨霊であり、鬼であり、魑魅魍魎なのだ。

『源氏物語』は、見ようによっては凄絶な小説である。ようやく少年から脱したばかりの光源氏は、父である天皇の愛妃藤壷《ふじつぼ》に通じ、その藤壷が生んだ皇子は、秘密を隠したまま無事のちに天皇となる。また、中年以降は正妻葵《あおい》の上《うえ》の唯一人の忘れ形見である夕霧《ゆうぎり》の想い女玉鬘《たまかずら》に邪恋し、奪い取ってしまう。当然、子は実父に対して憎しみを抱くようになるであろう。しかも、平安時代の貴族たちは感情を表にあらわに出すことはないよう、幼少の頃から躾《しつけ》られているから憎しみは内にこもることになる。こうなると、内にこもった感情は鬼と化し、その鬼を内心に飼い続けることになる。物語には、夕霧が父光源氏を憎んだようすは描かれているわけではない。しかし、初恋の女を奪った父の無情と父自身のいたたまれないほどの痛烈な後悔《こうかい》から、いまだ少年に近い夕霧の気分が逆に切々と伝わって来る。夕霧自身は、父に玉鬘を奪われたことを知らず、父から直接告白を受けるのであるから、その哀れは推して知るべしである。

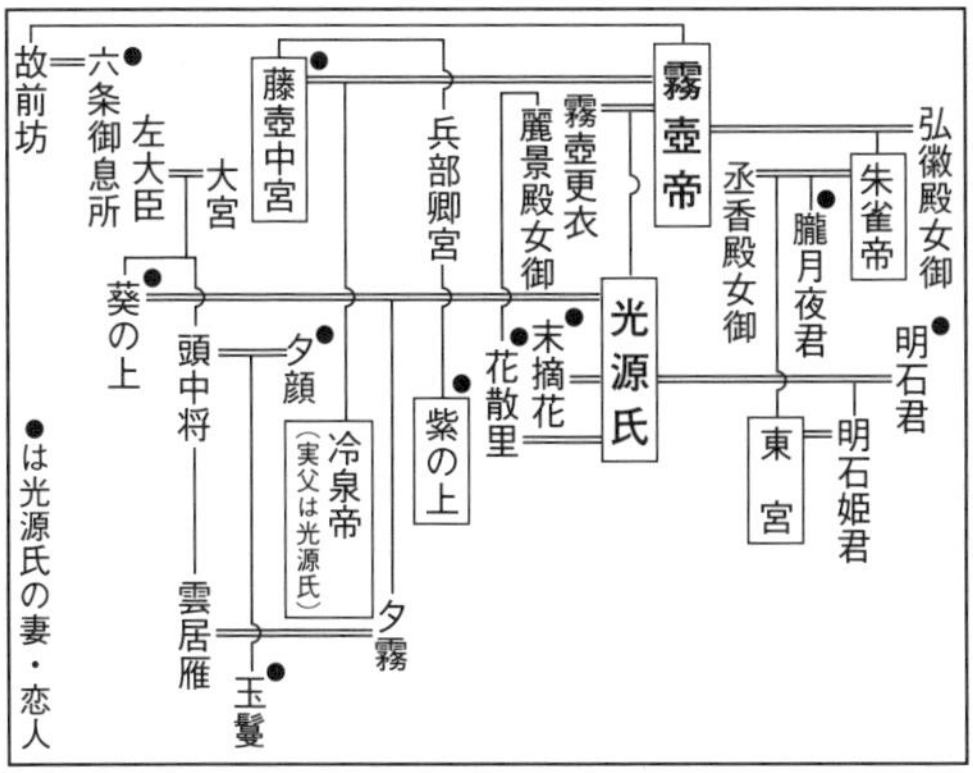

▲『源氏物語』関係系図

『源氏物語』に描写されているさまざまの物の怪も、女たらし光源氏が自ら作り出した妖怪だった。藤原道長に栄華をもたらした娘たちも、実は光源氏の女遍歴の登場人物だったかもしれない。もしそうだったとしたら、道長には人一倍多くの魑魅魍魎がまとわりついたに違いない。それに加えて、蹴落とした政敵たちの怨恨もある。これがどのような姿となって道長の前に現れるのか。これは後章で述べるとして、鬼は本当にいたのか。この鬼については、次項で述べる在原業平《ありはらのなりひら》の『伊勢《いせ》物語』に出て来る鬼が示唆的である。

二　鬼は実在したか

鬼の支配者

作家の馬場あき子は、「業平《なりひら》は年経て思いわたった二《に》条《じょうの》后《きさき》高《たかい》子《こ》(その頃はまだ若くただ人で、いとこの染殿の后明《あけら》子《こ》のもとに同居していた)を盗み出し、(摂津の)芥川《あくたがわ》を渡ってはるばると行ったが、夜も更け、雨も降り、雷さえも鳴りはじめたので、女を蔵の中に入れて守っていた。夜の明けゆくほの明かりに見ると、女はすでに鬼に喰われて形もなかった」と述べている(馬場あき子『鬼の研究』三一書房、一九七一年)。

このことから、女が一物も残すことなく鬼に喰《く》われてしまったことがわかる。しかし、鬼に喰われたはずの高子は、後に二条天皇の后になっている。ということは、高子を喰ったのは鬼という名の現実の人間であったし、それも喰ったのではなく、連れ去ったということであろう。馬場あき子は高子を蔵から連れ去ったのは、高子の兄藤原基経《もとつね》だったという。

在原業平は没落貴族であり、「用なきもの」と自嘲している位であるから、何の政治力もない。高子の兄国経《くにつね》や基経には、高子は政治的財産であり、彼女を天皇の妻にすれば権力を握ることが出来る。それを何の力もなく役立ちもしない業平にとられてはならず、連れ帰ったのだ。『伊勢物語』でも女が鬼に喰われた後にすぐ兄の国経が高子を取り返したとあり、それを鬼といったのだとある。要するに、暗がりで女をとっていったのは、鬼ではないかとその時は気が動転していて、業平が思い違いをしたというだけでのことである。というよりも、業平にとっては高子の兄国経、基経は権力の亡者、政治の鬼に見えたのだ。

まさに平安の都は生霊、死霊、さらには政治の鬼と魑魅魍魎《ちみもうりょう》がうようよしていた。しかも、生き身の政治の鬼すらが漆黒の闇の中で活動していたのだ。『伊勢物語』はそのことを如実に物語ってくれる。『源氏物語』は『伊勢物語』に比べると虚構の度合いは高いから、描かれていることは事実を誇張しているであろう。光源氏の若き頃の恋人、さらには薄幸の美女でもある夕顔は、源氏と床を伴にしているのに物《もの》の怪《け》に取憑《とりつ》かれ死んでしまう。その物の怪は葵《あおい》の上《うえ》にも取憑いた六条《ろくじょう》御息所《みやすどころ》だったようである。一瞬かすかに源氏は自分の側に座っている女の幻を見、それが彼女のように思えたのであった。

このように、物の怪に取憑かれるとまず早速祈祷師《きとうし》が呼ばれ、憑きもの落しが盛大に行われた。加持《かじ》祈祷《きとう》は、平安時代の初期にあっては天台・真言の密教僧の仕事であった。しかし、中期になると優秀な陰陽師が続々と登場し、彼らが行うようになる。安倍晴明は陰陽師の中でも、一頭地を抜く存在であった。晴明ら陰陽師は、漆黒の闇を徘徊する物の怪や鬼などの魑魅魍魎を攻撃する時には式神《しきがみ》を使ったという。式神とは、普段は目に見えないが種々様々の鬼たちのことであるといわれている。修験道の祖役小角《えんのおづぬ》(⇩P.180)は、日常生活にでも鬼を使役したといわれる。だから、陰陽師の式神も出入口の開閉のような日常の用事にも使用されたというから、修験道の鬼に近い存在だったのだろう。

ともあれ、式神も魑魅魍魎の一種だったはずである。陰陽師が使った式神は、魑魅魍魎のうち陰陽師の軍門に馳《は》せ参じた者たちなのだろう。いずれにしても、晴明は魑魅魍魎退治の大将軍だったから、彼らの世界の支配者だったといってさしつかえあるまい。

鬼に喰われた美人女房

仁和三(八八七)年八月十七日の夜、実際に起こった事件である。午後十時頃、大内裏《だいだいり》の武徳殿《ぶとくでん》の東の松原を美しい女房三人が内裏に向かって歩いていた。すると、松のむこうから美貌の青年が一人現れ、女房のうちの一人の手をとらえて話しかけ、女もろともに木陰によりそうて物語をするふうであった。他の二人は、しばらく連れを待ったがそのうち声もしなくなった。不審に思って二人が消えた方にいってみると、先の女房の手足が地に落ちていて首も体も見当たらない。驚いた二人は、右衛門の陣(宜秋門《ぎしゅうもん》)に走って事の次第を告げた。陣の者が早速駆《か》けつけてみると、まさに女房たちのいう通りであった。いくら探しても手足のみで、屍《しかばね》は見当たらない。もちろん、彼の男の影さえない。人々はこれを鬼の仕業と考えた。

このことは平安後期の『今昔物語集《こんじゃくものがたりしゅう》』や鎌倉中期の『古今著聞集《ここんちょもんじゅう》』などの説話集によって知られる

▲「晴明降魔調伏の図」(京都・清浄華院蔵)
中央の黒装束の晴明の後ろにいるのが式神。

が、平安期の実史とされる『日本三代実録』や『扶桑略記《ふそうりゃっき》』にも記録されている。この事件を重視した朝廷は、翌日早速に死者の穢《けが》れを忌《い》んで内裏に近い朝堂院《ちょうどういん》廊に諸寺の僧を集め、読経《どきょう》させた。朝廷が民間の女房一人惨殺されたからといって、なぜわざわざこのような手厚い供養を行ったのか。

『日本三代実録』によれば、仁和三年の八月には、この種の陰惨な事件が三十六種類もあったと多くの人々の口にのぼっていた。一月で三十六種とはいかにも多い。これでは政情不安となるだろう。朝廷ではその不安を打ち消したくて、かくも手厚く敏速に供養を行ったのであろう。しかし、この時代を覆った不安の影は濃く、この時に招請された僧も夜半何者かの物音に心を動転させ、暗黒の外部にせめぐ騒動の物音を幻聴した。僧たちはきそって外に走り出し、暗黒の闇の彼方に不安な静寂が潜《ひそ》んでいるのを見た。どうして読経のさなかに、僧たちが突然我先に外に走り出したのか理由はわからなく、人々は彼らは物の怪にたぶらかされたのではないかと口々にいいあったという。いっせいに恐ろしい物音を幻聴した僧の疑心暗鬼を生む心情こそ、この時代的不安の存在を物語るものであろう。

この前年の仁和二（八八六）年には陸奥《むつ》、出羽《でわ》、上総《かずさ》、下総《しもうさ》、安房《あわ》などの俘囚《ふしゅう》の叛乱鎮圧のため、警備は厳重になり治安の強化策がとられていた。俘囚の叛乱への蠢動《しゅんどう》は、数年前から頻繁に起きていたのである。

さて、この仁和三年の事件の場合の鬼とは誰であったのか。鬼に喰われたうら若い美人女房というが、実は、鬼の姿を他の二人の連れが見たのではなかった。彼女たちが見たのは若い男であり、その男が女を連れ去ったということであり、しばらく後には両手両足が落ちていて首と胴体が影も形もなくなってしまっていたということである。現代ならば、殺人者は女を連れ去った若い男だと特定するであろう。しかし、警察官に当る右衛門の役人はそれを鬼の仕業と断言したから、この話は奇談になったのである。だから、これだけでは鬼は実在するとはいえず、単に人々の想像裡に生きているに過ぎないことになる。

　何かの物音だけで気を動転させて供養僧が集団で外に逃げ出したというのも、政情不安の中で鬼か物の怪が襲って来たのではないかと、彼らが勝手に想像しただけのことである。この時にも、やはり鬼も物の怪も実在したのではない。

　それでは、なぜ平安時代の人々は鬼が実在すると信じたのか。もちろん、漆黒の闇がその原因であるのはいうまでもない。しかし、それだけではあるまい。基底には、当時の都の人々を恐怖させる重大な

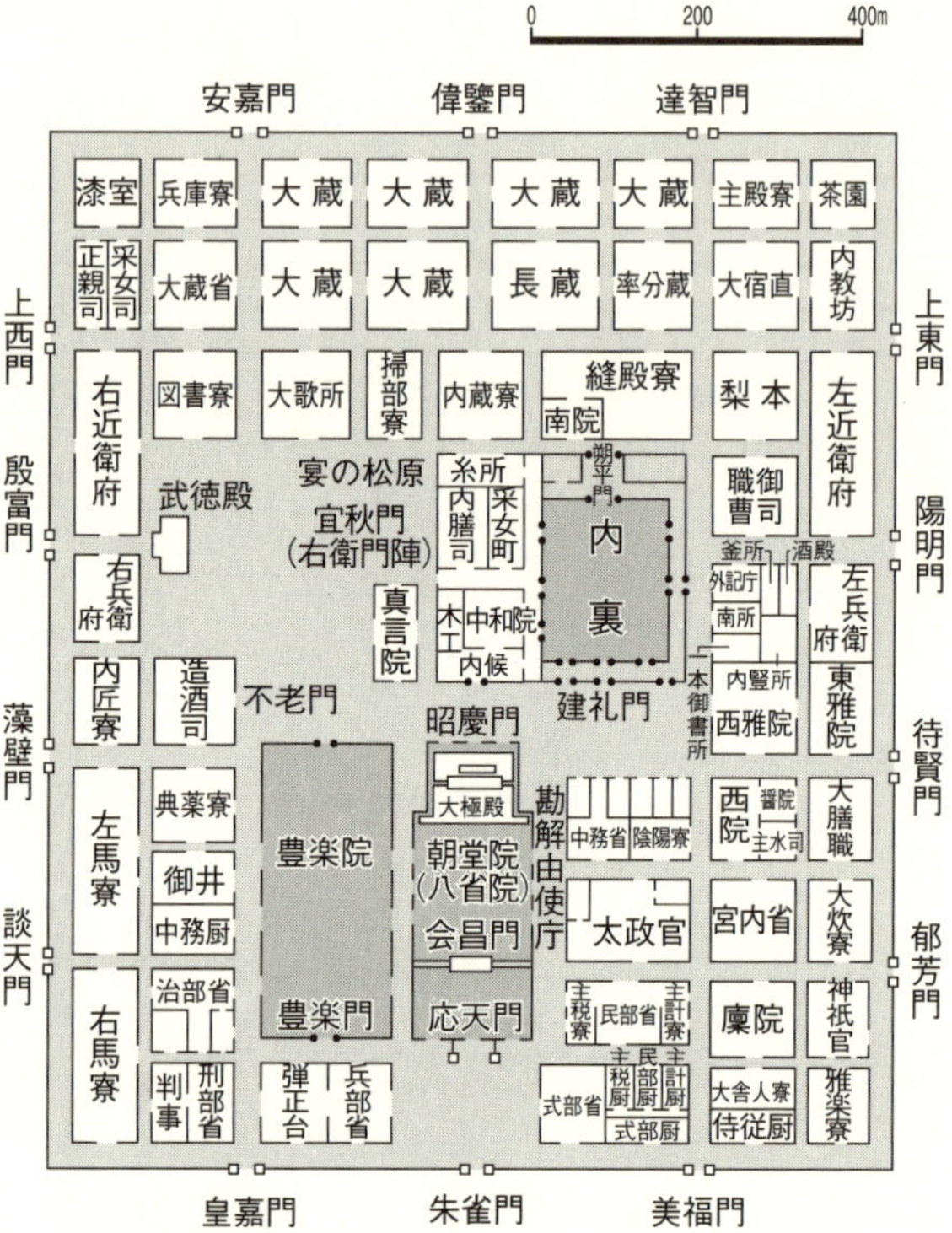

▲大内裏　内裏の西に武徳殿・右衛門陣・宴の松原が位置している。

社会不安があったからではないだろうか。それは多分、次に述べるように都と対立する関東・東北の武士団の存在ではなかっただろうか。

将門や純友は鬼か

一般的には、安倍晴明は、延喜二十一（九二一）年に大膳大夫《だいぜんだいふ》の阿倍益材《ますき》の子として生まれたといわれる。彼が十八歳の時、関東では平将門《たいらのまさかど》が乱を起こし、これに呼応して四国では藤原純友《ふじわらのすみとも》も反乱する。将門と純友が東西から都へ攻め上って来るのではないかと、都の人々は不安におののいた。

将門に至っては、新皇《しんのう》と自称したぐらいだから、反乱が成功したら都に攻め上るつもりであったに違いない。それを同じ関東の武士藤原秀郷《ひでさと》と平貞盛《さだもり》が鎮圧したから、都の人々はほっとしただろう。しかし、彼らは平将門を妖怪変化の如く恐れたのは、俵藤太《たわらのとうた》（秀郷のこと）のムカデ退治の伝説となって、この大乱が後世に伝えられたことでもわかる。将門はムカデとされたのだ（⇩P.92）。

また、晴明が死去した寛弘二（一〇〇五）年から半世紀近い後のことではあるが、永承六（一〇五一）年に北東北では安倍頼時《あべのよりとき》・貞任《さだとう》親子による大乱、前九年の役が勃発している。平将門の乱の時には、都の貴族たちは茫然自失《ぼうぜんじしつ》、していたことといえば、神仏にすがり、社寺などで祈祷をすることぐらいしかなかった。伊勢《いせ》神宮にたびたび遣使がなされたのがこの時である。平将門は、人間の存在を超越していると考えられたことがこのことからもよくわかる。

美人女房が鬼に喰われたと恐れられた時は、晴明の時代よりも百年も前であるが、この時も東北の蝦《え》夷《ぞ》に不穏な動きがあったという。東北と都との緊張関係は、平安時代全体に及んでいた。それは、坂《さかの》上田村麻呂《うえのたむらまろ》の蝦夷征討から端を発している。都人には、東北の蝦夷は異人種に思えたであろうし、鬼か妖怪変化の類と見なしていたであろう。都人は、この鬼か妖怪変化のうちの一人か二人、さらには一団の群が都に密かに潜入して、若い美女を喰い殺したのかもしれないと考えていたかもしれない。

東北地方は、平安京からは鬼門の方向に当たり、ここに居住する者はすべて鬼であると考えられたのは間違いない。有名な一夜の宿の旅人を喰《く》い殺そうとする安達ヶ原《あだちがはら》(福島県)の鬼女は、都人のそのような思いを如実に示している。安達ヶ原の鬼女の物語は、能の黒塚としてよく知られ、室町時代の頃のことである。だから、平安時代、晴明の時代よりも三百年以上も後の世でも、東北地方の居住者は鬼と都人に思われていたのだ。晴明の時代の思いや如何にということになる。

鬼や妖怪変化を信じる貴族たち

都の人々、特に貴族にとっても、鬼や妖怪変化は実在していると考えられたかどうかは疑問である。しかし、彼らは自分たちの恐怖が生む妄想を実在と信じたい心性は、間違いなくもっていた。この妄想は、現代ならばさしづめヴァーチャル・リアリティ、すなわち仮想現実ということになろう。

コンピューター時代の戦争は、徹底したシミュレーションによってなされるから、現実の戦闘をする前に勝負がついてしまう。一九九一年に起こった湾岸戦争は現実の戦闘が繰り広げられはしたが、テレビ画面で報じられる戦争模様はまるでゲームのようであった。このコンピューターによるヴァーチャル・リアリティと平安貴族の想像映像とは、確かに映像の質は違う。しかし、平安貴族も想像裡で鬼の仕業をシミュレーションしているのは間違いない事実であろう。そのうえ、その想像裡のシミュレーションの精度は相当高かったはずである。そうでなければ、供養僧がちょっとした物音に一斉に逃げ出したりはしないであろう。また、そのシミュレーションの精度が高かったからこそ、晴明の存在価値もよりいっそう高められたに違いない。

晴明は、当時の貴族たちを恐怖させた鬼や妖怪変化をまじない一つで退治できる超人だった。それでは、どうしてそれが可能だったのか。鬼や妖怪変化は、人々の心に浮かぶ仮象である。それを退治するということは、彼らの想像世界から鬼や妖怪変化の映像を消してしまうということであるはずだ。これは、極めて優れた精神分析学的行為である。

フロイト(オーストリア)やユング(スイス)、ラカン(フランス)のように優れた精神分析医でなければ、そのようなことは容易に出来なかったはずだ。晴明のまじないや祈祷は催眠術や夢判断、さらにはカウンセリングと見ていいのではないか。

▲安倍晴明画像(京都・晴明神社蔵)

三　晴明伝説の誕生

江戸初期に成立した晴明伝説

晴明は、平安時代の人々の日々の不安から極端な恐怖が生み出す妄想を巧みに操作した超人的存在であったことは、『今昔《こんじゃく》物語集』『古今著聞集《ここんちょもんじゅう》』や鎌倉前期の『宇治拾遺《うじしゅうい》物語』などの説話集を読んでもわかる。しかし、当時の人々が実在を信じ、恐れた鬼や妖怪変化が本当に実在しなかったのだろうか。

伝承では、晴明は式神《しきがみ》（⇩P.20）を邸内に住まわせ、門を開閉させるなどしていた。しかし、式神自体は普通の人には見えないから、晴明が扉に直接手を触れなくても門は自動的に開閉しているように見えた。だが、ある時にこの見えない式神の姿を晴明の妻は見てしまった。妻は、恐ろしくなって式神を別の所に移してほしいと晴明に訴えたため、晴明は彼らを石櫃《いしびつ》に入れ、自宅近くの一条戻橋《いちじょうもどりばし》（現在の京都市上京区）の下に隠したという。妻が見た式神は相当の異貌、グロテスクであったに違いない。

式神は鬼であったというから、やはり鬼は実在したのではないか。また、人々の妄想の映像である鬼とは違って、鬼であることを充分に自覚している異貌の人々も確実に存在していた。しかし、彼らは普通の人々の前には姿を現しはしない。都人は、叛乱を繰り返す東北地方の蝦夷を直接見ることはまずなかったはずである。叛乱を起す蝦夷自身も、自分たちが「鬼」であることを自覚していたのではないか。それでも、鬼は平安京の漆黒の闇の中に出没していて、直接人々の前に姿を現さないから、晴明は人々の妄想コントロールの超越的達人として崇められる存在であり続け得た。

しかし、時空を超越した存在としての晴明が明確な形で語られはじめるのは、実は江戸時代初期からである。物語本の『簠簋《ほき》抄《しょう》』『安倍晴明物語』『しのだのつまりぎつねはあべノ晴明出生』などは一六七〇年代までの刊行であり、さらに江戸中期には『芦屋道満大内鑑《あしやどうまんおおうちかがみ》』『泉州信太《せんしゅうしのだ》白狐伝』『安倍仲麿《あべのなかまろ》生死流傳輪廻《るでんりんね》物語』などが作られている。だから、現代流布している晴明伝説は、ほとんど江戸中期までに作られている。特に、その骨格は江戸初期に完成されていた。

織田信長の存在

この晴明伝説に関して、私は織田信長《おだのぶなが》と比較することで、晴明像が鮮明に浮かび上がってくると思う。江戸初期は、長い戦国時代も終焉し、人々が真に平和を享楽した時代であり、種々様々な物語が成立した時でもある。武田信玄《たけだしんげん》や上杉謙信《うえすぎけんしん》などの戦記物が盛んに出たのもこの時

▲安倍晴明を生んだと伝える女狐　『泉州信太白狐伝』によれば、安倍保名《なすな》と愛しあった泉州信太（大阪府和泉《いずみ》市）の女狐が安倍晴明を生んだという（⇨P.34）。大阪市・阿倍王子神社蔵

代であり、一時代か二時代前の戦国末期の武将が神格化された。晴明も神格化されたのは、信玄や謙信と同様であろう。しかし、晴明は江戸初期よりは、六百年以上前の人物だ。それがなぜ、大きく時代を経て神格化されるようになったのか。

それには、信長の存在が大きく影を投げかけているのではあるまいか。信長は、家臣明智光秀《あけちみつひで》の謀反にあって功業を成就する直前に世を去る悲劇の主人公であった。だが、その英雄的存在は戦国末期に燦《さん》然《ぜん》たる輝きを放っているのは、誰しも認めるところであろう。江戸初期の人々には時代が近いだけ、その記憶はいっそう鮮明だったはずであり、何らかの形で神格化されても少しも不思議ではなかった。しかも信長は、徳川家康《とくがわいえやす》を天下人にさせた人物として、徳川家にとっての大恩人でもある。

それなのに、家康を神君《しんくん》と崇めた江戸時代の人々はなぜ信長を神格化することをしなかったのか。謀反で倒れた悲劇性の故なのか。その暗さが災いしていることは、あるかもしれない。しかし、それだけが理由ではないであろう。最大の原因は、信長の徹底した合理精神にあるのではないだろうか。織田氏の家臣であった太田牛一が書き遺した『信長公記』は、実際あったことをほぼ記した伝記であり、信長のことはこの一書でわかる。

豊臣秀吉《とよとみひでよし》は、下賎の身分から出世したため、出生など若い頃のことはよくわからず伝説化している。しかし、それでも秀吉に関しては実録も相当数残っているから、実像だけが伝えられてもよかったはずなのに、秀吉は江戸時代の人によって伝説化された。そのことからしても、伝説化すらされなかった信長はやはり特異存在というべきではあるまいか。

信長はなぜ伝説化されなかったのか

晴明は陰陽師であり、職業自体が神秘的であって、これが神格化されるのは当然のようである。でも、中世まではそれほど顕著であったようには思えない。それならば、鎌倉や室町時代の人々が合理的、知性的であり、江戸初期や中期の人々の方が中世の人々よりも迷妄《めいもう》であったのだろうか。多分、それはないであろう。晴明の伝記も信玄や謙信同様、興味本位で書かれているきらいは否定できないのだから、信長については当時の人々は興味本位では書けなかったというのが真相であろう。

晴明は、信太《しのだ》の白狐の子なのだと江戸初期の人は書いた(⇩P.27)。もちろん、そのような伝説は古い時代から語り継がれてはいたであろう。晴明は人を化かすキツネの子だから、鬼をも退治出来たのだと人々は語り伝えた。謙信だって、毘沙門天《びしゃもんてん》の生まれ変わりに違いないと北越《ほくえつ》(新潟県)の人々は思った。それほど謙信の戦いは見事であり、その進退は神出鬼没であった。信長は、平安朝以来の聖地比叡山《ひえいざん》を焼き打ちし、僧から女子まで皆殺しにした天魔だったはずなのに、彼が一般の人々にそういわれることはなかったようである。物語作りが好きだった江戸初期から中期までの人々には、信長は近づけない恐ろしい存在として意識されていたのではないか。また、そう言い伝えられたのではないか。

信玄や謙信は戦う前に神社に戦勝祈願をし、また、その文書のいくつかは現在までも残っている。彼らが神仏を本当に頼りにしたかどうかは定かではないが、当時の人々は信心深かった。当然、家臣たちもそうであったから、大将としての彼らは神仏に戦勝を祈願することで、一丸となって敵と戦うことが出来た。しかし、信長はよほどの例外でない限り、戦勝祈願をしなかったといわれている。彼は神仏を信じなかった。江戸時代の相当知性があり合理的思考の持主といわれた人々ですら、やはり神仏は信じていた。それなのに信長はそうではなかった。

晴明は、戦国末期に生存していても呪術師、祈祷師として充分活躍出来たであろう。当時の人々は、平安時代の人々ほどに激しくなかったにしても、夜は依然として漆黒の闇のままであったし、鬼の数は圧倒的に増加していた。また、何時殺されてしまうかわからない激動の時期でもあったから、人々は進んで鬼化した時代でもあった。だから、疑心暗鬼の苦しみは筆舌には表せなかったであろう。

したがって、晴明的存在は求められこそすれ、排除されることはなかったはずである。実は、『信長公記』にもそのような者のことが書かれている。信長の晩年のことである。無辺《むへん》という坊主が京都の町でまじないをして大評判になった。信長は、彼を陣所に呼び技をせよと命じたが、彼は出来なかった。信長に恐れをなしたのかもしれない。そこで、信長は彼を裸にして都から追放してしまった。民をまどわすふらつ者というわけである。晴明がこの時代に生存していたら、どうなっていたであろうか。

「晴明的世界」と闇を切り裂いた信長

私は、晴明は超能力者として、この時代にあっても高い評価を得たに違いないと思う。ただし、仮定の話だが、晴明が信長の面前に伺候《しこう》したかどうかは疑わしい。もし、伺候していたら千利休《せんのりきゅう》のような存在としてであったかもしれない。利休は晩年、晴明の屋敷跡に住んでいたが、それは名水晴明水を茶に活《いか》したいからであった。利休は、超能力者だった気配はないが、後世考えられているほど平明闊達《へいめいかったつ》な茶人であったわけでもなさそうだ。むしろ、極めて陰翳《いんえい》に富んだ人物だったようで、しかも相当暗い影を背負っている。もし、利休が晴明のような超能力者だったとしても、それを露骨に権力者である信長や秀吉に見せたであろうか。利休は、忍者のような裏の世界から出現したに違いないと思う。

晴明は式神として鬼を使役したが、実在する鬼こそは裏世界の住人なのだ。私は、晴明が信長の時代に生存していたら、裏世界を動かしながら政治権力を巧みに操ろうとした利休的存在になっていたかもしれないと思うのも、以上の理由からである。

信長は、晴明が崇め恐れられる世界、すなわち不合理の世界、闇を決然と切裂いた。信長は、この世に不明なものは一切存在しないと宣教師フロイスに断言する。晴明が生きた平安中期と信長の戦国末期は、六百年近い時代の開きがある。しかし、信長が出現するまで身分の上下に関係なく、平安朝的晦冥《かいめい》は晴れることはなかった。ということは、晴明の超越力が人々の心を操り続け得たという事である。

信長の出現によってはじめて、「晴明」は過去的存在に成り下がったともいえる。江戸初期にたてつづけに晴明伝記が世に出たのも、彼がようやく過去的存在となり、物語となって神格化されたということかもしれない。

第二章　闇から生まれ出た晴明

一　母は信太の白狐？

晴明は狐の子

伝承では、安倍晴明は狐の子だという。実在した人物である晴明がまさか狐の子であるはずもないが、中世から近世にかけて、延々とそういい伝えられていたらしい。実在の歴史上の人物で、獣婚によって出生したと伝えられた者は晴明以外ではいないのではあるまいか。

日本史上特筆すべき聖なる政治家であった聖徳太子は、母がうまやの前で産気づき産み落としたので、厩戸《うまやど》皇子と呼ばれたという。まさに、イエス・キリストそっくりの出生譚《たん》が『日本書紀』に記されている。しかし、それでも厩戸は動物の子であるといわれてはいない。

晴明は信太《しのだ》の白狐の子であり、その白狐は泉州《せんしゅう》の信太明神（大阪府和泉《いずみ》市）の化身であったというから、神の子であったことになる。イエス・キリストは神と人間マリアの子とされているから、中世から近世にかけての人々は、晴明をキリスト並みの超人だったと信じていたことになる。

ただし、最初のヘブライ語の『新約聖書』ではキリストがマリアの処女懐胎によってこの世に生まれ出たとは書かれていない。しかし、『新約聖書』をギリシア語に訳すとき、誤訳してマリアが処女だったことになったのだという。この誤訳は、キリストが生存した時代から百年も経っていなかったはずである。このちょっとした誤訳がマリアを処女懐胎とし、その上でキリストが生まれたと、後世の人々を信じさせるに至った。この誤訳のことが本当だったとしても、キリスト死後百年も経たない時代の人々がこの誤訳をいともやすやすと受け入れたのである。だから、キリストが生存中に示した数々の奇跡、例えば水上を歩いたとか、死後に蘇生復活したなどからも、彼は唯の人間ではなく、神と人の間の子であると思われていたに違いない。

▲晴明の生誕伝承の残る信太明神と称される聖《ひじり》神社（大阪府和泉市） 和泉市教育委員会提供。

晴明が狐の子、神の子と信じられるようになるには、死後三百年か四百年も経っているようである。晴明が信太の白狐の子であるとする伝承のうち、詳しく記しているのは、江戸初期につくられた古浄瑠璃《こじょうるり》『信太妻《しのだづま》』である。次に、それを上宇都《かみうと》ゆりほが現代語訳した『信太妻』（『総特集・安倍晴明』河出書房新社、二〇〇〇年）により概略を紹介しよう。

安倍保名、女狐と夫婦となる

摂津の国安倍野《あべの》(現、大阪市阿倍野区)に安倍保名《やすな》という美青年が住んでいた。ある時、供の者数人と信太の宮に参詣した時のことである。若い女狐が多人数の狩人に追われ、保名の陣所に逃げて来た。これを哀れと思った保名は、狩人たちにわからないように巧く逃がしてやった。この狩人たちは、都で有名な当代一の陰陽師芦屋道満《あしやどうまん》の弟石川悪右衛門の家臣たちであった。彼らは、この日、悪右衛門に命令され病気の悪右衛門の妻の病を治す薬として、若女狐の生肝を得るために狩りをしていたのだ。

保名に狩りを邪魔されたことを知った悪右衛門は、一族郎党引き連れてやって来た。多勢に無勢、保名の家臣はすべて討たれ、保名は捕縛されてあわや首をはねられようとした。その時、悪右衛門が知っている葛井寺《ふじいでら》(大阪府藤井寺市)の和尚が多勢の供の者と現れ、悪右衛門を巧みに説得して保名を救ってくれる。しかしこの和尚、実は保名に救われた女狐の両親と供の狐たちであった。保名は、かろうじて命は救われたが、ここかしこに傷を負っていた。胸が苦しくなり谷川に降りて行くと、十六歳位の若い女が水を汲んでいた。この若い女に導かれ、彼女の庵で一夜を明かし夫婦となったのであった。

一方、保名が悪右衛門に捕縛されたと告げられた父の保明は、家来と供に武装して息子奪還のために信太に向かった。すると、狐を手にした帰途の悪右衛門一行と出会う。ここで、戦闘になって父保明は討たれてしまう。ところが、保名と若い女の隠れ家の近くで父保明の重臣と悪右衛門が取っ組合いを始めた。取っ組合いの最中、悪右衛門は救ってくれと保名の隠れ家と知らず、その住人に呼びかける。保名は、さてはさっきの敵と家を出て、敵の首を切り落とした。保名はそこで、悪右衛門と組み合っていた重臣から、父が討たれたことを知って、自分は父の仇を討ったことを悟ったのであった。

月日は流れ、保名は若い女との間に子が出来て、その子は七歳になっていた。安倍の童子といった。女は、実は保名に救われた女狐であったが、庭先の菊の美しさにみとれてしまい、つい狐の姿になっていた。それを童子が見て怖がった。子供に本当の姿を見られてしまった母の女狐は、泣く泣く夫、子供と別れもとの棲家に帰ってしまう。障子には保名に対し、「恋しくば 尋ね来て見よ 和泉なる 信太の森のうらみ葛《くず》の葉《は》」と書かれてあり、妻の姿はなかった。

▲晴明の母を祀る信太森葛葉稲荷神社(大阪府和泉市)
信太の森の伝説の舞台である。

しかし、たとえ妻が狐であっても七年もむつみ合い、子をなした相手である。しかも、子供も母が恋しかろうと思い、保名は童子を抱いて信太の森にやって来た。妻を大声で呼ぶが、いつまでたっても姿を現さない。母を失ったことの不憫《ふびん》を思い、子を刺し自分も刺して死のうかとしたその時、ふと振り向くと狐の姿があった。童子が怖がって父にしがみつくと、狐は木陰に隠れ、それから母の姿となって立ち現れた。

童子は母のもとに走り寄る。「ああ母上様」と抱きつく。保名は、もう一度母の姿になって帰り、子を育ててくれと懇願する。しかし、妻は、狐の掟で一度古巣に戻って来た狐は二度と人間界に出て行ってはならないと、泣く泣く去って行った。

二　晴明、陰陽師となる

晴明、都に上がる

『信太妻《しのだづま》』は、さらに続ける。光陰は矢の如く、童子も立派な青年に成長し、安倍晴明（物語では安部・晴明）と名乗るようになった。彼は一日中、家伝の天文道の巻物を読み、さらに母の狐が竜宮の護符《ごふ》や名玉を授けていたので、将来有望と期待されていた。そんな時、天上から雲に乗った老人が現れ、晴明に陰陽道、暦数、天文地理、加持祈祷、秘符呪文を伝えるため一巻の巻物を取り出した。これが『金烏《きんう》玉兎集《ぎょくとしゅう》』であり、これと安部家家伝の『簠簋内伝《ほきないでん》』を加えて会得すれば、最高の陰陽師となり、死した人を蘇生させることさえ出来ると言った。この老人は、伯道上人《はくどう》といい、大唐の仙人であった。この伯道は、さらに晴明の母の狐は信太明神の化身であるとも教えてくれた。

こうして最高級の妙術を会得した晴明は、ある日どこからともなくやって来た二羽のカラスの鳴き声を聞いていた。すると、その二羽は都の帝が病気をしているのは、宮殿の寝所の北東隅の柱の下で蛇と蛙が互いに喰い合いして熱気を上げているので、それにやられているからだといっていた。

早速、晴明は父保名とともに都に上り、直接御所に参上し、帝の寝所の北東隅柱の下の蛇と蛙を取り除くと、病気は治ると申し入れた。申し入れは聞きとどけられ、晴明のいうように確かに寝所の北東隅の柱の下に蛇と蛙が喰い合いしていて、これを取り除くと帝の病気はたちまち治った。そこで、晴明は昇殿を許され五位、陰陽頭《おんみょうのかみ》に抜擢された。これを伝え聞いた天下第一の陰陽師芦屋道満《あしやどうまん》は、その若僧は憎き弟(石川悪右衛門)の仇でもあると知って、朝廷に技比べを申し出る。帝はそれを許し、帝の御前で技比べをするが、道満はことごとく晴明に負けてしまう。

▲現在の一条戻橋(京都市上京区)　晴明を祀る晴明神社のすぐ東にあたる。

怒りに燃えた道満は、晴明と二人共々参内する日、家臣に晴明の父保名を巧みに誘い出し、一条戻《いちじょうもどり》橋《ばし》で騙《だま》し討ちする秘策を授け実行させる。御所からの帰途、一条戻橋の下で骨となった父とそれを嘆き悲しんでいる家来を見て、晴明は全力を尽くして父を蘇生させてしまう。

数日後、道満が参内すると、帝は「今日はどうして晴明が参内しないのか」と聞くので、「彼は父が死んだので穢《けが》れをはばかって休んでいるのでしょう」と答えた。ところが晴明はやって来た。早速道満は、「父が死んで穢れているはずなのにどうして参内したのか」と詰問した。「いや父は死んではおらぬ。もし、父がここに来たらどうする」というと、道満は「そんなはずはない。もし、本当に保名が現れたら、自分の首をさし上げよう」と嘲笑した。と思う間もなく、保名は二人の前に立ち現れた。そこで晴明は父が騙し討たれたのを蘇生させたこと、悪右衛門と保名の因縁などを帝に申し上げた。帝は、道満の身柄一切を晴明にあずけたので、彼は道満の首を斬り落とした。

この『信太妻』に記された物語は母と子の別れ、晴明の超能力、仇討ちが主たるモチーフである。しかし、ここでは信太の森の白狐と摂津の安倍野《あべの》を出生地と伝承する二つの地名、信太の森と安倍野が問題である。これには、どのような関わりがあるのか。しかも、晴明にとってこの二つの場所はどのような意味を持つのか。しばらく考えてみたい。

三ヶ所の出生地伝承

晴明の出生地といわれる場所は、この阿倍野の他に主として二ヶ所ある。一つは、讃岐国香東《こうとう》郡井原《いのはら》庄（現、香川県香川郡香南《こうなん》町および香川町）という。これは、大日本史料所引の『讃岐国大日記《さぬきのくにだいにっき》』や『讃《さん》陽簪筆録《ようしんぴつろく》』に記されており、比較的信憑性は高いのであろう。父は安倍益材《あべのますき》といい、大膳大夫《だいぜんだいふ》であった。晴明は、父益材が讃岐の役人をしている時に生まれたのか。それとも、父は讃岐の地方貴族だったのかもしれない。江戸期の『西讃府志《せいさんふし》』には、晴明を香川郡由佐《ゆさ》（現、香南町）の人という言い伝えがあるとも記されている。とすると、父は讃岐土着の貴族だったのか。もしそうだとすると、讃岐善通寺《ぜんつうじ》の土着貴族佐伯氏の出自である空海と似た境遇の生まれ育ちだったことになる。

二つ目は、現在の茨城県真壁《まかべ》郡明野《あけの》町猫島《ねこじま》の高松家に伝わるものである。ここには屋敷跡、晴明井、晴明橋、晴明神社、晴明塚などが存在する。この場所を晴明の出生地とするのは室町初期に書かれた『簠簋《ほき》内伝金烏玉兎集《きんうぎょくとしゅう》』の注釈書で冒頭に置かれた「由来」（ただし、これは江戸初期の成立）であり、

『信太妻』の原型であるともいわれる。ここでは次のようにある。

信太の森に住む老狐が旅女に化けて、旅の途中、猫島で「或人」(安倍仲丸《なかまる》の子孫)のもとに三年滞在して、もうけたのが安倍童子だった。母は童子が三歳の時「恋しくば　尋ね来て見よ　和泉なる　信太の森の　うらみ葛の葉」の歌を残して行方知れずとなる。童子は、後年京に出て「晴明」となってから、信太の森に老狐となって現れた母と再会し、母が信太明神であることを知る。

▲鏡池(大阪府和泉市)　信太明神に参詣し、斎戒沐浴《さいかいもくよく》していた保名は、この鏡池の堤で白狐を助けたという。和泉市教育委員会提供。

これも伝承であって史実とは程遠いが、なぜ出生伝承地が常陸の国筑波《つくば》山麓の猫島なのか。これを解くカギは、鹿島《かしま》神宮(茨城県鹿嶋市)であるらしい。『信太妻』の場合同様、ここでも晴明は『金烏玉兎集』を譲られるが、ただし譲ったのは伯道上人ではない(⇩P.36)。吉備真備《きびのまきび》が大唐に留学中、伯道上人から譲られ、彼が八十歳の天寿を全うする直前に猫島に住む安倍仲丸の子孫の安倍童子にこれを譲り渡したことになっている。信太妻の二羽のカラスのことは、童子が鹿島明神に参詣した折りのこととなっている。

晴明が何処で生まれ、育ったかはわからない。讃岐で出生したというが、地方史の記述だから、やはりいい伝えのようである。結局、晴明の出生地は不明ということになる。平安時代中ごろ一世の陰陽師といわれた彼も、出生地がわからないということは、やはり闇の中から生まれ出たといわざるを得ない。闇の支配者であった晴明には、それはいかにもふさわしい。ただし、こう言い切ってしまうと晴明の出生については、何事も言及出来なくなってしまう。闇の中から生まれ出たのならば、わずかばかりの手がかりから、その出生の謎を追ってみるのも楽しみというものである。

常陸猫島については、後世土御門《つちみかど》家(安倍晴明の子孫が戦国期になってこう名乗った)の支配下の下級陰陽師であった声聞師《しょうもんじ》が流浪しながら語り継いだ晴明譚《たん》が何時しかこの地に定着し、出生地として言い伝えられるようになったのではないかという見方がある。

しかし、中世以降、彼ら声聞師によって全国至るところに晴明譚は無数に出現した。ところが、出生の地とされるのは、猫島を入れて摂津阿倍野・讃岐井原庄の前記三ヶ所のようである。猫島は、晴明かまたは安倍氏にとって何か特別の意味のあった場所ではあるまいか。

このような時、「アベ」地名が猫島近傍にないか探すのが最も手っ取り早い。「アベ」地名は、その場所が安倍氏と何らかの理由で深く関わっていることを示唆するからである。特に、安倍氏は孝元《こうげん》天皇の子孫だとされ、『古事記』や『日本書紀』にも登場する古い氏族であるから、「アベ」地名の場所は安倍(または安部、阿倍)氏族が居住していた可能性が高い。地名を氏族名にしたのは中世以降の武士たちであるが、大和王権の古い廷臣は全国各地に部民《べのたみ》を置き、そこに氏族名が地名として残されている場合が多い。それでは、猫島近くに「アベ」地名はあるのか。やはりあった。

常陸国猫島というところ

猫島より北十キロの所に阿部田というところがある。鎌倉時代から記録に現れる地名であるという。しかも、この阿部田のある真壁郡大和《やまと》村は平安時代末期には鹿島神宮の荘園があったところである。阿部田、猫島ともに真壁郡の中にあるが、そもそも真壁郡には真壁荘という鹿島神宮の荘園があったことから、郡全体が鹿島神宮と関係が深かったことになる。

『簠簋《ほき》抄』では、晴明は鹿島神宮に参詣した折り、二羽のカラスの会話で都の天皇の病気の原因がわかることになっている。だから、晴明は鹿島神宮で超能力を授かったのだともとれる。鹿島神宮は、藤原氏の氏神社であり、藤原鎌足《かまたり》の先祖の中臣《なかとみ》氏はここで亀卜《きぼく》する神官であったといわれている。亀卜は陰陽師の大事な仕事であるから、中臣氏は晴明の大先達に当たる。ここで、晴明が超能力を鹿島の神から授かったのならば、話の辻褄《つじつま》がよく合う。

▲明野町猫島に残る晴明神社(左)と晴明橋(右)　明野町教育委員会提供。

また、晴明が出生したといわれる猫島というのも奇妙な地名である。ここは島ではなく、陸の真っただ中である。古代には、シマは領域という意味でもあったというから、必ずしも海や川の中の島でなくてもいい。それでも、なぜ猫なのであろう。「ネコ」はどうも「ミコ」の転訛ではないかと思えるふしがある。御子柴《みこしば》という名を聞くが、これは御子島の転訛だろう。このことからすれば、猫島は「御子島」だったのではないか。とすると、この猫島の地に「御子」と呼ばれる人が居住していたのかもしれない。

晴明は、大膳大夫安倍益材の子であると伝えられるから、もし晴明が猫島に居住していたとすれば、父は都の貴族であり、その子なら常陸の田舎の人々に「御子」と呼ばれても少しも不思議ではない。後になって、晴明が大陰陽師となり、あれは人の子ではなく異類の子に違いないと人の口の葉にのぼるようになって、御子島が猫島になったかもしれない。

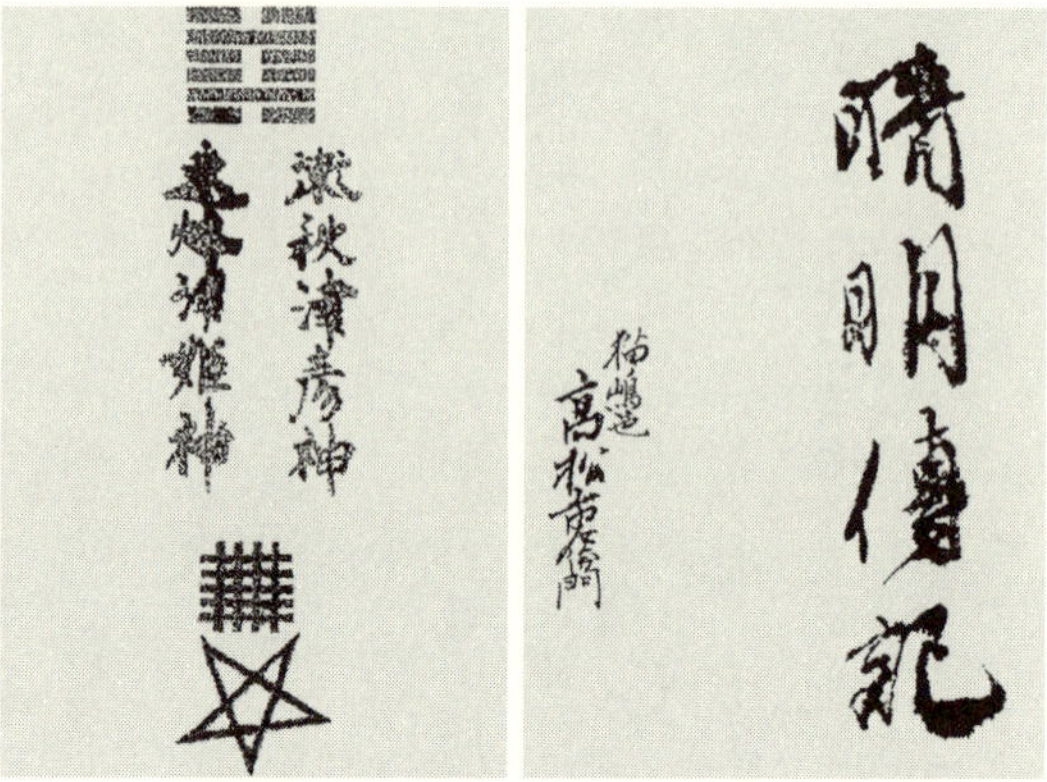

▲猫島の高松家蔵『晴明伝記』の表紙（右）と表紙裏（左）
明野町教育委員会提供。表紙裏に書かれた神名の下の印のうち、上はドーマン符とよばれており、交差する横五本、縦四本の直線は九星九宮といわれ、陰陽道で最強を意味する。芦屋道満（⇨P.37）に由来する摩除けの呪符である。下はセーマン印とよばれ、五芒星《ごぼうせい》の形で摩除けの呪符として、晴明が生みの親とされる（⇨P.185）。陰陽道の基本概念である陰陽五行説（⇨P.50）の五行（木・火・土・金・水）の相克を表したものである。

忠五郎と狐の結婚

さて、猫島より南二十五キロの茨城県筑波郡伊奈《いな》町東栗山《ひがしくりやま》に『信太妻』とよく似た伝説が残っている。時は、室町時代の中ごろ永正六(一五〇九)年のことという。根本村の忠五郎という若者が病気の母の薬を買いに行った帰途、根本ヶ原で猟師に鉄砲で打たれようとしていた老いた白狐を助けた。その夕方、中年の男と若い女が忠五郎の家の前で、道に迷い困ったと言って宿を借りに立ち寄った。気の毒に思って、彼らに宿を貸すと中年の男が路銀を持って夜逃げして、若い女だけが残ってしまった。仕方なく、彼女を家に泊めているうちに四、五日も経ってしまった。その間女はよく働き、また、やさしく、姿形も美しいこともあり、いつしか忠五郎と結ばれ、三人の子もできた。

永正十四(一五一七)年秋のことである。女は末子に授乳していて、眼前の菊があまりに美しいのにうっとりしてしまい、ついうっかり正体をあらわして狐の姿になってしまった。それを末子に見られたため、「みどり子の 母はと問わば 女化《おなばけ》の 原に泣く泣く 臥《ふ》すと答えよ」という歌を末子の竹松の帯に結《ゆ》いつけて、根本ヶ原に帰ってしまった。末子は竹松といい、成長して京都に上って立身出世した。

この伝説は室町時代中期のこととされているが、実際にはもっと古いものではなかろうか。江戸初期の『信太妻』は、この伝説からヒントを得たものとも考えられる。晴明が子供の頃、猫島に住んだというのも、『信太妻』が作られる遥か以前から伝説としてあったかもしれない。

次に讃岐の井原庄である。ここは、南北朝時代五摂家の一つ鷹司《たかつかさ》家の荘園であった。もし、晴明の父がここで晴明をもうけたとするなら、鷹司家の本流藤原北家の誰かの代理として、ここに派遣されて

▲阿倍野の晴明生誕碑と産湯の井戸（大阪市阿倍野区、安倍晴明神社）　生誕碑は江戸末期、文政年間に堺の神南辺《かんなべ》道心《どうしん》が建立した。

いたのだろうか。国司になったという記録はないから、そう考えるのが自然だ。ただし、ここは大阪の阿倍野や茨城の猫島のような物語としてまとまった伝説を生むことは少なかった。

　阿倍野の南の信太（和泉市）にも、猫島の南の伊奈にもそれぞれ信太稲荷（葛葉《くずのは》稲荷）と女化稲荷があるから、狐の子伝説が出来やすかったのかもしれない。稲荷神社は、全国至る所にあるが、井原庄やその近くには目立った稲荷神社は見あたらない。

三　安倍氏と出生伝承

安倍氏は朝鮮半島からの渡来系氏族か

安倍晴明は、藤原道長に仕えたといってもいいほど近くに侍《はべ》った。父の益材《ますき》も、道長の藤原北家に近い存在だったようである。しかし、晴明が陰陽師になった理由はよくわからないが、少なくとも藤原北家の要請によるものではなかった。このことは、晴明が奈良時代以前からの名族賀茂《かも》氏の本流であった陰陽師賀茂保憲《やすのり》の弟子だったということからも推測出来る。安倍(阿倍、安部、阿部)氏を先へ先へと辿っていくと、安倍氏は本来藤原氏とは敵対する氏族だった。このことが、晴明が長じて陰陽師となったことと繋がっているようである。

それでは、安倍氏とはどのような氏族だったのか。「アベ」といっても、書き方に何通りかあるので、ここではアベ氏または単にアベという。

アベ氏は、八代目の天皇孝元《こうげん》帝の子孫というが、『日本書紀』では孝元の皇子大彦命《おおびこのみこと》を祖とする。一方、『古事記』では大彦命の子建沼河別命《たけぬまかわわけのみこと》を祖とする。もっとも、孝元天皇の時代のことは史実とはいえないだろう。しかも、天皇の子孫であったかどうかよりも、アベ氏は臣《おみ》であって連《むらじ》ではないから、土着の氏族だったようである。現在、通説では、神武《じんむ》天皇について来た家臣は連であり、神武東征の時大和にいて、これを迎えた氏族が臣となっているようだ。『古事記』や『日本書紀』で、わざわざ天皇の子孫というが、実在したかどうかわからない孝元天皇の子孫というのでは、結局のところ先祖は不明というに近い。

となると、アベ氏は大和(奈良県)の土着氏族であったこととなる。本拠地は、大和国十市《といち》郡安倍であったといわれている。しかしそれだからといって、大和土着がそんなに古いとも思えない。というのも、アベ氏は天皇が即位する時の儀式である大嘗祭《だいじょうさい》で食事に関わる供膳の総括をしていること。また、大嘗祭の時に古志舞《こしまい》を演じているからだ。このことから、かつて朝鮮半島の高句麗《こうくり》か新羅《しらぎ》のどちらかからやって来た氏族である可能性が高い。というのは、古志舞とは、高句麗が新羅に駐兵した時、新羅が服属儀礼として舞ったものを芸能化したものだからである。古志舞を舞うのであるから、古くからの大和土着、日本土着ではない。

四世紀後半と思われる時代に高句麗の新羅駐兵があったから、それ以前にアベ氏が大和に土着して、古志舞を舞うというのは合点がいかない。アベ氏は、高句麗が新羅を一時服属させた後、日本に朝鮮半島からやって来た氏族でない限り、古志舞を舞うはずはないであろう。

このようなことは、晴明には余り関係ないのではないかといぶかしむむきもあろうが、実は大いに関係がある。もう少し辛抱して付き合ってほしい。

アベ氏とソガ氏

結論をいうと、いわゆる江上波夫氏のいう騎馬《きば》民族王朝といわれる応神《おうじん》天皇や仁徳《にんとく》天皇などの王統はその後、継体《けいたい》天皇に征服され、この継体天皇を押し立てて、大和に覇権を確立したのが蘇我《そが》氏だった。アベ氏は、その蘇我氏のもとで政治に参加している。

蘇我氏は高句麗の北辺、現在のウラジオストック周辺から日本の北海道南部かあるいは東北地方、たぶん青森か秋田へ渡って来て、東北・関東地方の蝦夷《えぞ》軍団を引き連れて南下し、福井の三国《みくに》にいた継体天皇と合体し、大和に入ってきたと考えられよう。蘇我氏は滅びるまで蝦夷たちを護衛兵として使っていたし、蘇我蝦夷《えみし》という名もその傍証となるだろう。その時、蘇我氏と共に大陸からやって来たのがアベ氏なのではないか。もちろん、以上のことは歴史学の通説ではない。しかし、私はそのように想定する。ともあれ、継体天皇が大和に入ってきたのは六世紀の初頭のことである。アベ氏は、高句麗出身だったかもしれない。

伝説では、晴明が鹿島《かしま》神宮で超能力を得たとなっている。しかし、実は晴明の先祖、アベ氏は深く鹿島神宮に関わっていたのではないのか。鹿島神宮は藤原氏の氏神社とされているが、それは藤原鎌足が大化の改新で蘇我氏を滅ぼした直後のことであった。のち、何らかの理由があって、大和から遠い辺境の地の鹿島神宮を自分の支配下に置く必要があったのであろう。鹿島神宮の神官は、亀卜《きぼく》を業務としたといわれる。

鹿島は常陸国(茨城県)にあるが、もとは日高見《ひたかみ》国と呼ばれた所である。日高見は、文字通り太陽の運行を観察して季節を知らせる天文道を掌る鹿島の神官が治める国だったから、こう呼ばれたに違いない。その神官こそ、実はアベ氏だった時代があったのではないか。アベ氏の中には、祭祀の時に卜事を専業とした者がいたことは確実である。それも、雄略天皇から継体天皇即位までの間の時期である。しかも、このアベ氏は後に忍者の里となる伊賀《いが》(三重県)の阿拝《あべ》郡を根拠地とした。

蘇我氏は、日本海側と太平洋側の二手に分かれて北東北地方から南下した気配が濃厚である。アベ氏も、同様二手に分かれているようだ。太平洋側を進んだ者の一人が、鹿島の神官をしたのではないか。文献的根拠はないが、蘇我氏の太平洋側南下は倭 健 命《やまとたけるのみこと》伝説に投影されているようである。ただし、倭健命東国征伐譚《たん》は蘇我氏の足跡を逆に辿っている。千葉市の蘇我比咩《そがひめ》神社では、蘇我姫と倭健命が結婚しているが、蘇我姫は蘇我比咋神社の場所に居残ったと伝えている。今も「蘇我」の地名が残る。

そのうえ、倭健命が相模(神奈川県)から下総(千葉県)に船で渡る時、暴風雨に見舞われたが、弟 橘《おとたちばな》姫が海神のいけにえとなって、海に飛び込んだので暴風雨がおさまり、無事下総に着くことが出来たという有名な伝説がある。同社の社伝によると、この時、海に飛び込んだのは弟橘姫ではなく蘇我姫であり、海に漂っているのを猟師に助けられて現在の神社地に住んだというのである。

これは、倭健命ではなく蘇我氏が下総から相模に渡る間のことの反映ではないのか。この時にも、アベ氏は蘇我氏と行動を共にし、占卜《せんぼく》を事としていたのかもしれない。倭健命が相模から渡ったとされる港の近傍に、仇討ちで有名な曽我《そが》兄弟の生まれ育ったことで知られる「曽我」という地名がある。兄弟は、曽我で生まれ育ったから、そういわれたのはいうまでもない。倭健命伝説で最も有名な暴風雨事件の背景である相模と下総の両地点に、ソガ地名があるのは倭健命に蘇我氏の誰かが投影されていることに間違いないであろう。

六四五年、蘇我氏は中臣《なかとみ》（藤原）鎌足《かまたり》の陰謀で滅ぼされてしまう。この時、阿倍倉梯麻呂《くらはしまろ》が蘇我氏を裏切って鎌足方につき、左大臣まで昇進している。大化の改新直後、朝廷は何度もアベ氏の一族で、北陸の水軍の将でもある阿倍比羅夫《ひらふ》を東北に派遣し蝦夷を慰撫《いぶ》している。アベ氏も蘇我氏同様、蝦夷と関わりを持った氏族であったからこそ、この処置がとられたのであろう。この時より百年以上も後のことだが、奈良時代も後期になってから、蝦夷でアベ氏姓を賜った者が多く出たのも、アベ氏と蝦夷の関係がただならなかったことを示している。

随分遠回りしてしまったが、私のいいたかったことは、晴明は通説のようにアベ氏として最初に陰陽師になったのではない。同氏は、遥かなる時代から占卜に関わり、そのうえ鹿島神宮とも関係があったのではないかということだ。後述するが、東北安倍氏とはさらに深い繋がりがあったに違いない。

出生伝承と陰陽五行説

伝説では、晴明は和泉（大阪府）の信太《しのだ》の白狐の子である。晴明の超能力が余りに凄まじかったため、人間の子ではあるまい、せめて母は異類、獣であったのではないかと後世の人々は思った。しかし異類、獣がどうして狐でなければならないのか。蒙古《もうこ》から世界の大征服を敢行した希代の英雄ジンギス汗《ハン》は、狼の子孫であるといわれている。だから、晴明も狼の子でもよかったのではないか。それなのに、後世の人々は彼をどうしても狐の子にしたかったらしい。それには何か理由はあるに違いない。陰陽道《おんみょうどう》と狐とは、深い関係があると説くのが民俗学者吉野祐子である。

陰陽道は、中国で成立完成されたが、はじめから陰陽道と狐は切っても切れない因縁があったと吉野はいう。陰陽五行説《いんようごぎょう》では、火水木金土の五行の循環と陰陽二気の交代が重なり合って森羅万象《しんらばんしょう》は成り立っているという。五行とは、現代風にいえば元素のことである。

古代中国の人々は、物質のもとはこの五行であると信じた。また、中国の人々だけでなく、ギリシアでもインドでも古代の人々は似た考え方をした。眼に見える火水木金土が元素といわれても、現代人には奇異かもしれない。しかし、古代の人々も自分たちが生存している天地が示す種々様々な現象の原因、たとえば雷や雨、寒暑などの原因を真剣に考えた。現代人なら元素と元素、たとえば、酸素と水素が反応して水を作るといったことを、古代人は五行の相関関係として考えた。木から火が生じ、火から土が生じ、土から金、金から水、水から木が生じる。そして、木は土に勝ち、土は水に勝ち、水は火、火は金、金は木にそれぞれ勝つとみなした。これを五行の「相生と相克」という。古代中国の人々は、五行の中でも大地を作り出す土が最も重要であり、火水木金の輪の中心に位置するとした。

こんなことと狐がどう関係するのか不審でもあろうが、古代の人々の思考は極めて直接的である。中国の土は、黄土で黄色である。狐の毛は黄色で黄が共通することから、狐は土の象徴とされ、五行の中心土と狐が同一視され崇められるようになった。もちろん、これは民間の人々の信仰心であって、学者がそういっているのではない。それでも、民間の人々の狐信仰が陰陽五行説の陰陽道とともに、遣唐使によって日本にもたらされた。飛鳥時代のことである。

稲荷神社と狐の結びつき

一方、狐は稲荷《いなり》神社につきものであるがこれはどうしてなのか。稲荷神社の総社は、京都の伏見《ふしみ》稲荷である。同社が創設されたのは、和銅四(七一一)年二月二十一日、中国伝来の知識に詳しい秦《はた》氏によってである。その前の年は、日照りが続いたかと思うと長雨となり、とにかく天候不順であった。

和銅四年は陰陽五行から見たエトは辛亥《かのとのい》で、辛は「金《かね》の弟《と》」であり、亥は「水気」を示す支、すなわち年廻りであるから、まさに金が水を生む年に当たっていた。大雨による大洪水の心配が、エトから心配されることになっていた。これを防ぐには、水に勝つ土しかない。さらに、次の年のエトである壬子《みずのえね》は、この年以上に長雨の心配される年廻りになっており、とにかく二年も三年も凶作の心配があった。

▲安倍晴明神社社記碑のシンボルである狐像(大阪市阿倍野区)　晴明生誕伝承地(⇨P.44)に大正14年、建立された。

朝廷は、これではたまらないと、土を象徴する狐神によって水を撃退しようと考えた。稲荷神社は豊作の神を祭っているが、その神の使いが狐である。これは、秦氏が中国伝来の陰陽道を巧みに応用して作り上げた豊作神の神社であり、土の象徴である狐が重視された。伏見の稲荷神社が創設された日、和銅四年二月二十一日は戊午《つちのえうま》に当たり、火が生じる日に当たっていた。うま(馬)は火を表すからである。この最も水に強い日を稲荷神社の創設としたが、稲荷神社では馬に乗る狐の像が尊ばれるのは、以上の理由によるらしい。

さらに、吉野は稲荷神社の鳥居が赤いのは、火を表し土を生み出すからだともいう。稲荷神社と狐は、日本固有の民間信仰ではなかったらしい。中国渡りとは意外である。安倍晴明が狐や稲荷神社に結びつけられるのは、彼が生まれるより二百年以上も前に運命づけられていたことになる。狐だけなら飛鳥時代からであるので、さらに百年も遡る。それでも、信太妻伝説を作り出した人々が吉野のいったことを知っていたとは到底思えない。だから、この伝説を作り出した中世や近世の人々のイメージはどうであったか。特に狐のイメージである。狐は、人を化かすといわれるが、このことを信じたのは何も中世や近世の人々に限らない。二十世紀も半ばになってもそれは信じられていた。

二十世紀の狐

ついこの前(二〇〇〇年七月)、岐阜県の山村である恵那《えな》郡加子母《かしも》村の粥川眞策《かゆかわしんさく》村長の話である。加子母村は、林業を主とする深い山里である。村長は現在七十六歳であるが、御母堂は狐火を本当に信じていて、それを実際見ており、村長がそれを錯覚でないかと言うと、気色ばんで怒ったそうである。

終戦直前というから、一九四四年ぐらいの頃のことだったそうである。ある晩、御母堂は障子を開けて何気なく闇を見ると、ずうと向こうの野中の一軒家のあたりに、提灯が一つその家の前を行ったり来たりしている。誰か出掛けるのかと思って見つめていると、提灯の数が次第に増えて長い行列になった。誰か嫁にでも行くのかしらと思っていたが、提灯の行列が余りに長くなるので、これはおかしいと思い障子を閉めてしばらくして開けてみた。すると、今度は村はずれの阿弥陀《あみだ》堂の前に提灯が一つゆらゆらと揺れているだけであった。御母堂は、これを狐火と死ぬまで信じていたという。

さらに、粥川村長はこうもいう。終戦直後のこと、やはり加子母村でのことである。地上百メートルほどの高さで、バレーボールぐらいの火の玉が長い尾を引いて右の山頂から現れ、シューと大きな音を立てながら、六百メートルほど飛んで左の山の方に消えていった。また、ある時にはかすみ網の張った鳥屋《とや》帰りに右の方向は加子母村、真ん中は付知《つけち》町であるが、左のありえない方向に集落の灯が見えるではないか。不思議に思い、地下足袋で土の上にないはずの方向の集落の灯に向けて、矢印をつけて帰った。翌日、明るくなって矢印の所に行ってみると、やはりその方向には集落は見えない。これは村長他三、四人で見たことだといい、村長も二つの体験を狐火と思っているようである。

二十世紀の半ばでも、狐火が出てそれをいまも元気で活躍している人が信じているのである。だから、中世や近世にあっては人を化かす狐の話は、至る所でかわされたはずである。信太妻伝説を作った人々は、ひょっとしたら狐の子と本当に信じていたかもしれない。人を化かす狐は、ある間だけ人間になって子供を生むことも出来たと思ったかもしれない。

信長は晴明一党の敵か

先に、織田信長のことに少し触れたが、この信長が生まれた天文三（一五三四）年当時の人々も、上下貴賤の別なく、人を化かす狐のことは信じていたであろう。信長が生まれた頃は、戦国時代の真っただ中である。何時戦乱に巻き込まれ、田畑を荒らされ、蓄えた食糧も奪われ、餓死するかもしれないと人々は日々不安におびえていた。この時ほど、下級陰陽師である声聞師《しょうもんじ》が全国津々浦々でまじない、占いなどで活躍した時期はなかったはずである。

陰陽師総元締めの安倍家が戦国時代になって、「土御門《つちみかど》」家と大袈裟な名を名乗ったが、このことでも、戦国時代の下級陰陽師である声聞師の活躍は想像出来るはずである。「土御門」が大袈裟なのは、陰陽道の二大思想の一つ五行の中心が「土」であり、「土御門」とは土という名のみかど、すなわち天皇という意味にとれる。安倍家の住居が土御門にあったから、この名を名乗ったとされているが、安倍家では「つちのみかど」すなわち、陰陽天皇という意識を充分に抱いていたであろう。当然、陰陽師たちも自分たちの総元締めを「天皇」と思い、そう

▲土御門家旧宅にあった天文観測器の台石（京都市下京区・梅林寺蔵）　天文博士の晴明につながる遺物である。石の東西面に「寛延４年」「安倍泰邦製」（⇨P.208）の文字が刻まれている。1751年、子孫の土御門（安倍）氏によってつくられたことがわかる。

も吹聴していたはずである。ただし、土御門とは平安京の宮城の東北隅(鬼門)にあった門の名であり、安倍家は鬼門を守るためにこの門の近くに居住した。ともあれ、戦国期にわざわざ土御門家と名乗ったのであるから、安倍陰陽道は栄えに栄えていたのは間違いない。

そのような時代の伝記記録者である太田牛一は『信長公記』で、信長ほどの英傑の誕生に関しては一筆たりとも触れていない。常識的には、信長誕生を天地が祝って、瑞兆《ずいちょう》紫雲《しうん》がたなびいたといった類の記事があってもよさそうである。それなのに、誕生の記事が全くないのは、信長自身が何事をも語らなかったし、信長をよく知る兄弟姉妹が多く生存していたのに、彼らも黙して語らなかったからに違いない。これは信長の意志だった。生まれた時のことなど知るものか、合理主義者信長はそう思っていたであろう。

晴明の末裔たちがうようよしていた時代に、信長だけがそれに全く関心を示さなかったということが、この『信長公記』のいたって渇いた記録からでも垣間見ることが出来る。信長は、晴明の一党の敵だったのだろうか。

第三章　古代の終焉となる平安の闇

一　『簠簋抄』を読む

阿倍仲麻呂と吉備真備の結びつき

室町時代初期に書かれたと思われる『三国相伝《さんごくそうでん》陰陽《おんみょう》輨轄《かんかつ》簠簋《ほき》内伝《ないでん》・金烏玉兎集《きんうぎょくとしゅう》』は、安倍晴明の著作を後にまとめたと伝えられている。この本の解説書として、江戸初期に成立した『簠簋抄《ほきしょう》』には『金烏玉兎集』を日本に伝来したのは、吉備真備《きびのまきび》であるとなっている。真備が安倍仲丸《なかまる》（阿倍仲麻呂《なかまろ》）の子孫にこれを伝えようと、常陸猫島に住む仲丸の子孫の童子（のちの晴明）を探し出し譲ったとある（⇩P.39）。真備や仲丸は奈良時代後期の人で、共に唐への留学生である。『簠簋抄』は江戸初期に成立した本だが、真備と阿倍仲麻呂を晴明に結びつけているのは、それなりに理由があるからだろう。しからば、それは何か。晴明を書くとすれば、彼に連なる人々や時代背景についても記しておくべきだろう。

奈良時代後期の天皇孝謙《こうけん》は女帝であったが、即位以前は阿倍皇女といった。父は聖武天皇、母は後の藤原氏の栄華の基礎を築いた藤原不比等《ふひと》の娘光明《こうみょう》皇后なのに、その名はなぜか阿倍皇女である。

まずは『篁簒抄』である。史実では、阿倍仲麻呂と吉備真備は養老元(七一七)年、唐に渡っているが、本書ではそうなっていない。その一年前に元正帝の命令で仲丸は渡唐している。仲丸が渡唐した時、唐の十代皇帝として梁《りょう》の武帝が悪王として登場する。梁の武帝は、唐が興った時代よりも六十年も前に滅んだ南朝の王であり、この後に隋《ずい》が中国を統一し、さらにその後に唐が現れる。梁の武帝は、仏教を重んじた名君主として有名である。でも、なぜ大唐の時代に悪王として登場するのか、よくわからない。

いずれにしても、武帝は日本は小国であるが、人心は誇り高くわが国に従うとも思えない。そこで、貢物が少な過ぎると責めて、仲丸など他の遣唐使を殺してしまった。そこで、仲丸は赤鬼となって大唐国を走り回った。たそがれになると、人々に害をなしたので、人々は午後四時以後は外出しなくなった。実際の阿倍仲麻呂は入唐時で十六歳、それより一年前なら十五歳である。真備が十七年間、在唐して帰国した天平七(七三五)年には、阿倍仲麻呂はかぞえ年齢では三十四歳であった。

真備をこまらす武帝の難題

遣唐使が殺されたにもかかわらず、元正天皇は今度は真備に遣唐使の命を下した。彼は、養老元(七一七)年に入唐《にっとう》する。梁の武帝は、また彼を殺そうとする。大唐の法義では、入唐の外国人はその知恵を計り、知恵のない者は殺すことになっている。武帝は、難題を真備に強いるのである。大唐一の囲碁の名人と勝負しろという。真備は囲碁を知らない。当時、まだ日本に紹介されていなかった。打ち方すら知らない囲碁に勝てるはずはない。宿舎で困って寝られないでいると、部屋の隅に怪しいものの影が立ち現れた。安倍仲丸の幽鬼だった(⇩P.67)。仲丸は、囲碁の勝負のことを言い、負ければ殺されるともいった。そして、勝つために真備の身体から魂を抜き出し、囲碁名人が練習している所に連れ出して勝負の棋跡を全て覚えさせてしまった。

脱魂して死者たちの世界や異境を旅するのは、十八世紀のスエーデンの神秘家スエーデンボルグ(⇩P.137)の『霊界日記』に詳しい。これは能力さえあれば現代でも出来ることだ。スエーデンボルグは、決まったホテルに突然現れ、扉を閉めて何日も何カ月も出て来なかったと言われている。その間、彼は脱魂して冥界を旅していた。旅の間中、魂の抜けた身体は、死者と同じようになっていたであろう。その間、決して他人が入室することを固く禁じていた。見られたら、魂は再び身体に帰還することが出来なくなる。

こうして勝負の日となり、真備は名人と渡り合い三番とも勝ってしまう。もし負けていたら、武帝に首を斬られているところであった。次に、『文選《もんぜん》』を読めといわれる。真備はこれを知らず読めないのだが、赤鬼がやって来て武帝が『文選』を読んでいる所に連れて行ってそれを聞かせる。後日、武帝に召されて『文選』を見事読んでしまう。

次に『野馬台詩《やまたいし》』を読むことが課せられた。この詩は、縦に読んでも横に読んでも斜めに読んでも全く意味が通じない判じ物の難書であった。これは仲丸の幽鬼にも、どうすることも出来ない。そこで、真備は大和・長谷寺《はせでら》の観世音菩薩に一心不乱に祈ると、香染の法衣を着た僧侶姿の観世音が大悲の涙をためて現れ、読む順序を金のクモの糸で示すから、心配することはないと言って消えた。

この詩は、漢の時代に宝誌《ほうし》和尚という優れた僧がいて、ある日彼の前に一人の化女が現れた。それが一人一人と増え、ついに千八人にまでなって、彼女らが東海国の過去から未来までのことを物語ったものである。不思議に思った和尚が「千八人の女」を漢字に書き換えてみたら「倭《やまと》」となった。和尚は、千八人の女らは倭国の神々であろうと考え、彼女らの物語を五言十二韻を踏む百二十字から成る詩として書き表した。これが『野馬台詩』である。

夢の中の現実

真備は、大唐皇帝の前でこの書を見せられたがさっぱり読めない。必死に長谷寺の観世音菩薩に祈っていると、果たせるかな金のクモの糸が紙の上に現れ、一字一字ずつ伸びてゆく。それを辿っていくと、完全に読めてしまった。真備の神技に感嘆した大唐皇帝は、ついに『簠《ほ》簋《き》内伝《ないでん》金《きん》烏《う》玉《ぎょく》兎《と》集《しゅう》』を含めて七つの宝を真備に授けた。帰朝した真備は八十歳の天寿をまっとうする直前、今まで生きられたのも安倍仲丸のおかげであったと述懐する。

『簠簋内伝金烏玉兎集』は、大唐雍州《ようしゅう》の城荊山《じょうけいざん》の麓に住む伯道《はくどう》上人が天竺《てんじく》の聖霊山《しょうりょうせん》に赴いて文殊《もんじゅ》菩薩《ぼさつ》から伝えられ、大唐に招来したものという。簠とは丸い天、簋は四角の地の

▲吉備真備（695～775）　岡山県・吉備寺蔵。

ことであり金烏は太陽、玉兎は月のことを意味していている。要するに、天地宇宙の運行から日常の細々とした儀礼までを細大漏らさず書き記した書物である。真備は、これまで秘伝としてきた『金烏玉兎集』を仲丸の子孫に伝えようと思い、常陸国筑波山麓の猫島に住む仲丸の子孫の童子を見つけ出し、この書を譲り渡そうと思った。ところが、その子はいまだ童子のため、本の内容を相伝することは出来ず、本のみを渡すこととなったのである。

先に見たように、真備が熱心に観世音菩薩に祈っていると、金のクモの糸の導きで判読出来たというのもまんざらないことでもない。今でも夢に次の日、読まなければならない本の字面が現れ、それを金の糸の跡を辿って読み方を覚えてしまうというのはあり得る。

私が教えている女子学生で、夜眠っている間に絵を描き、起きてからそれを見て驚くという人がいた。その絵には、奇怪な動物が波間から姿を現出する瞬間などが描かれ、何ともいえない奇妙なものであり、絵そのものは色といい形といい見事であった。一口でいうと、ダリのようなシュール・リアリズムの絵画に似ていてどこまでも夢的であった。しかし、彼女は、昼は意識して描けないという。半年以上その状態が続き、相当数作品が集まったので、彼女の了承を得て個展を開こうと計画した。個展開催まであと数日と迫ったある昼下がり、彼女は研究室に立ち寄り個展を中止してほしいという。聞くとこれらの絵は、本当に自分が描いたのかわからない。個展は出来ないというのである。私も困ったが、画廊に理由を説明して取り止めたことがある。今から十五年ほど前のことである。この学生なら、真備の伝説のようなことが現実に出来るであろうと、私は今でも思っている。

阿倍倉梯麻呂の活躍

『簠簋抄』では、吉備真備が安倍童子を探し出して『金烏玉兎集』を授けるが、この安倍童子である晴明が生まれたのは九二一年であり、真備が死去したのは七七五年である。真備の死去から晴明の誕生まで、およそ百五十年の開きがあるから、『簠簋抄』の出来事は起こり得ない。それなのに、なぜそのような伝説が書かれたのか。その理由の一つは、晴明が生まれる頃には、アベ氏の勢力が下落していたからではあるまいか。常陸国の猫島まで行ってたずね歩かない限り、アベの子孫が見つけられないところまで存在感が無くなっていた可能性がある。

そもそもアベ氏の出自はよくわからない。はっきり記録に登場するのは阿倍倉梯麻呂《くらはしまろ》(?～六四九)であり、大化の改新の時、蘇我入鹿《そがのいるか》を裏切り中臣鎌足《なかとみのかまたり》側につき出世をとげる。きわめて要領のいい男だったようだ。推古天皇の時代は聖徳太子が活躍したようになっているが、実際の政治は蘇我馬子《うまこ》がとったらしい。馬子こそ、実質的には大王であったのだろう。遣隋使に「日出《ひいづ》る処《ところ》の天子、書を日没する処の天子に致す。恙《つつが》無きや」という書を持たせてやった多利思比孤《たりしひこ》は、聖徳太子のことだと信じられている。ところが、自慢していいはずのことが天皇家の記録である『日本書紀』には一言も書かれていない。これはおかしい。多利思比孤は聖徳太子ではなく、馬子だったのではないかとも考えられている。

このことはともあれ、阿倍倉梯麻呂は推古天皇三十二(六二四)年、馬子に命令され、歴代天皇に伝領されて来た大和の葛城県《かつらぎのあがた》を蘇我氏に譲渡するように奏請したが、天皇に拒否されている。また、聖徳太子の子である山背大兄《やましろのおおえ》皇子を排除して田村皇子(舒明《じょめい》天皇)を擁立しようとする蘇我蝦夷《えみし》の意中を察

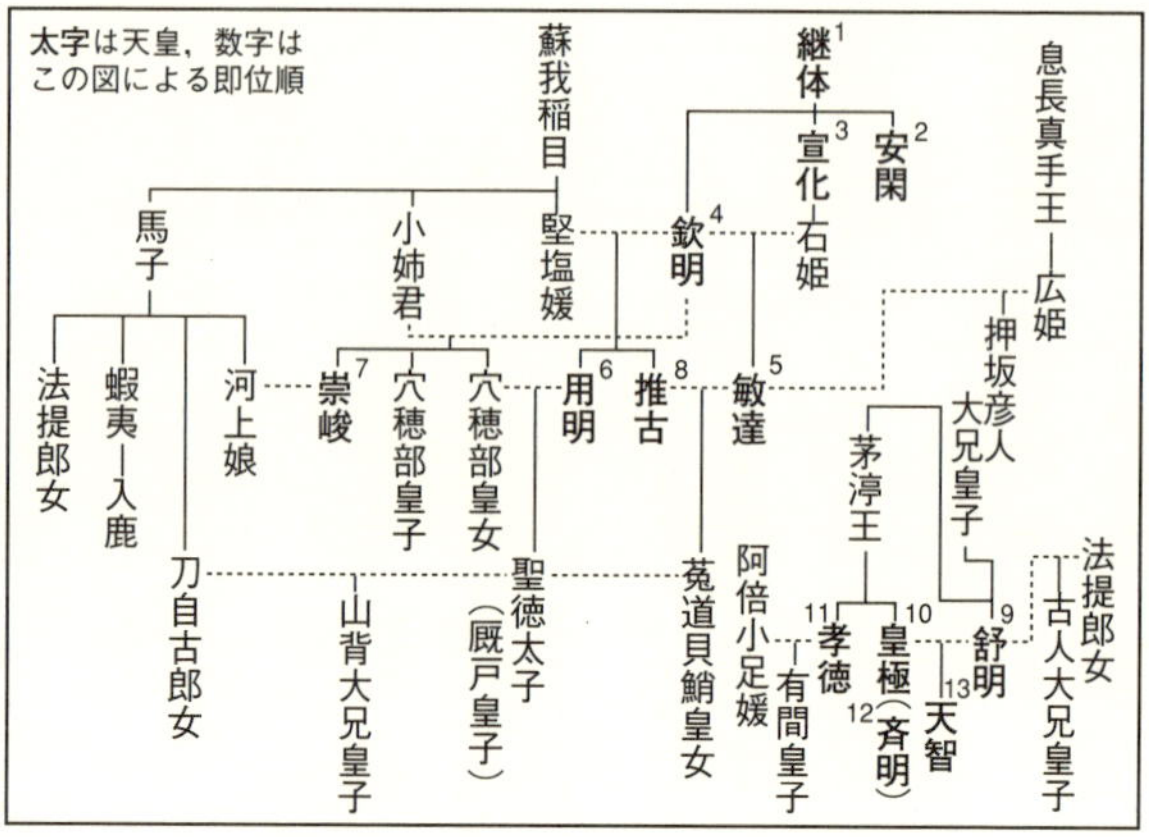

▲飛鳥時代の天皇家・蘇我氏系図

して、蝦夷の館に大夫《だいふ》らを召集してみんなの意見統一を計ったりしている。

要するに、倉梯麻呂は完全な蘇我党であったはずなのに、一転して敵方の中臣鎌足方に寝返っている。その寝返りがよほど効果があったのであろう。現代なら、首相ともいうべき左大臣になっている。ただし、倉梯麻呂は目先もきいたようだ。六四五年の大化の改新で天皇となった孝徳天皇の妃は彼の娘であり、阿倍小足媛《おたらしひめ》といったが、彼女は有間《ありま》皇子を生んでいる。しかも、孝徳天皇が即位以前に有間皇子をもうけているから、倉梯麻呂は後の孝徳天皇、当時の軽皇子《かるのみこ》の将来性を買っていたともとれる。

大化の改新では、倉梯麻呂は左大臣になったが、右大臣には蘇我石川麻呂《いしかわまろ》がなっていた。石川麻呂は、蘇我蝦夷の弟の子であるから、入鹿《いるか》の従兄弟《いとこ》である。しかし、彼は蘇我本宗家を鎌足に売って滅亡させ、自分が本宗家になろうとした。しかも、大化の改新の事実上の張本人中大兄《なかのおおえ》皇子（後の天智天皇）の寵妃が石川麻呂の娘であった。しかし、石川麻呂は倉梯麻呂のように、中大兄皇子の将来性を買ったなどということはなかったであろう。蘇我氏の一員としての力がそうさせたに過ぎまい。石川麻呂は、弟の蘇我日向《ひむか》によって大化の改新五年目で中大兄皇子を暗殺しようとしていると、中大兄に密告され自殺してしまう（六四九年）。これは、倉梯麻呂が死去して七日目のことであった。倉梯麻呂は天寿をまっとうしての死であり、中大兄皇子と蘇我石川麻呂の間を巧みに調整し、左大臣の地位を守り続けたのだから、現代風にいうなら政界遊泳術の名人だった。これがアベ氏の祖といっていい。

アベ氏の活躍時期

倉梯麻呂の一族阿倍比羅夫《ひらふ》は、七世紀後半の水軍の大将軍としてよく知られている。彼は、越《こし》の国守であったというから、阿倍氏は現在の新潟県から福井県までの広大な領域を支配していたのであろう。蘇我氏の水軍大将だったのではないだろうか。蘇我氏は、石川麻呂の自殺後、力を失ってしまう。しかし、現在の富山県に蘇我氏の一族がいたらしいから、蘇我氏のある者も越の国を本拠としていたようだ。だから、蘇我氏全盛期にアベ氏はその代理として、水軍を率いて越の国を支配していたのだろう。

阿倍比羅夫は北東北の秋田や津軽《つがる》地方の蝦夷を討伐したことで知られる英雄だが、実際戦闘した様子はない。やったことといえば、北東北などで多勢の蝦夷を招いて饗応したことばかりである。要は、反乱の心配がある蝦夷たちと事前に手を打って、融和を計るのが彼の使命だった。蘇我石川麻呂が自殺して、蘇我氏が勢力を失って十年ほど後のこと（六五八年と六六〇年の二度）になるが、その十年間はたぶん蝦夷と水面下で下交渉を続けていたのではないか。というのも、越の国には蝦夷が多数居住していて、彼らは七世紀半ばごろから蘇我氏の中央政権に服属していたので、北東北の蝦夷と事前交渉させるのは容易であったと思われる。ただし、六六三年、百済《くだら》を救援するために朝鮮半島に渡って白村江《はくすきのえ》で新羅《しらぎ》、唐の連合水軍に大敗した将軍も阿倍比羅夫である。

ともあれ、アベ氏は大化の改新後、倉梯麻呂と比羅夫の活躍で名族となったといえる。晴明の先祖たちが日本歴史に最も輝かしい行跡を残したのは、大化の改新から十五年の間のことであったのだ。

阿倍仲麻呂の入唐と真備の帰国

天武《てんむ》天皇や持統《じとう》天皇時代になると、阿倍御主人《みうし》(?～七〇三)が目立つ。彼は、天武と持統の子である文武《もんむ》天皇時代の七〇一年に右大臣となっている。また、御主人の子広庭《ひろにわ》や阿倍比羅夫の子宿奈麻呂《すくなまろ》も中納言や大納言となっている。広庭は七三二年、宿奈麻呂は七二〇年に死去しているから、二人とも奈良時代初期に活躍したことになる。

しかし、アベ氏の中でよく知られているのは、何と言っても阿倍仲麻呂《なかまろ》(六九八～七七〇)であろう。『簠簋抄《ほきしょう》』では晴明は仲麻呂の子孫となっているが、果たしてそうかどうかはわからない。仲麻呂は養老元(七一七)年に吉備真備、玄昉《げんぼう》などと共に唐留学に出かける。この時の大使は阿倍安麻呂《やすまろ》だから、仲麻呂にとっては一族の長老と一緒に唐に渡ったことになる。何の後援もなかった真備よりは、随分恵まれていただろう。仲麻呂は、よほど唐が気に入ったのか、なかなか帰国しようとは思わなかった。

仲麻呂は、入唐して三十六年経った天平勝宝五(七五三)年になって、ようやく帰国を決意したが暴風雨に流され、結局帰国できなかった。この時は、僧鑑真《がんじん》と共に乗船したが失敗した。彼は、唐の最大級の知識人鑑真を日本に連れ帰ろうとしたくらいだから、唐の華やかな文化の匂いを帰国後も身近にかいでいたかったに違いない。仲麻呂は六九八年生まれであるから、唐に留学した時はまだ十九歳そこそこであった。如何に恵まれた選抜だったかがわかる。

真備の方は仲麻呂よりも三歳上であり、留学の時は二十二歳だった。真備は仲麻呂と違って、在唐十七年たった天平七(七三五)年に帰国している。その間、儒学、律令、礼儀、軍事を唐で学んだ。帰国した翌年の四月には、唐から持ち帰った多くの書籍や器物を朝廷に献じて、正六位下の位を授けられた。真備の方は出世して政治を動かしたいという野心があった。『簠簋抄』では真備が唐に渡った時、仲麻呂は殺されており、その霊に助けられ『文選』を読み、碁の名人を負かすことになっている。ところが、実際には仲麻呂は唐で殺されていないし、真備が帰国した天平七年には仲麻呂は元気で都長安《ちょうあん》にいた。

真備は帰国後順調に出世していく。特に同時に留学し、また共に帰国した僧玄昉が文武天皇の夫人宮子《みやこ》の病気を治したことが真備の功績とされ、従五位上に昇進した。これは昇殿を許されたことであり、ようやく中級以上の貴族となったということである。真備は、聖武天皇の皇女阿倍内親王(後の孝謙天皇)の教育係となったことで、順調に出世していくのだが、僧玄昉も同様朝廷に重用される。

低い身分のこの二人が朝廷で重きをなして来ると、当然これを邪魔と思う人物が出現する。藤原広嗣《ひろつぐ》である。彼は、天平十二(七四〇)年、真備と玄昉を排除することをかかげて九州大宰府《だざいふ》で反乱する。一万人以上の兵を率いた反乱であるから古代にあっては大乱といっていい。朝廷も一万八千人の兵を九州に派遣し、乱は鎮定されるが、広嗣を捕らえたのは朝廷軍の無位の一兵士阿倍黒麻呂《くろまろ》であった。

天平勝宝四(七五二)年、真備は再び唐に渡った。この時は遣唐副使である。当然、仲麻呂は旧友の真備を長安に出迎えたであろう。真備は、天平勝宝六(七五四)年に帰国しているから、仲麻呂が帰国しようと決心した時だ。仲麻呂は、それほど帰りたいとは思わなかったが、真備が説得して帰国させようとしたのかもしれない。仲麻呂は、唐の先進知識を得るため、国費で留学したのだから、帰国してその知識を広める義務があった。ところが、何年経っても帰ろうとしないので、真備は仲麻呂を帰国させる任務も帯びていたかもしれない。この時の大使は、藤原清河《きよかわ》であった。彼は、仲麻呂と共にベトナムまで漂流し、唐の本土に逃げ帰って仲麻呂同様帰国することはなかった。仲麻呂は、朝衡《ちょうこう》と名を改めて唐の役人となり、清河も河清《かせい》と名乗り唐朝に仕えた。仲麻呂は詩人李白《りはく》とも交流し、文人としても唐で名を馳せた。それなのに、なぜ『簠簋抄《ほきしょう》』では唐で殺されたことになっているのか。

唐における真備と仲麻呂の行動

室町初期に成立したという先の『簠簋内伝』には晴明を「天文司朗安倍博士吉備后胤清明朝臣《てんもんしろうあべはかせきびこういんせいめいあそん》」とする。つまり、アベ氏は、真備の後胤すなわち子孫となっている。ところが、前述のように、真備が活躍し始める頃からアベ氏の名は歴史から消え始める。アベ氏の凋落の理由はわからないが、阿倍仲麻呂が帰国しなかったことが響いていたのかもしれない。

彼は、李白哀悼の詩や王維《おうい》など唐でも著名な人々の惜別の詩を書くほどの有名な文人となっていた。はっきりいえば、日本を見捨てた感じである。仲麻呂に反感を抱く人々もいたであろうし、真備を重用した孝謙《こうけん》女帝も日本に帰って来ない仲麻呂にいい気はしていなかったかもしれない。

その点、真備は忠実であった。孝謙女帝にしては、彼はいい教師でもあったろう。真備は孝謙天皇の下で権力者になった藤原仲麻呂にうとまれ、天平勝宝二（七五〇）年に筑前守《ちくぜんのかみ》、ついで肥前守《ひぜんのかみ》といった地方勤めをさせられ、一時遣唐使となったが、引き続き地方勤めは変わらずほぼ十年に及んだ。天平宝字八（七六四）年、ようやく都に上り、造東大寺司長官となった。

もうこの時、藤原仲麻呂は孝謙天皇に嫌われており、力を失いかけていた。造東大寺司は大量の器材と人員をかかえていて、一朝ことある時には巨大な軍隊となった。天平宝字八年、藤原仲麻呂すなわち恵美押勝《えみのおしかつ》が反乱を起こしたが、その時、真備は中衛大将となり、留学中に修得した戦略戦術を駆使して大功をあげた。道鏡《どうきょう》が称徳《しょうとく》天皇（孝謙天皇が再び天皇に返り咲いた時の名である）に気に入られて権力を握ってからは、異例の昇進をし、最後には右大臣にまでなった。ただし、神護景雲四（七七〇）年に称徳天皇が死去し、道鏡が失脚して後は政治的生命は終わる。それから五年、真備は宝亀六（七七五）年、八十一歳で死去する。

▲真備の前に囲碁の手ほどきをするために幽鬼となって現れた阿倍仲麻呂『扶桑皇統記図会』より。

真備と阿倍仲麻呂の接点でわかっていることは、養老元（七一七）年に二人は僧玄昉《げんぼう》とともに留学生として渡唐し、十七年間長安かその周辺にいて親しく交流したが、真備や玄昉が帰国する時、仲麻呂は唐にそのままとどまったことである。

次に、真備が二度目に渡唐してから帰国するまでの天平勝宝五(七五三)年から同六(七五四)年までのほぼ一年間の交流が考えられる。この時、仲麻呂も三十六年振りに帰国を決意し、僧鑑真《がんじん》の渡日を要請してともに帰るつもりであった。しかし、彼と大使の藤原清河《きよかわ》は暴風雨におそわれ、帰国出来なかった。この時、唐を出発した四艘の船のうち、三艘は無事日本に辿り着いていて、鑑真もそれで来日を果たしたのに、なぜ清河と仲麻呂の船だけが失敗したのであろう。不思議である。ただし、安南《アンナン》、現在のベトナムに漂流し、乗船人のうち清河や仲麻呂ほか十人ほどは命からがら唐に逃げ帰っているが、残りの二百人近い人々は現地人に殺害された。

大使の藤原清河も副使の真備も、鑑真を日本に連れ帰るのは賛成出来なかった。名僧を国外に連れ出すことを大唐に遠慮したのだった。その反対を押し切って鑑真を日本に連れ出したのは、もう一人の副使大伴《おおとも》古麻呂《こまろ》とそれまで在唐二十一年の僧普照《しんしょう》である。

真備の陰陽道とは

『簠簋抄《ほきしょう》』では、真備が『簠簋内伝金烏玉兎集』を日本に伝え、それを安倍童子に譲り渡すことになっている。だから、真備は日本の陰陽道の先駆者だったということになる。しかし、実際の真備は政治家であり、軍事には通じていたようだが、陰陽道とはほとんど関係がなかった。それなのに、江戸初期の作とはいえ、どうしてこのような伝説が出来上がったのか。実は、この伝説作りの張本人は平安後期の学者である大江匡房《おおえのまさふさ》(一〇四一～一一一一)であり、彼の著作『江談抄《こうだんしょう》』がそのきっかけだった。

『江談抄』には、入唐した吉備(真備のこと)は、学芸諸道のあまりの塾達ぶりを妬《ねた》まれて楼《ろう》に幽閉され、『文選《もんぜん》』を読むという試問《しもん》や囲碁の試問を受けたが、先に殺された仲麻呂の幽鬼に助けられて試問を乗り越えた。そこで唐人は、最後に吉備を餓死させようと企てたが、吉備はすごろくの筒とすごろく盤(式盤《ちょくばん》であろう)を用いて日月《いちげつ》を封じた。そのため世界から一切の光が奪われ、天下は闇に包まれた。吉備の術力に恐れをなした唐人は、帰国を許したという物語である。

右の話は、藤巻一保がその著『安倍晴明』(学習研究社、一九九七年)で書いているが、さらに藤巻は、吉備が賀茂《かも》氏の祖先という伝承があることも、賀茂氏系図に出て来る賀茂氏の一族の「吉備麻呂」を吉備真備と誤読したからであろうともいう。匡房は、十一世紀後半から十二世紀初期の人であるから、真備が生存した時代からは三百年以上も後の人である。だから、このような伝説を作り上げても別に不思議はないが、それでも匡房以前にもこれに似た言い伝えがあったのだろうか。

仲麻呂は、唐で七七〇年客死する。その後、唐朝からは潞州《ろしゅう》大都督が贈られ、日本でも宝亀十(七七九)年に遺族が物を賜った。とはいっても、真備の死後のことであるから、彼が仲麻呂のために何かしたということはないようである。それでも、匡房は真備を陰陽道の先駆者に仕立て上げたい何らかの欲求を抱いていたようである。彼が活躍した平安末期は源平争乱にあたり、激しく動揺した時代である。

この時代の晴明の子孫安倍泰親《やすちか》(一一一〇～八三)は「指御子《さすのみこ》」と呼ばれるほど、占験《せんげん》に優れていた。要するに占いがよく的中したというのである。この泰親は専門家であったが、実は大江匡房も陰陽道の大家であった。晴明以降のライバルであった賀茂氏は、この当時衰えていた。匡房は、安倍氏だけが陰陽道を独占することを喜ばなかったのではないか。賀茂氏に肩入れしたいという気があったかもしれない。

真備は、下級貴族から右大臣にまで登りつめた。当時としては、異例の出世だった。また、当時随一の知識人でもあったから、彼の生前、さらには死去後も超人伝説化する下地はあったであろう。また、そのような伝説があったかもしれない。しかし、たとえそうだったとしても、陰陽道とそれほど関わりがあったとは思えない真備が、なぜその道の先駆者とされたのか。

真備と仲麻呂を結ぶ線は、唐の高僧鑑真の来日しか具体的にはない。鑑真は何度も渡日を試みては遭難にあって失敗し、ついに失明してから日本に渡って来たことは有名である。この時、朝廷は大歓迎したのはいうまでもない。本物の僧、しかもきらびやかな大唐の大知識人が来日し、居住して布教するというのである。これは、驚天動地の大事件であったであろう。しかも、連れ帰ったのは真備である。真備の人気は、絶頂に達していたに違いない。もし、鑑真も仏教僧であるから陰陽道のような加持祈祷《かじきとう》の術を隠し持っていて、それを密かに日本に広めたのならば、真備もそれに裏から手を貸していたと考えられる。ただし、鑑真は律宗の高僧である。厳しい戒律《かいりつ》を守るのが宗旨であるから、加持祈祷とは表向き関係はない。

二　平安京は呪われた都

桓武天皇即位前夜

ところで、こころみに『日本の歴史四、平安京』(中央公論社、一九七三年)を開いてみると、同時代のアベ氏は阿倍家麻呂《いえまろ》、猿島墨縄《さるしますみなわ》、兄雄《あにお》の三人しか出てこない。称徳天皇と道鏡の混乱を極めた政治の後、即位した老天皇の光仁《こうにん》時代に東北で蝦夷の反乱が相継いだ。この時、出羽鎮狄将軍《でわちんてき》に任じられたのが家麻呂である。宝亀十一(七八〇)年のことである。一方、猿島墨縄とは奇妙な名前である。彼は坂東出身だったというから、大和国のアベ氏とは別流と思われる。彼は、この奇妙な名から見て帰服した蝦夷で、阿倍姓を朝廷から賜った者の子孫であろう。光仁の後を継いだ子の桓武《かんむ》天皇は、延暦元(七八二)年にこの猿島墨縄を蝦夷征戦の権副将軍に起用している。また、兄雄は大同二(八〇七)年、桓武の長子平城《へいぜい》天皇が邪魔となった弟伊予《いよ》親王とその母吉子《よしこ》を兵五十人を率いて逮捕させた人物である。彼はその時、近衛中将であったから、天皇の守護部隊の副将であったことになる。

このアベ姓の三人ともに八〇七年までに活動していた人物であり、三人ともに武人である。アベ氏は武人となり、中級か下級貴族となっている。しかし、これ以後、晴明が現れるまでアベ姓の人物が活躍することは少なくなる。まさに、アベ氏の凋落である。アベ氏の凋落は、朝廷に暗い影がさした時に始まり、平安朝の闇に没していった趣きがある。

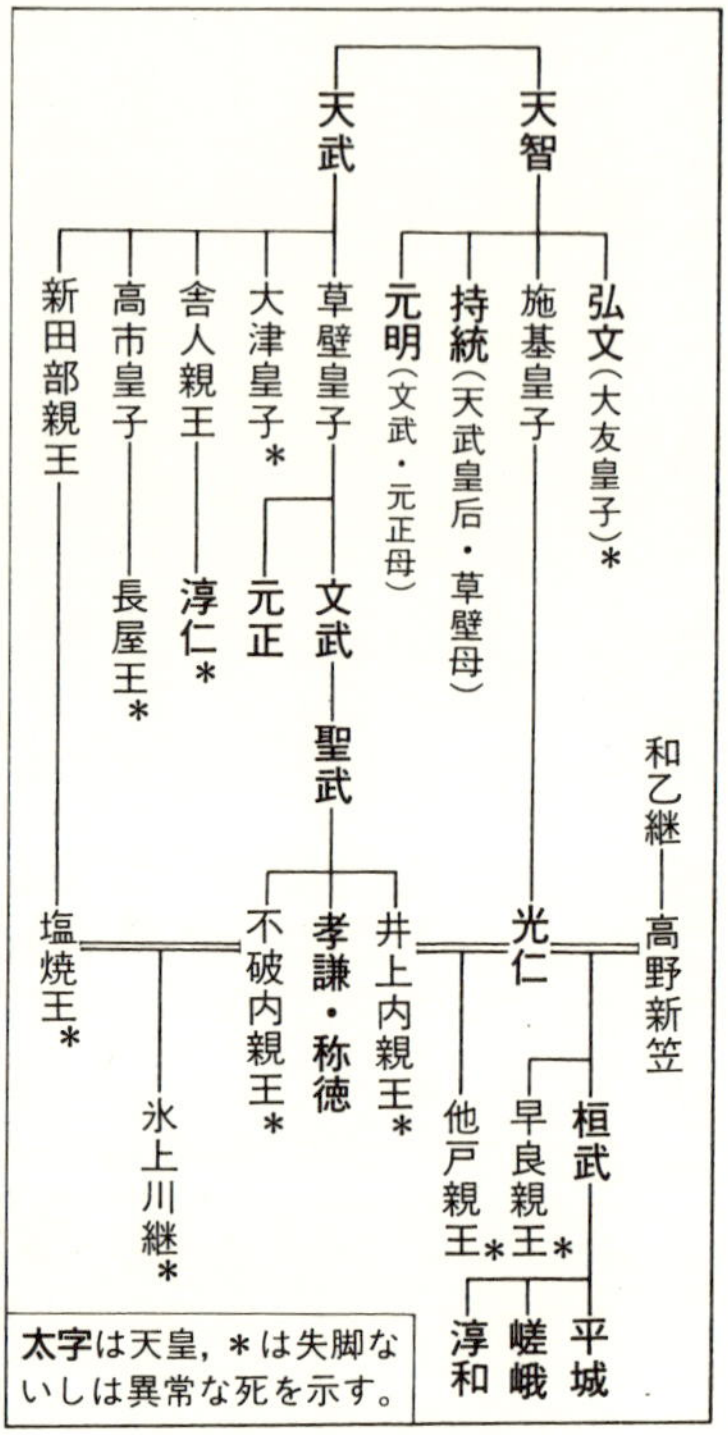

▲桓武天皇の系図

平安時代は日本史では古代とされているが、ヨーロッパではすでに中世である。桓武天皇が平安京に遷都したのが延暦十三(七九四)年であり、源頼朝《よりとも》が鎌倉に幕府を開くのが建久三(一一九二)年である。この間、ほぼ四百年が平安時代である。ヨーロッパでは三九五年、ローマ帝国が東西に分裂し、これを機会にヨーロッパ各地には王国が分立し始める。統一国家が解体し、地方分権の時代に入ったときから中世といえる。日本では、鎌倉時代に入って天皇の支配権がなくなって中世ということになっている。

これはヨーロッパの歴史を参照した時代区分であって、日本では平安時代の四百年間に徐々に古代が解体され、中世に移行していったとみるのが妥当であろう。日本では、古代の終焉劇を平安時代の四百年間演じ続けていたということでもある。この四百年間は、『源氏物語』などの女流文学を中心とした王朝文化の花を咲かせたが、怨霊が跋扈《ばっこ》した闇の時代ともいえた。

それでは、この怨霊の跋扈は何時から始まったのか。まずは桓武天皇即位前夜から始まる。宝亀元(七七〇)年に河内国弓削《ゆげ》(大阪府八尾《やお》市)で道鏡《どうきょう》と淫楽の限りを尽くしたといわれる称徳《しょうとく》女帝が七七〇年八月に身体の不調を訴え、平城京に帰ったがまもなく死去した。彼女は道鏡を天皇にしたかったが、それは出来なかった。称徳時代の悪夢と別れを告げたく、人々は天武系の天皇ではなく、天智の系統の天皇即位を望んだ。天智の孫である六十二歳の白壁王《しらかべ》が光仁天皇として即位した。彼には、渡来人の娘高野新笠《たかののにいがさ》との間に山部《やまべ》親王と早良《さわら》親王がいた。正妃は聖武天皇の娘井上《いがみ》皇后であり、彼女との間には他戸《おさべ》親王があった。他戸は、母親の筋の高貴さからも当然のように皇太子とされた。

長岡京への遷都

山部親王は後の桓武天皇である。すでにその時、三十四歳の働き盛りになっていて、満々たる野心家でもあった。山部は、権臣藤原百川《ももかわ》に井上皇后が天皇を呪い殺そうとしていると讒言《ざんげん》させた。累は皇太子の他戸にも及び、二人は大和国宇智《うち》郡(奈良県五条市)に幽閉され、三年後に同じ日に死んでいる。

こうして邪魔者を消して、やがて山部は皇太子となり天皇となる。桓武天皇の即位は天応元(七八一)年であるが、父光仁の遺志で皇太子を同母弟の早良親王とした。桓武には皇子が多数いた。これに皇位を継がせたいのは親心として無理もないであろう。この当時までの皇位の継承は兄から弟へ、さらに次の弟へとなる方式がよく採用され、必ずしも親から子へというわけではなかった。

このことが後に暗い事件へと進展する。何よりも、桓武天皇は井上皇后と他戸親王を謀殺したのは目覚めが悪いし、天武天皇系のアカがついている平城京は居心地悪いことおびただしい。彼は遷都を決心し、延暦三(七八四)年に山背《やましろ》国乙訓《おとくに》郡長岡《ながおか》(現在の京都市・向日《むこう》市・長岡京市)に新都を造営しはじめる

▲桓武天皇画像(滋賀・延暦寺蔵)

とさっさと移り住み、平城京を廃都としてしまった。遷都の翌、延暦四(七八五)年に寵臣である藤原種継《たねつぐ》が桓武天皇が平城京へ行っている間に何者かに射殺された。この時、早良親王すなわち皇太子が桓武天皇に暗殺者を陰で操っていたと嫌疑をかけられ、乙訓寺(向日市)に幽閉され、ここで彼は飲食を断つ。早良親王は、幽閉地から淡路国(兵庫県)に移送される途中こときれた。それでも遺体は淡路に葬られた。

そこで、皇太子となったのは、桓武天皇の長子安殿《あて》親王、十二歳である。しかしこの後、桓武天皇には不幸が襲う。自分と廃太子早良の母高野新笠、皇太子安殿の母である皇后の乙牟漏《おとむろ》が死んだ。その前の延暦七(七八八)年に、夫人旅子《たびこ》も死んでいる。桓武天皇は、これは早良親王の祟りだと恐れた。そこで、淡路国府に命令して親王の陵を改造させ、塚守一戸を置いて郡の官人に守護させることまでした。塚の近辺で殺生することも禁じた。

桓武天皇には、早良親王が憤死した乙訓郡も不吉に見えて来た。延暦九(七九〇)年には長岡京では疫病がはやり、多くの人命を奪った。これではならずと、ここからも退散して、さらに新都を同じ山背国葛野《かどの》郡宇太《うだ》(京都市)に造営することを決める。長岡京も造営の最中なのにである。延暦十二(七九三)年のことであり、翌年にはもう遷都している。よほど、早良親王の怨霊が恐ろしかったのだ。これが千年の都となる現在の京都、かつての平安京である。しかし、平安京も名ほどには平安ではなかった。

桓武天皇の長子安殿は、桓武天皇の死後即位して平城《へいぜい》天皇となったが、これも父の遺志で皇太子は弟の賀美能《かつの》となった。平城には、自分の子高岳《たかおか》親王がいるのにである。大同二(八〇七)年、平城天皇の異母弟伊予《いよ》親王が謀反を企んでいるという密告があり、天皇は伊予と母の吉子(桓武の夫人)を逮捕させ、大和国川原寺《かわらでら》(奈良県明日香村)に幽閉させる。この時に逮捕に向かったのが阿倍兄雄である。兄雄は、二人の無実を訴えたがとりあげられなかった。まもなく、二人は毒をあおいで死んでしまった。

大同四(八〇九)年、平城天皇は病気となり、これを伊予親王の怨霊のせいと恐れをなした。そして、皇太子に譲位した。嵯峨《さが》天皇である。ただし、嵯峨の皇太子は平城天皇の子、高岳親王である。

嵯峨天皇は英断実行型であった。病気が治った平城上皇は、実権を振るうため平城京に居を移し、奈良に遷都することを宣告する。もっとも、嵯峨天皇にはその気はない。平城上皇は、自分の意のままにならない嵯峨天皇に怒って大和で挙兵したが、天皇方の兵にやられてしまう。平城上皇は出家し、彼をそそのかした愛人薬子《くすこ》は自殺した。平城上皇の子高岳親王の皇太子は廃され、皇太子には嵯峨の異母弟大伴《おおとも》親王がなった。後の淳和《じゅんな》天皇である。淳和の次代以降の天皇は嵯峨天皇系となっていく。

宝亀三(七七二)年からこの事件の弘仁元(八一〇)年までのほぼ三十年間、平城京、長岡京、平安京と血で汚され、怨霊が渦巻く都であった。というよりも、皇位継承にからむ陰湿な争いの果て、怨霊は最後にすべて平安京に集結したといっていい。

第四章　闇を透視する平安の争乱

一　うごめく陰陽師たち

桓武の陰謀

称徳《しょうとく》天皇が死去した直後から次々と怨霊《おんりょう》が生み出されていくのも、ほとんどその原因は桓武《かんむ》天皇の野心の実現にあった。称徳天皇は阿倍《あべ》皇女といったが、聖武《しょうむ》天皇の長女であり、彼女でもって天武《てんむ》天皇系の天皇が終わった。代わりに胎動したのが、大化の改新の大立者天智《てんじ》天皇の系譜である。称徳天皇が死去してすぐ、心を通じた道鏡《どうきょう》が都から追放される。道鏡政権のもとで異数の出世をした吉備真備《きびのまきび》も、政権の中心から追いやられ、隠退を余儀なくされる。

次に天皇に即位したのは光仁《こうにん》天皇であるが、六十歳を越えていた。称徳天皇が死去した時でも、天武系の皇子ないし王がまったくいなかったわけではない。それなのに、六十歳を越えた光仁が選ばれたのは、陰に桓武の策動があったのかもしれない。その時すでに三十歳を越し、働き盛りになっていた桓武が何もしていなかったとはとうてい考えられない。光仁天皇即位後、数々の陰謀が明るみになるが、そのすべては桓武の野心から出たものであった。桓武は、延暦四(七八五)年、自分の子に皇位を継がせたいばかりに同母弟の早良《さわら》親王をも殺してしまった。この怨霊は永く祟ったので、のち御霊《ごりょう》信仰が起こるようになる。桓武の死後、子の平城《へいぜい》天皇を中心とした政権争いによって新たに生じた怨霊もあった。

▲(上)上御霊神社(京都市上京区)
(下)下御霊神社(京都市上京区)

上御霊・下御霊神社の創建

早良《さわら》の死から七十八年も経った貞観五(八六三)年には、平安京の神泉苑《しんせんえん》で御霊会《ごりょうえ》を行い、早良ら怨霊を御霊として祀ることとした。この時、早良には崇道《すどう》天皇を追贈して霊を慰撫《いぶ》した。

この後、平安京には上御霊《かみごりょう》神社と下御霊《しもごりょう》神社が出来た。上御霊神社は崇道天皇を祀るために建てられたが、後から他戸《おさべ》親王、井上《いがみ》皇后、藤原吉子《よしこ》、文室宮田麻呂《ふんやのみやたまろ》、橘逸勢《たちばなのはやなり》、さらに火雷《ほのいかずち》天神(菅原道《すがわらのみち》真《ざね》)や吉備真備も併祭した。文室宮田麻呂は天武天皇の子孫、橘逸勢も敏達《びたつ》天皇の子孫である。二人とも先祖が臣籍に降下しているが、政権の中心に位置して、実務にたずさわったというのではない。しかも、この二人は思わぬ政変に巻き込まれ、伊豆(静岡県)に流され無念の思いでこの世を去っている。

それにひきかえ、真備は最後は政権中枢から追われたといっても、その時すでに七十五歳を越していた。だから、古代にあっては大変な老人だったはずで、むしろ功なり名をなした後の隠退といっていいであろう。それなのに、後世の人々は彼を怨霊の中に入れている。これは奇妙なことではあるまいか。彼には怨霊と思われる何事かの無念が言い伝えられたのかもしれない。安倍氏と並ぶ陰陽道の総元締賀《か》茂《も》氏の先祖とされるのも、そのことと無縁ではあるまい。しかし、その真相はわからない。下御霊神社は伊予《いよ》親王と母藤原吉子の霊を慰めるために建てられた後、吉備真備、崇道天皇、藤原広嗣《ひろつぐ》、橘逸勢、文室宮田麻呂、火雷天神が祀られた。

ともかく、桓武天皇は怨霊作りの名人だった。彼を怨《うら》んで死んだ人々が無数にいたといっても過言ではない。その桓武天皇が造営した平安京である。当然のようにそこは怨霊、魑魅魍魎《ちみもうりょう》の巣窟であった。

そこに、怨霊封じの陰陽師が活躍出来る素地があった。平安後期の説話集『今昔物語集《こんじゃくものがたりしゅう》』二十四巻は、安倍晴明や賀茂保憲《やすのり》ら有名陰陽師のことが物語られており、よく引用される。まずは、この巻の十三話に書かれている慈岳川人《しげおかのかわひと》という陰陽師の事である。

安陪安仁を助けた慈岳川人の呪文の術

大納言安陪安仁《あべのやすひと》は、文徳《もんとく》天皇（八二七〜五八）の御陵の地を定めての帰り、洛外の深草《ふかくさ》（京都市伏見《ふしみ》区）の北あたりにさしかかった時、一緒に行った陰陽師の慈岳川人にささやかれた。「いま、私たちは大失策を犯してしまいました。地の神の鬼たちが怒っています。あなたと私が罪を負っています。どうしましょうか」というのである。安仁は「自分は何もできない、とにかく助けてくれ」とただ川人に懇願するのみ。

多勢の一行を先に行かせ、安仁と川人だけが残った。そうして、共に馬から降り、田の中に積んであった稲を持ってきて二人の身体を覆い、川人は呪文をとなえる。こうしていると、千万人と思える人々の声があり、「彼らは必ず近くにいるに違いないから、地に穴を掘ってでも探し出せ」という鬼の頭《かしら》の声がその中から聞こえて来た。その声は人のようでもあるが、やはりどこか違う。恐ろしくて震えていた安仁も、川人の術に救われ、ここは鬼たちに探し出されなくて済んだ。しかし、鬼の頭は「今夜は見逃したが、今度は必ず探し出せ」といって帰っていった。

この夜、安仁は家に帰ったが、川人が安仁の家にやって来て、「晦日《みそか》になったら、絶対に人にわからないように、一人で洛中の二条大路と西大宮大路の辻に日暮れにお出で下さい」という。安仁は、その通りにそこの辻に出かけて行くと、川人は先に来て待っている。一緒に嵯峨《さが》寺に行き、二人は堂の天井の上に登って川人が呪文をとなえる。安仁は三密を誦《じゅ》した。そうして真夜中になった頃、なま暖かい風が異臭とともに吹いて来た。地震のような地響きがして、何かが通り過ぎていった。恐ろしさをこらえているうちに、やがて鳥の鳴き声がして天井からそろそろと降りて行った。夜が明け二人は帰るが、その別れ際、川人は安仁に「もう恐れることはありません。それにしても、川人であったればこそ、かようになんとか逃れたのですよ」といって去った。安仁は、川人の後ろ姿を拝んで家に帰った。

陰陽師の引き立て役に選ばれたアベ氏

慈岳川人は、それほど優れた陰陽師だったわけである。この後、晴明や保憲《やすのり》の異能が書かれているから、この川人は彼らの先駆的存在だった。川人は、二人より百年ほど前の人である。安陪安仁の「安陪」姓の字は不確かだが、彼は実在し、正確には安倍安仁のことで、権大納言である。とすると、晴明以前の平安時代にも大納言という高官に上がったアベ氏もいたわけである。安仁は最後には右大将となっているから、やはりこの頃までアベ氏は軍事を得意としていたようである。安仁は、大変な能吏であったと伝えられているが、歴史的な活躍があったというわけではない。それでも晴明以前、すでに「安倍」と書くアベ氏が出て来ていることがわかる。

無実を訴えて伊予《いよ》親王を救おうとした阿倍兄雄《あにお》のことを前に書いたが(⇩P.75)、彼は晴明の曾祖父である。しかし、安倍安仁は、晴明の直接の先祖ではなさそうだ。それでも、ここで語られるアベ氏は鬼に追われ、恐怖におののき陰陽師に助けられるアベ氏である。晴明からすれば、何とも情けない一族の大先輩である。陰陽師の引き立て役にわざわざ選び出されたとしか思われないのも、後に晴明を輩出するアベ氏のことを強調するためでもあろうか。

うごめく女の生霊

いずれにしても、平安京は桓武天皇の野心によって葬り去られた怨霊たちのうごめく都であった。むしろ、怨霊を避けて長岡京を造営し、そこにも安心できなくて、さらに遷都を重ねて出来た都であったから、平安京は最初から呪われた都ともいえた。ここは、何も上級貴族たちによってのみの怨霊の都ではなかった。中級や下級の貴族も、さらには庶民にとっても、怨霊や鬼たちの跋扈《ばっこ》する場所でもあった。『今昔物語集』二十七巻の二十話に次のような話がのっている。時代ははっきりしないが、いずれにしても平安時代の何時かのことである。

ある下賤の男が美濃《みの》(岐阜県)・尾張《おわり》(愛知県)のあたりに下ろうとして、夜更《よふ》けに出かけたが、京の町中のある辻を通ったら、女が一人近づいて来た。女は、道に迷ってしまったから、この近くにあるはずの民部大夫《みんぶだいふ》の家に送ってほしいという。実は、その辻から民部大夫の邸は七、八町(七百〜八百メートル)もあるから、男は急ぐ途中であったが、女が一心に頼むのに負けて送ってやる。別れ際に、自分は近江(滋賀県)の国のものであり、東国に下る時には是非立ち寄ってほしい。いろいろ話したいこともあるからというのであった。

そういったと思うと、この邸の門の前で女の姿がかき消えてしまった。門が閉まったままだから、男は驚いて髪の毛がさか立つような思いであった。と、にわかにこの邸の内で人が死んだ気配であった。夜が明けてこの邸の知り合いに様子を聞くと、近江国にいる奥さんが生霊となって取り憑《つ》き、大夫を殺してしまったという。三日ほど経って、東国に下って女のいった近江国のその場所に行ってみると、本当に家もあり女もいた。女は先夜のお礼だと、食事をほどこし、絹や綿もくれた。男は恐ろしい気もしたが、そのまま東国に下っていった。

『源氏物語』にも六条《ろくじょう》御息所《みやすどころ》の生霊のことが出ているが(⇩P.10)、『今昔物語集』のこの話は実話のようである。平安時代の人々の思い込みは激しく、嫉妬した女の生霊などが夜の都にうようようごめいていたのであろう。

▲葬送のようす　遺骸を埋葬している。平安時代は埋葬は厳しく制限され、上級貴族などに限られていた。「清水寺縁起絵巻」より。

二　鬼を見る人々

鬼を見た晴明、保憲

『今昔物語集』二十四巻の十六話に、次のようなことが書かれている。安倍晴明がまだ若かった頃のこと。ある夜、師の賀茂忠行《かものただゆき》が下京《しもぎょう》方面に出かけたが、その供をして車の後から歩いているうちに忠行は車の中ですっかり寝入ってしまった。晴明がふと見ると、なんともいえず恐ろしい鬼どもが車の前方からこちらにやって来る。晴明は驚いて車の後ろに走り寄り、忠行を起こしそのことを告げた。すると、忠行はパッと目をさまし、鬼が来るのを見るや、法術を使ってたちまち自分も供のものも安全なように姿を隠してしまい、その場を無事に通り抜けた。その後、忠行は晴明をそばから離さずかわいがり、この道を余す所なく伝えた。

若年にして、鬼を見ることが出来るというのは、陰陽師にとってすら、よほどの超能力だったのであろう。同じ『今昔物語集』には、この話の直前に忠行の子の保憲《やすのり》の超能力を伝えている。

ある人が忠行にお祓《はら》いを頼んだので、忠行はお祓いを行う場所に出かけていった。この忠行の子の保憲は、その時十歳ほどの少年であった。父が出かけるのにどうしてもついていくといってきかないので、この子を車に乗せ一緒に連れていった。忠行はお祓いをはじめたが、この子はそばに座っていた。やがてお祓いが終わり、お祓いを頼んだ人も帰っていった。忠行がこの子を連れて帰る途中、車の中で子が父に「父上」と呼びかけた。忠行が「なんだね」と答えると、子が「さっきお祓いをしていた時、私はこのようなものを見ました。恐ろしげな姿をした人間ではないが、といってもやはり、人間のような姿のものが二、三十人ばかり出てきた。そして、前に並べた供え物をあれこれ手にとって食べ、置いてある作り物の船や車や馬などに乗って、てんでに帰っていきました。あれはいったい何ですか」と尋ねた。

忠行はこれを聞いて、わたしこそ陰陽道において第一人者だが、それでも幼い頃にはこのように鬼神を見ることが出来なかった。いろいろ習うようになってやっと見えるようになったのだ。それなのに、この子はこんなに幼いのに、鬼神を見るとは将来まことにすばらしい陰陽師になるであろう。神代《かみよ》のものにも決して劣らないだろうと思い、家に帰るや否や、自分の知っている限りのことを少しも残さず熱心に教えたのである。

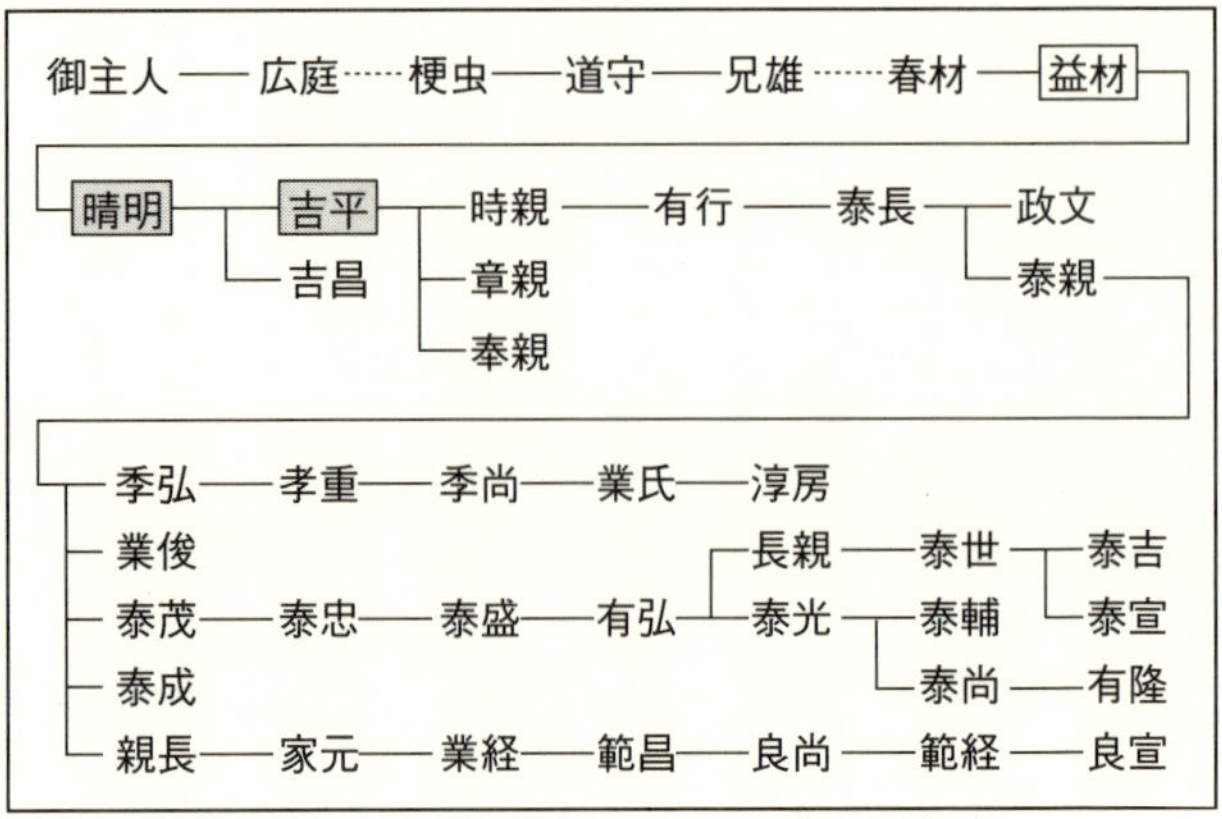

▲安倍氏の略系図　南北朝期編さんの『尊卑分脈《そんぴぶんみゃく》』による。

もちろん、賀茂保憲は大陰陽師となり、晴明の師匠ともなった。のち、自分の子光栄《みつよし》には暦道を、弟子の晴明には天文道を分かち教えたと伝えられている。ということは晴明は賀茂忠行、保憲親子から陰陽道を習ったことになる。この二つの話では、鬼神を見たのはどうも保憲の方が年少だったようである。

晴明は夜、市中を跋扈《ばっこ》する鬼を見たというだけなので、それほど鮮明なイメージを抱くことが出来ない。しかし、保憲の方はお祓いの時に見ていて、また描写も具体的である。実は、この保憲の見鬼《けんき》に近い経験をした子供が私の近所にもいた。

鬼を見た現代ッ子

私の三人の子供は小学生の頃、女性画家の家に絵を習いに通っていた。その画家には、私の三番目の男の子と同じ年の男の子がいたが、私の子は、気持ちが悪いといって親しくなかった。画家の子は誰とも遊ばず、学校でも一人ぽつんといるだけだというのである。その子が小学校三年生頃だった。余りに変わった子なので、ぜひ私に会って、その子の本質を見極めてほしいと妻を通じ、母親の画家がいってきたのである。

私は、大学生は教えるが、小学生のことはわからないと妻に言うと、その子は異常能力の持主で母親も怖がっている。近所でその子のことを見られるのは、私しかいないと母親の画家が言っており、一度でいいから会ってほしいとのことである。その画家の友人が、私に家の設計を依頼しており、私が占いや風水に詳しいという噂を聞いていたせいらしい。ともかくある日曜日の昼下がり、母親は子供を連れて私の家にやって来た。その子は、色黒のがっしりした体躯の子で、確かに眼には異常な光が宿っている。私の子が気持ち悪がるのも無理はない、とも思った。

母親が子供のかわりに話すには、この子には大人の後に別の奇妙なものの姿が見えて、それが伸びたり縮んだりする、それは何なのでしょう。私にはそんな経験はないが、この子には相手の大人の真の姿、生霊が見えているに違いないと直感出来た。私は、それはどんな顔をしているかと聞くと、何ともいえない醜悪な顔であり、絵で見る鬼よりもこわいと、その子は答えた。しかも、その顔が急に伸びたり縮んだりするという。

私にも子供の頃、小学校二～三年までのことだったと思うが、はっきり意識出来たほどではないにしても、父の知人で、家に来た人の背後にそのようなものを見た記憶がある。人によっては、その背後のものが醜く気持ちが悪いこともあり、私はその人をひどく嫌った。父は九十二歳で死ぬまで、お前が嫌った人は表面はよく見えても、汚い奴だったといつもいっていた。この子は、私にはぼんやりとしか見えなかった背後霊(あるいは生霊)をはっきり見てとれているに違いない。

それでは、小父さんの後に何か見えるかと聞くと、何も見えないと答えた。母親は、この子は人間の欲が鬼に見えているのではないでしょうかという。私にはわからないが、この子は特殊な能力を持って生まれており、将来大教祖になる可能性が大いにあるのではないかと答えた。ただし、口には出さなかったが、大悪人になる危険性も大いにあると私は思った。この能力は平安時代なら、大陰陽師になれるものだったのではないか。また、母親はこうも言った。この子が二～三歳の幼児の頃、怒ると革のソファーに座り込んでそこに人差し指を突き立てると、その指型のまま焼けたような穴となったともいう。その跡は無数にあり、私の妻も見ているとのことだった。

この子は、いま二十八歳になっている。母親は、その子が哲学か神学を専攻したいというのを強力に説得し、東京の有名私立大学の法学部に進学させ、いまはイギリスの大学に留学中であると聞く。彼女も、彼が大悪人になるかもしれないという危惧を抱いていたのであろう。

賀茂保憲《やすのり》が見た鬼神は、人間のようで人間ではなかったとあるが、まさに私が会った子が見たのもこのようなものであった。ただし、この子の見たのは背後霊か生霊であるが、保憲の見た鬼神は『今昔物語集』のままならば、お祓いを頼んだ人の背後霊でも生霊でもない。というのも、三十人もの鬼神たちだったというから、お祓いを頼んだ人にそんなに多くの背後霊か生霊がいるとも思えないからだ。

鬼を見た人々

私が会った子は、小学三年生時分すでに何も習いもせず、専門家ですら難物ともいえる漢文を読んだり古文をすらすら読み解くことが出来た。見鬼の才は、彼のような超常能力にこそ備わるものであろうから、まさに神童というにふさわしい。しかし、数学の才はなさそうであった。晴明は天文博士であるが、平安時代の天文道は現代のような理系の学ではなかったであろう。だから、やはりこの子のような文系の才によって極められる学であり、道だったであろう。いずれにしても、保憲や晴明のように少年時代に鬼神を見て、長ずるに及んでそれの害を封じる術を身につけるというのは、鬼神の存在が彼らの人生の重要な対象であったことになる。しかし、陰陽師でないごく普通の人々が鬼と出会った時の驚きや恐怖は、筆舌に尽くせなかったはずである。それでも中には、けなげにも鬼の姿を直に見て、次のように語り残した人々もかなりいたようである。

『今昔物語集』二十七巻の中の全話四十五は、幽鬼譚《れいきたん》で埋め尽くされているが、よく読むと実際に鬼の姿を見たのは一話だけだ。他には、床板《とこいた》や油瓶《あぶらびん》が鬼の化身だったというものであり、これも現実の鬼だったとすれば三話ほどにすぎない。それ以外は、野中のアバラ屋を一夜の宿としたら、そこに薄気味悪い女や老婆がいて、どうもあれは鬼だったのではないかといったような話が圧倒的に多い。

全四十五話の中で、唯一鬼の姿をはっきり見たというのが十三話である。近江国(滋賀県)の安義橋《あぎ》に鬼が棲《す》むといわれ、誰も渡らなくなっていた。ある勇気ある若者がそれを信ぜず、一人で馬に乗って橋を渡ろうとする。橋の真ん中に人が一人立っている。薄紫の衣に濃い単衣を重ね、紅の袴《はかま》を長やかにはいて、手で口を覆いなんとも悩ましげなまなざしをしている女であった。その女が若者を誘うのである。若者は、これは鬼ではないかと思い、声もかけずに女のそばを通り過ぎようとすると、彼女は人里まで連れていってほしいという。男は、一心不乱に馬を走らせ後ろを振り向くと、そこには顔は朱色で、円座のように大きく、目が一つ。丈は九尺(二・七メートル)ばかりで手指三本。ツメは五寸(十五センチ強)ほどもあって刀のよう。体は緑青色をして、目は琥珀《こはく》のごとく。頭髪は蓬のように乱れた異形が立っていた。これは見違うことなく鬼である。

ともかく、若者は何とか逃げおおせ自分の館に帰る。ここで、妻子に鬼に会って逃げて来た自慢話をする。陰陽師に相談すると、門を閉じて堅く物忌《ものい》みせよとのこと、いわれるままに物忌みしていると、任国である東北の陸奥《むつ》に連れて行った老母が死んだからと弟がたくさんのみやげや荷物を持って尋ねてきた。若者は、物忌み中と館に入るのを断るが、老母が死んだというので、母のことも気にかかり、館に迎えいれた。ところが、思い出話をしているうちに、兄と弟は取っくみ合いをはじめた。兄が妻に大刀をよこせといったが、妻は弟を殺すのではないかと取り合わないでいると、弟は兄の首を喰《く》いちぎってしまった。鬼だったのである。たくさんの荷物や馬と思われたものも、さまざまな動物の骨や髑髏《どくろ》だった。

この若者は、安義橋の鬼を信じないと仲間のものに大口を叩いてみたが、彼の内心は恐怖でおののいていたのである。彼が見た鬼は、その恐怖心が生み出したものだったかもしれない。館を訪れた弟の姿をした鬼も、実はその通り弟自身であった。ただし、妻がいうには、夫の首を喰いちぎった時の弟は、夫が安義橋で追われたと語った鬼の顔であったというから、この話は弟に変相した殺人者だったのか。

次にこんな話がある。建物の屋根の上に一枚の板が現れ、それがひらひらと飛んで来て格子戸《こうしど》のほんの隙間《すきま》に入って、その家で寝ていた侍をぺちゃんこに圧し殺してしまった。もう一つ。宮廷への参内帰りの大臣の車の前を油瓶がぴょんぴょんはねていって、とある家の扉の鍵穴に飛びつき、その中に入ってしまった。大臣は、自邸に帰ってから油瓶の入っていった家の様子を聞くと、長い間、床についていた娘が今日死んだとのことであった。

板も油瓶も物《もの》の怪《け》が姿を変えたものだという。『今昔物語集』では、この物の怪は、何かうらみをはらそうとしたのに違いないと解説している。

三　藤原純友・平将門の乱が起こる

見えている鬼

ところで、鬼に出会ったのは、安倍晴明のような陰陽師だけではなく、平安時代は上級貴族から庶民に至るまで身分の上下に関わらなかった。しかし、『今昔物語集』を読む限りでは、身分が上がるほど鬼を恐れることが甚だしかったようである。鬼は怨霊《おんりょう》でもあるから、身分が上位なほど怨霊の数も多かったはずである。陰陽師は彼らのために鬼攻め、怨霊封じに精を出した。

鬼は、はじめ女の姿をしていることが多い。これは怨霊になるのが、女に多かったことを示している。平安時代は結婚しても男が女の家に通うのが通例であったから、女は男を待つだけであり、待って身を焦《こ》がして怨み死するものも多かったはずである。しかし、少年時代の賀茂保憲《かものやすのり》や晴明が見た鬼は、女の怨霊だったのであろうか。保憲は家屋の中で見ているし、お祓《はら》いを頼んだ人々の所にいた鬼であるから、これはここに集まった人々の守護霊か生霊だったのだろうか。

ところが、晴明の場合出会ったのは屋外であり、しかも不意のことだから、多分、不特定多数の鬼の一団であったであろう。『今昔物語集』の記事は、晴明の神童ぶりを伝えるから、彼が見た鬼は、彼と師の賀茂忠行《ただゆき》以外には見えない存在だったことは間違いない。しかしそれだけなのか。晴明は、延喜二十一（九二一）年生まれである。彼が忠行に師事した年齢ははっきりしないが、意外にも年を喰っていたとも思える。伝説では、晴明は讃岐（香川県）か常陸（茨城県）などの生まれであり、地方出身になっている。それなら、ある程度の年齢にならない限り、都に出て修行することにはならないだろう。もし、彼が鬼に出会ったのが天慶《てんぎょう》二（九三九）年前後だったとしたら、もう十八歳位になっている。

この頃、西では藤原純友《すみとも》、東では平将門《たいらのまさかど》が反乱し、平安京は大混乱している時期である。このことは多分に注目していい。

▲『楽音寺縁起絵巻』に描かれた藤原純友の乱
純友は西国の国々からの年貢を掠奪していった。広島県楽音寺蔵。寛文年間（1661〜73年）の作。

藤原純友は、藤原北家の系統というから名門の出のようだが、その末流だったらしい。それでも父は地方の国司をしていて、純友自身も伊予《いよ》国（愛媛県）の次官《すけ》に相当する位になっているから、れっきとした官人である。彼は任務を終えても都には帰らず、瀬戸内海に跋扈《ばっこ》する海賊集団の頭領になった。彼は、瀬戸内海を通る官船を襲い官の財物を掠奪した。しかも、瀬戸内海に面する国々の国府《こくふ》を襲撃し、それを支配下に治める勢いであった。天慶二年当時、純友は思う存分暴れ廻っており、しかも、都では群盗が跋扈し、大地震や大雨にも襲われる始末であった。空也《くうや》上人が念仏《ねんぶつ》を唱えて都中を歩き、人々を熱狂させたのもこの年のこと

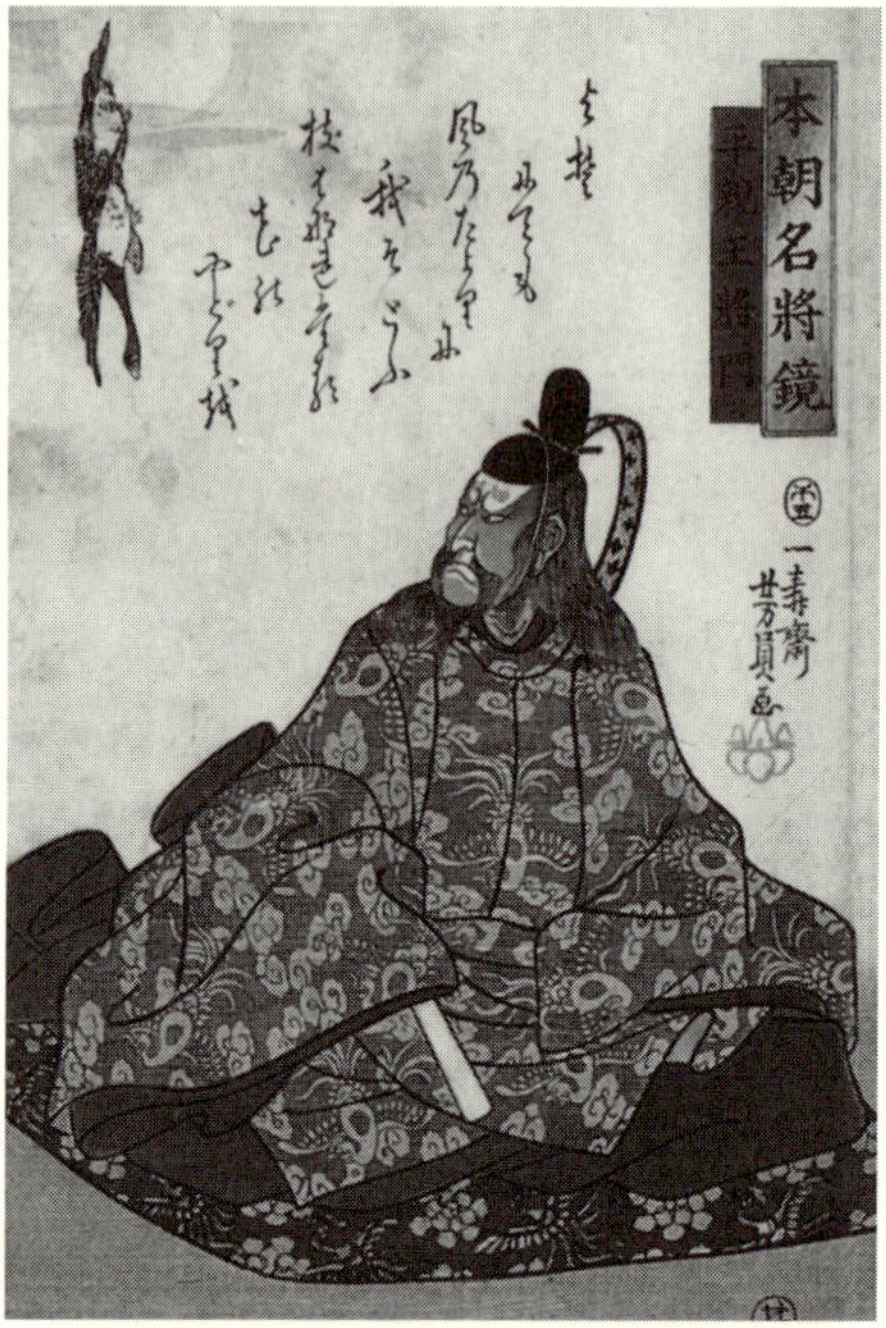

▲『本朝名将鏡』に描かれた平将門　安政5(1858)年刊。一寿斎芳員画。鬼の風貌に描かれている。船橋市西図書館蔵。

である。

東の関東で、平将門が常陸大掾《ひたちだいじょう》でもある叔父の平国香《たいらのくにか》を殺し、国府を支配下におく勢いを見せたのは、これより四年前の承平《じょうへい》五(九三五)年のことである。東西の大賊の登場で、都の人々は生きた心地がしなかったであろう。この混乱につけ込んで群盗が都にはびこる。

晴明十八歳の頃、まさにこのような時にあたっていた。上級貴族も師の賀茂忠行に頼ることが、日増しに多くなっていたに違いない。晴明が出会った鬼は、もちろん群盗ではあるまい。しかし、本当に普通の人が姿を見ることが出来ない鬼だったのか。

純友はこの後、都を襲うために淡路(兵庫県)まで現れたと風聞された。これは単なる噂ではなく、純友追討将軍となった大伴好古《おおとものよしふる》の朝廷への報告書にある。その純友が、配下に後の忍者のような特殊技術集団を抱えていなかったとはいえまい。将門にしても同様であろう。朝廷に対して、反乱を起こす者が都の様子を探らない方が不思議であろう。晴明や忠行の行為は、都の人々に対して、漆黒の闇の中で純友や将門の探索方(である鬼)からまったく気配を消させ、彼らの通り過ぎるのを待たせるということであったとしても、おかしくはない。

東西大乱のさなか

将門、純友についてはもう少し見てみよう。将門の反乱は、そのはじめは決して確信犯として引き起こされたものではなかった。むしろ偶発事でさえあった。将門の祖父高望王《たかもちおう》は桓武天皇の曽孫であり、平《たいら》姓をもらって関東に土着した。将門の父将良《まさよし》の兄弟は多く、関東一円に勢力を張ったが、そのうち親族同志でいがみ合うようになった。将門がその一族同士のいがみ合いから、一族の長でもある伯父国《くに》香《か》(高望王の長子)を討ったのは、承平五(九三五)年である。最も勢力のあった国香を破った将門の戦力は、一族の中では圧倒的優勢を誇った。それはとりもなおさず、関東一の戦力ということになる。

やがて、将門は武蔵国足立《あだち》(東京都)の郡司と国司の争いの仲介を買って出る。国司は中央からの派遣、郡司はそこの土豪である。両者の争いのほとんどは、国司の苛斂誅求《かれんちゅうきゅう》に対する郡司の抵抗である。都の貴族は、国司に苛斂誅求をさせ、それによって得た財物で日夜歌舞音曲の遊宴を楽しむ贅沢三昧《ぜいたくざんまい》な生活をしていた。承平年間ともなると、それが頂点に達していたから、農民の生活は悲惨を極めたのはいうまでもない。将門は、当然国司には同情しないから、この介入は関東の民の人気を博し、彼の軍勢はさらに伸長することにもなった。

伯父国香を討ってから四年後の天慶二(九三九)年、将門は千人の兵で、三千人もの兵の常陸国府軍を破った。これは、将門の軍事的才能が当時にあって群を抜いていたことを示している。これで勢いを得て、天慶三(九四〇)年には上野《こうずけ》(群馬県)、下野《しもつけ》(栃木県)の国府を次々に攻め占拠した。この時、軍勢は八千人の兵に膨らんでいた。ここで彼は新皇《しんのう》と称し、関東八州を支配する意図を明確にし、国司を任命している。

将門の関東八州支配の報は、当然都に知らされるが、朝廷はなす術を知らない。遊楽にうつつを抜かしている朝廷官人は、政治らしい政治を行っていたわけではない。参内せず、ずる休みする上級官人も多かった。これでは地方官人が勝手に振る舞い、自分自身の蓄財のための苛斂誅求が横行するであろう。その結果が将門の反乱であり、独立国家の創設だった。朝廷には常備の軍隊はなく、地方から徴募しなければならない。しかし、そんな力量のある将軍はまず見当たらなかった。やったことといえば加持《かじ》祈《き》祷《とう》だけである。鎮護国家の道場比叡山延暦寺《えんりゃくじ》では、大々的な将門調伏のために大威徳明王法《だいいとくみょうおうほう》が行われた。この中心的人物は浄蔵《じょうぞう》(⇩P.194)である。当時、最高の呪術僧であった。賀茂忠行よりも浄蔵の方が優っていたようである。しかし、この呪法が直接効いたのではなかった。

将門を仇と狙うのが、平国香の長子貞盛《さだもり》であった。彼は父が討たれた時、都にいて左馬允《さまのすけ》という兵事に関わる低い官位を得ていた。父の悲報を聞き、朝廷に働きかけ、追討の官符を得て関東に下り将門の隙《すき》をうかがっていた。ただし、彼は将門絶頂期にも野に潜伏し、下野の豪族藤原秀郷《ひでさと》を味方につけていた。将門が農繁期を迎え、将兵を故郷に帰し、四百余人の兵だけになっていることを知って、貞盛や秀郷は下総の石井(茨城県)にいた将門を四千の兵で包囲し、あっけなく討ち取ってしまう。

この報が都に入る前、延暦寺の浄蔵の修法のさなかに箭《や》を身につけた将門の姿が現れた。浄蔵や伴侶、弟子らもこれを見て不思議に思った。その時、浄蔵は将門が討たれたと報告した。ほぼ同じ時、将門の一派が都に入ったという噂が流れ、朝廷では大騒ぎとなった。しかし、浄蔵が将門の首級はただ今持参されるだろうと語るのを聞いて、皆安堵した。これは、鎌倉時代前半に書かれた『古事談《こじだん》』の中にある説話である。

将門が討たれたのは三月五日、その首級が都に着いたのは四月二十五日である。ところが、浄蔵が修法を行い、将門が討たれたと明言したのが正月二十三日であるから、この時の修法は効かなかったことになる。しかし、浄蔵のいうことに朝廷の官人たちは安堵したということから、彼の呪法が如何に効力絶大だったかがわかる。

都の陰の武士たち

将門の一派が都に入るという噂が立つということは、常にその可能性があったことを意味する。将門は若い頃、都に出て当時の最高権力者の摂政藤原忠平《ただひら》の家臣として仕えていたことがある。将門は武士であるから、一人で仕えるのではなく、自分の家臣五十人ほどは身辺においていたであろう。また、そうでなければ、主人の貴族も武士を家臣として使う意味はなかったはずである。朝廷の貴族たちは、めいめい自家を群盗の被害から守るため、都に上った武人に守護させていた。だから、将門一派が都に入ることなどいとも簡単だったであろう。彼らは朝廷の官人たちと繋がっていたからである。

将門が討たれて東国の心配がなくなると、朝廷はようやく純友の討伐に全力を傾注する。関東は遠国なので少しは他人事にも思えるが、こちらは近国、いつ都に攻め上ってくるかしれたものではない。しかも将門在世中、純友に東西盟約して都に上られたら大ごと。それがないよう、朝廷は懐柔策として、純友を追補《ついぶ》海賊使に任命しているぐらいだ。こんなことに騙《だま》される純友ではないが、配下の首魁たちは動揺し帰降する者が多かった。それでも、純友の海賊行為が衰えたということはなかった。

将門が討たれたと知って、朝廷は純友討伐軍を発した。将軍は小野好古《おののよしふる》である。この時は兵士も集まり、九州に純友を追って博多沖で海戦となり、ここで純友を捕らえた。まもなく純友は、獄中で死去した。時に天慶四(九四一)年六月二十九日、将門が討たれて一年四カ月後のことであった。

晴明の修行時代、将門や純友の乱が起き、朝廷が上を下への大騒動であったことを、彼は生涯記憶していたのではあるまいか。しかも、加持祈祷が如何に重視されるかも身をもって知ったであろう。アベ氏の一人として、彼はこの道しか自分に残されていないと自覚したかもしれない。

将門、純友が活動を盛んにした承平八(九三八)年四月、京中に大地震があり、内膳司《ないぜんし》の建物が倒壊して圧死者が四人も出た。晴明の父益材《ますき》は大膳大夫であったから、この時はこの建物の近くにいたかもしれない。陰陽寮の人々はそれを占い、東西に兵乱が起こることを予言してはばからなかったという。その前年の承平七年十一月に富士山が爆発、そして、この年の五月には朱雀《すざく》天皇が心身不調となり、右大臣藤原恒佐《つねすけ》が死んだ。朝廷はうち続く厄運、地震、兵事から逃れたくて、年号を天慶と改めた。しかし、その後も、地震に続き、大雨となり京中の河川が氾濫した。このような時、都に現れたのが空也《くうや》だった。

晴明にとっては、修行に精励する絶好の刺激になったのではあるまいか。

さて余談だが、晴明伝説の地、常陸国真壁郡猫島《まかべねこじま》近くに阿部田《あべた》(茨城県真壁郡大和村)といった村落があった(⇩P.41)。この真壁郡一帯は、将門の領地だったから将門伝説の遺跡が多い。例えば、将門の妻を祀ったといわれる后《きさき》神社、かつては平新皇様と書いたのぼりを立てて祭をしたという三門《みかど》(御門)御墓、他にも将門薬師堂などがある。晴明と将門には何の繋がりもないだろう。

それでも、後世の人々が将門ゆかりの地近くに晴明誕生の地を設定しているのである。全く目に見えない異界の縁が二人にはあるのかもしれない。霊視の達人でもあったであろう晴明には、怨霊となった将門と出会うことが多かったかもしれない。

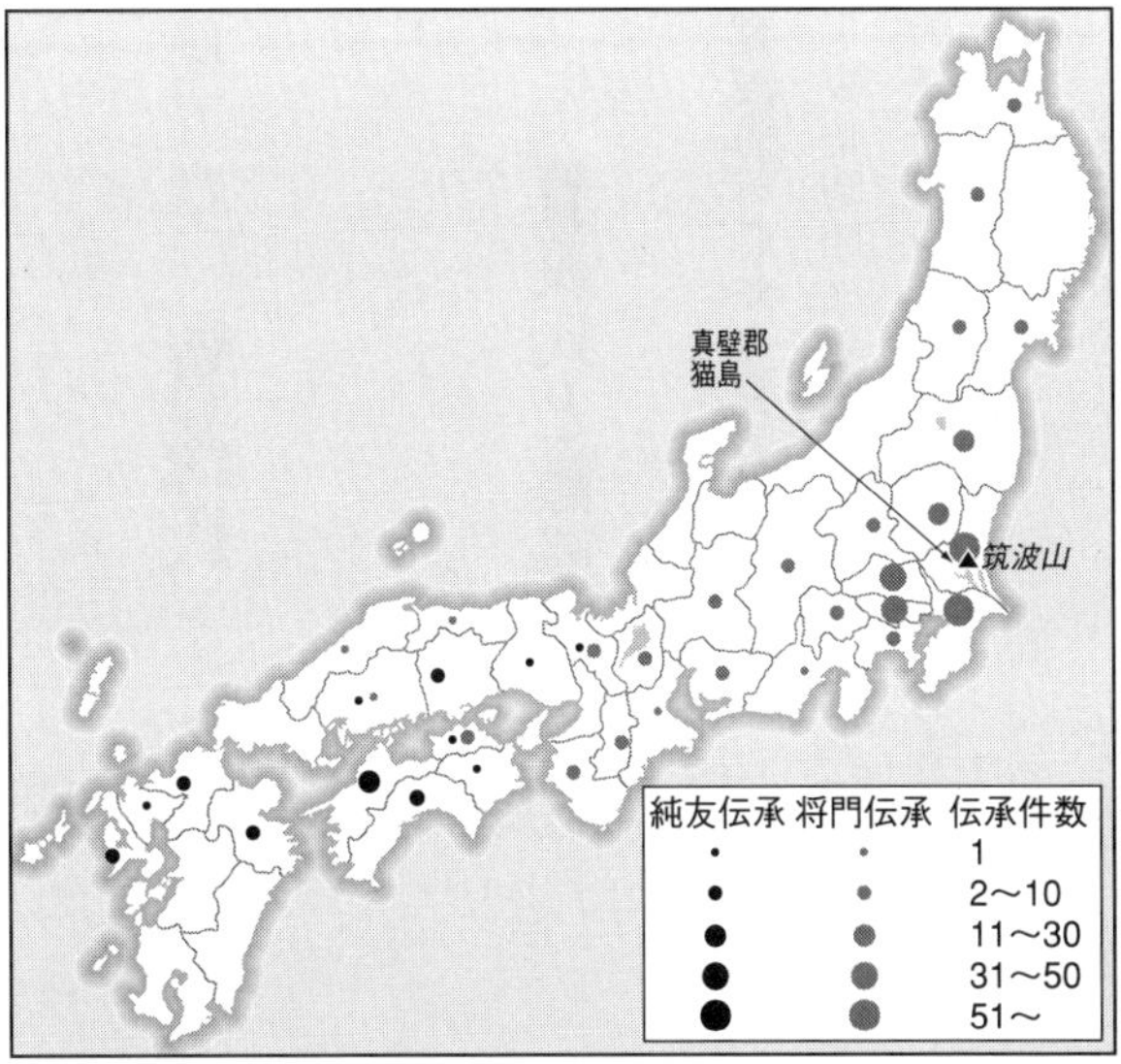

▲将門と純友の伝承地図　将門の伝承は関東・東北地方を中心に全国で300以上存在する。一方、純友の伝承は愛媛県を中心とするが、将門と比べると相対的に少ない。

第五章　賀茂氏と安倍氏の因縁を探る

一　賀茂氏と陰陽道

賀茂忠行の先を見る眼

安倍晴明は賀茂忠行《かものただゆき》に師事したことは『今昔物語集《こんじゃくものがたりしゅう》』に伝えられているが、忠行の子保憲《やすのり》も晴明の師匠だったことは明らかである。というのも、保憲は晴明に天文道を伝えたことがはっきりしているからである。

それではまず忠行である。生没年は不詳という。最終が従五位下というから中級貴族である。平将門の乱の時、藤原師輔《もろすけ》に観音を本尊として平穏を求めて祈祷する白衣《びゃくい》観音法を修すべきだとすすめ、藤原純友の乱にも白衣観音法を行うべきだと奏上している。彼は、天徳三(九五九)年、勅を奉じて箱の中の念珠《ねんじゅ》を言い当てたりしている。『今昔物語集』には、ある法師を襲った怪異の吉凶を占って、その法師の難を救ったとある。天暦六(九五二)年、子の保憲が一家の栄爵を父忠行に譲ろうとしたことも知られているが、これは子の方が父よりも遥かに栄達したことを示していよう。

平将門や藤原純友の乱の時、天皇は朱雀《すざく》であった。朱雀は、天慶八(九四五)年、急に退位して三歳年下の同母弟の村上天皇に位を譲った。時に朱雀は、いまだ二十四歳にすぎない。彼は、八歳で皇位を継いだから、後見人として藤原忠平《ただひら》が摂政・左大臣となった。忠行が白衣観音法を修すべしとすすめた相手藤原師輔は、忠平の次子だが、後に彼の子孫が四人の兄弟の子孫中で最も栄えることになる。道長《みちなが》の祖父でもある(⇩P.14)。

この時、忠行が忠平の四人の子の中でも特に師輔にすすめたのは、彼の娘が後の村上天皇となる成明《なりあきら》親王と結婚することになっており、そのことをあらかじめ知っていたからではないか。成明親王の立太子と結婚は、将門が討たれる直前、天慶三(九四〇)年二月のことであったからである。さすがは、優秀な陰陽師の先を見る眼というべきか。それとも、師輔の後の出世は当時の人々すべてに見えていたことになるのか。

▲鬼や妖怪《ようかい》たちの深夜のパレード「百鬼夜行図《ひゃっきやぎょうず》」より。『今昔物語集』本朝部には百鬼夜行説話がある。

陰陽道界に君臨した賀茂保憲

次に子の保憲である。延喜十七（九一七）年に生まれ、貞元二（九七七）年に死去した。晴明より、四歳年長に過ぎない。彼は暦博士、陰陽頭、天文博士、主計頭、穀倉院別当など歴任し、従四位下をもって没している。彼は暦道を子の賀茂光栄《みつよし》に、天文道を弟子の晴明に伝えた。せっかく陰陽道を独占していたのに、なぜ四歳しか違わない晴明に天文道を伝え、賀茂氏の力をそいでしまったのか。不思議だ。これには多分深いわけが隠されているだろう。

保憲は、入唐僧日延《にちえん》に依頼して『新修暦経《しんしゅうれききょう》』を求めるなど、中国の新知識の輸入にも意を用いた。『暦林《れきりん》』『保憲抄《やすのりしょう》』などの著書もある。また、藤原実資《さねすけ》の家には保憲自筆の勘文案が保管されていた。これらのことから、保憲は当代の陰陽道の規範と目されていたことが知られる。さらに、洛北の神護寺《じんごじ》では三方五帝祭を行った。また、五竜祭を修して雨を祈り、八省院で属星祭を修し、摂津《せっつ》（大阪府）の難《なに》波《わ》浦で海若祭を行うなど、陰陽道の祭祀に関する記事も種々の記録に見える。まだまだある。革令の勘申、行幸などの日時の決定、各種の占いなど、公私に亘る陰陽家としての活躍は枚挙のいとまもない。

この親子の記事からすれば、保憲でもって賀茂氏は陰陽道の第一人者となったのだろう。父忠行は、そこまでの名声には達していなかったようである。父に一家の栄爵を譲ろうとしたのが保憲三十四歳の時であるから、この時点ですでに位は父を越えていたのであろう。彼が何時、晴明に天文道を伝えたかはよくわからない。しかし、晴明が記録に現れるのは、保憲が死去した貞元二（九七七）年の二年後の天元二（九七九）年である。どうも、この伝授は保憲の死の直前ではあるまいか。とすれば、天才晴明も五十九歳となっていた。技量は確かでも、秘伝を授かるのはそう簡単ではなかった。晴明は、忠実な弟子として、四歳しか年長でない同世代の師匠に仕えていたのであろう。

晴明と並び称された陰陽師は、保憲の子光栄である。光栄は、天慶二(九三九)年生まれであるから、晴明よりは十八歳下であり、当時では親子ほどの年の隔たりがあった。ただし、晴明は寛弘二(一〇〇五)年、八十五歳まで生き、死の直前まで仕事をしていた。だから、長和四(一〇一五)年に死去した光栄とは、死亡年では十年の差でしかなく、同時代の存在といえる。

保憲も天才的陰陽師であったが、神童晴明にはかなわなかったのではないか。それを熟知していて、父から相弟子であった晴明をもらい受け、自分の弟子として表舞台に躍り出るのを意識的に阻んでいたとも考えられる。それに晴明はじっと耐えたのかもしれない。そのことへの御礼が天文道の分割伝授だったのだろうか。ことと次第によっては、保憲は晴明の助力を得て、陰陽道の第一人者としての地位を確保していたのだとも考えられないことはない。もちろん、保憲自身に晴明は別として、他の陰陽師よりは卓越していたからこそ、その世界に君臨出来たのは間違いあるまい。

師弟のうらおもて

実名はさしひかえるが、これと似た様な師弟関係が現代の建築界にもあった。十年ほど前に亡くなった大建築家Mは、九十五歳で亡くなる前日まで仕事をしていたという。現場に行っていたというから凄まじい。現場とは、日が照り風雨に直接さらされる工事現場である。九十五歳の老建築家が施工会社の社員たちに指示をしている様は、専門の者でないと想像出来ないが、これは凄いことだ。Mは文化勲章を授賞したが、死ぬまで建築界の大巨匠として君臨したのはいうまでもない。

Mは、実は師匠Wの設計事務所に大学卒業後四十歳直前まで勤め、Wの傑作のほとんどを手掛けたといわれている。しかし、現存するWの傑作もMのものとは明らかに違う。作風が明らかに違うのである。しかも、それでもMがWの設計事務所を去った後、Wの作品に精彩が失われたことは事実である。WはMの助力を得て、数々の傑作を生み出し、当代の第一人者となったのは明らかである。とはいえ、作風はMが独立してからの作風とは明確に異なっているから、やはり数々の傑作もW自身の才能から生み出されたのは間違いない事実である。Wは明治十七(一八八四)年生まれで、Mは明治二十四(一八九一)年生まれだから、七歳違いだけで、師弟としては年が近すぎる。Wは東京大学出身であり、Mは早稲田大学出であった。現在なら特筆することもないが、今から八十年から九十年以上前では、この出身大学の差は大きかったはずである。Wは大学を出たばかりでもう設計事務所を開業できたのに、Mは修行を必要とされた。

賀茂保憲は父が陰陽師であるから、この道をめざすなら出自は第一級といっていい。しかし、晴明にはそのような身を飾るものは何もなかった。はじめから、実力第一主義でいかなければならなかったであろう。

Wは、Mが自分の設計事務所をやめて独立したおり、Mの仕事は彼の勤務中に知り合った人々から得ることを認めたのはいうまでもない。しかし、内々にはそれを快く思っておらず、親しい人々には悪口を洩らしていたと聞く。それでも、Wは大正時代に最も活躍した人であり、大正デモクラシーの洗礼をまともに受けたから、リベラリストであった。それゆえ、弟子のMをある所で独立させた。

しかし、右の例と違い、保憲は晴明を最後まで手元に置いたのではないか。それでも、依頼主の上級貴族たちは保憲のもとにいる晴明の実力を充分に知っていたであろう。ちょうど、Wの顧客が所員に過ぎないMの実力を見抜いていたようにである。だから、晴明は保憲の死の直後から華々しい活躍が出来たのであり、Mの独立後と同じ事であった。人情などというものは生きるための知恵でもあるから、時代を越えてもそれほど変わらないのではあるまいか。

十干と十二支の組み合わせ

陰陽道《おんみょうどう》は、陰陽五行《いんようごぎょう》思想を中核とした方術である。そのうえ、太陽や月、さらには十干《かん》十二支《し》の運行配当を考え、そこから吉凶の判断を導く。そのために時間や日、方位に関してさまざまな禁忌《きい》をもうけ、祭やお祓《はら》いを行う。

十干とは五行の一つ一つをたとえば土の兄（つちのえ）、土の弟（つちのと）といった具合に兄（え）と弟（と）にわけ、全体で十とする。十二支はいわゆるエトである。十干と十二支を組み合わせると、六十年で一巡りする。これが還暦《かんれき》である。方向も十干十二支が組み合わされ、二十四方位が設定されている。これに陰陽の八卦《はっか》（⇩P.141）が重なるから、複雑なることおびただしい。要は、時間と空間が陰陽、五行によって分割されているということである。

干支

1	甲子	きのえね	コウシ・カッシ
2	乙丑	きのとうし	イッチュウ
3	丙寅	ひのえとら	ヘイイン
4	丁卯	ひのとう	テイボウ
5	戊辰	つちのえたつ	ボシン
6	己巳	つちのとみ	キシ
7	庚午	かのえうま	コウゴ
8	辛未	かのとひつじ	シンビ（ミ）
9	壬申	みずのえさる	ジンシン
10	癸酉	みずのととり	キユウ
11	甲戌	きのえいぬ	コウジュツ
12	乙亥	きのとい	イツガイ
13	丙子	ひのえね	ヘイシ
14	丁丑	ひのとうし	テイチュウ
15	戊寅	つちのえとら	ボイン
16	己卯	つちのとう	キボウ
17	庚辰	かのえたつ	コウシン
18	辛巳	かのとみ	シンシ
19	壬午	みずのえうま	ジンゴ
20	癸未	みずのとひつじ	キビ（ミ）
21	甲申	きのえさる	コウシン
22	乙酉	きのととり	イツユウ
23	丙戌	ひのえいぬ	ヘイジュツ
24	丁亥	ひのとい	テイガイ
25	戊子	つちのえね	ボシ
26	己丑	つちのとうし	キチュウ
27	庚寅	かのえとら	コウイン
28	辛卯	かのとう	シンボウ
29	壬辰	みずのえたつ	ジンシン
30	癸巳	みずのとみ	キシ
31	甲午	きのえうま	コウゴ
32	乙未	きのとひつじ	イツビ（ミ）
33	丙申	ひのえさる	ヘイシン
34	丁酉	ひのととり	テイユウ
35	戊戌	つちのえいぬ	ボジュツ
36	己亥	つちのとい	キガイ
37	庚子	かのえね	コウシ
38	辛丑	かのとうし	シンチュウ
39	壬寅	みずのえとら	ジンイン
40	癸卯	みずのとう	キボウ
41	甲辰	きのえたつ	コウシン
42	乙巳	きのとみ	イツシ
43	丙午	ひのえうま	ヘイゴ
44	丁未	ひのとひつじ	テイビ（ミ）
45	戊申	つちのえさる	ボシン
46	己酉	つちのととり	キユウ
47	庚戌	かのえいぬ	コウジュツ
48	辛亥	かのとい	シンガイ
49	壬子	みずのえね	ジンシ
50	癸丑	みずのとうし	キチュウ
51	甲寅	きのえとら	コウイン
52	乙卯	きのとう	イツボウ
53	丙辰	ひのえたつ	ヘイシン
54	丁巳	ひのとみ	テイシ
55	戊午	つちのえうま	ボゴ
56	己未	つちのとひつじ	キビ（ミ）
57	庚申	かのえさる	コウシン
58	辛酉	かのととり	シンユウ
59	壬戌	みずのえいぬ	ジンジュツ
60	癸亥	みずのとい	キガイ

五行と十干

五行	十干	
木《きの》	兄（え）きのえ＝甲《コウ》	弟（と）きのと＝乙《オツ》
火《ひの》	兄（え）ひのえ＝丙《ヘイ》	弟（と）ひのと＝丁《テイ》
土《つちの》	兄（え）つちのえ＝戊《ボ》	弟（と）つちのと＝己《キ》
金《かの》	兄（え）かのえ＝庚《コウ》	弟（と）かのと＝辛《シン》
水《みずの》	兄（え）みずのえ＝壬《ジン》	弟（と）みずのと＝癸《キ》

十二支

子	ね シ	……（鼠《ねずみ》）
丑	うし チュウ	……（牛《うし》）
寅	とら イン	……（虎《とら》）
卯	う ボウ	……（兎《うさぎ》）
辰	たつ シン	……（龍《たつ》）
巳	み シ	……（蛇《へび》）
午	うま ゴ	……（馬《うま》）
未	ひつじ ミ・ビ	……（羊《ひつじ》）
申	さる シン	……（猿《さる》）
酉	とり ユウ	……（鶏《にわとり》）
戌	いぬ ジュツ	……（犬《いぬ》）
亥	い ガイ	……（猪《いのしし》）

古方位

▲暦法のしくみ（五行と十干、十二支、干支、古方位）

時間の分割は現代では一日二十四時間、一年三六五日といった具合、空間は東西南北をどのようにでも細分化できることは了解できるであろう。陰陽五行説での時間、空間の分割はともに二十四であった。これが風水術の羅盤となる。いずれにしても、時間と空間が陰陽八卦と十干、十二支の三つの歯車となって廻っているというのが陰陽五行説の根本である。

しかし、このような複雑怪奇な思考は日本人には本来不向きであった。このため、これを単純化し、特殊な占法を編み出して、季節の巡りや本位などを基に国家や社会、あるいは人の行動に関して吉凶禍福を判定する方術へと至った。もちろん国家、社会、人の吉凶を占うのは中国の易《えき》から始まる。しかし、これが日本には何時輸入されたかははっきりしない。『日本書紀』に、六世紀前半の継体《けいたい》天皇の時に五《ご》経《きょう》博士がやって来たとあるから、これが最初の輸入であったかもしれない。

▲**方違え**　占いによって、ある方角に行けなくなることを方《かた》忌《い》み・方塞《かたふさ》がりという。どうしてもその方角に行く必要のある場合には、前日に別の場所に泊まって当日、目的地に向かった。これを方違えという。

ともあれ、奈良時代まではそれでも陰陽寮が活発に活動して国家、社会の吉凶を占い、政治を左右出来た。ところが、平安時代になると陰陽道の禁忌は乱用され、ひどく煩雑になってくる。権力を握った藤原氏がこの禁忌を利用して、天皇や他氏貴族の行動を拘束することが出来たからだ。賀茂保憲や安倍晴明時代は天皇や貴族は毎日、物《もの》忌《い》みや方違《かたたが》えなどの禁忌で明け暮らすようになっていた。こうなると、彼らは日常を陰陽師に頼るしかなくなる。

賀茂忠行はこうした時に台頭し、後に賀茂氏が陰陽道を独占する基礎を築いた。しかし、忠行以前に陰陽道に関わった賀茂氏は見当たらない。アベ氏は外来の匂いが濃いからまだしも、賀茂氏は純然たる日本の土着の氏族だったと思われる。それなのに、なぜ外来文化の中枢とも思える陰陽道を掌るようになるのか。古代にあって、氏族は絶対的意味を持っていて、一個人が独自な世界を築くことなどまず不可能に近い。忠行の陰陽道にも、氏族の強い意志が背後で働いていたはずである。それでは、まず賀茂氏とはどのような氏族なのか。

二つの賀茂氏の系統

賀茂氏には、二つの系統がある。大和国葛城《かつらぎ》(奈良県御所《ごせ》市)を本拠とするものと山城国葛野《かどの》(京都市)を本拠とするものである。陰陽道の賀茂氏は、大和葛城を本拠とする方であるという。この先祖は大田《おおた》田根子《たねこ》である。十代天皇崇神《すじん》の時、疫病の大流行となり、人々がバタバタと死んだ。崇神がこれは、なぜなのかと大和の土着神である三輪《みわ》の神に問うた所、「これは自分の祟りである。大田田根子という者を見つけ出し、私を祀らせなさい。そうすれば疫病は止むだろう」と託宣《たくせん》した。天皇はさっそく方々を探し、ようやく河内国茅渟県《ちぬのあがた》(大阪府堺市)にいる大田田根子を見つけ出した。彼に三輪大神を祀らせると、疫病はウソのようにぱたりと止んだ。

この大田田根子は、また大国主命《おおくにぬしのみこと》の子孫というから、彼は土着の人々の子孫である。大国主命は、天照大神《あまてらすおおみかみ》の子孫に国譲りさせられているぐらいだから、彼がもともとの日本の国王だった。それの子孫であるというから、大田田根子は日本、少なくとも大和・河内地方かその近在の土着の人々であると見られていた。天照大神は高天原《たかまがはら》にいて、日本の国土である豊葦原《とよはしはら》の瑞穂《みずほ》の国に降臨することはなかった。天降ったのは、孫の瓊瓊杵尊《ににぎのみこと》である。瓊瓊杵尊が天降る前、大国主命は天照系の天孫族に国譲りを強要されている。

『日本書紀』には、瓊瓊杵尊の子孫である神武《じんむ》天皇が大和に攻め上がってくる時、道案内した八咫烏《やたがらす》は賀茂氏の祖先である建角身命《たけつのみのみこと》の化身であったとある。この建角身命が、山城国葛野の賀茂氏の先祖だという。賀茂氏は、大和を中心とした畿内に勢力を張った土着勢力であったから、神武時代は方々に賀茂氏が盤踞していたであろう。葛野賀茂氏は、外来の神武に随臣し、道案内を買って出たのであろう。

なぜ賀茂氏が陰陽道か

神武は神話の天皇であるから、もう少し歴史に引き寄せて考えてみよう。私は、歴史的に最も明確である最初の天皇、すなわち大王は継体《けいたい》に違いないと思っている。もっとも、いちおう江上波夫氏の騎馬民族王朝説に従い、応神《おうじん》王朝が大和に覇権を確立した外来王朝だと仮定し、これが神武天皇のモデルであったとしておこう。

この時、応神側に走ったのが葛野賀茂氏であり、葛城にいて自立した態度を堅持していたのが葛城賀茂氏だったのではないだろうか。応神は、越前国敦賀《つるが》(福井県)から南下したように『日本書紀』に書かれている。そうすると、山城葛野の賀茂氏が葛城賀茂氏よりも外来征服王である応神に接するのが早かったのは、大和より北である山城の地の利によるであろう。もっと有り体にいうなら、敦賀から大和への通り道に山城があったから、早く降服したということである。

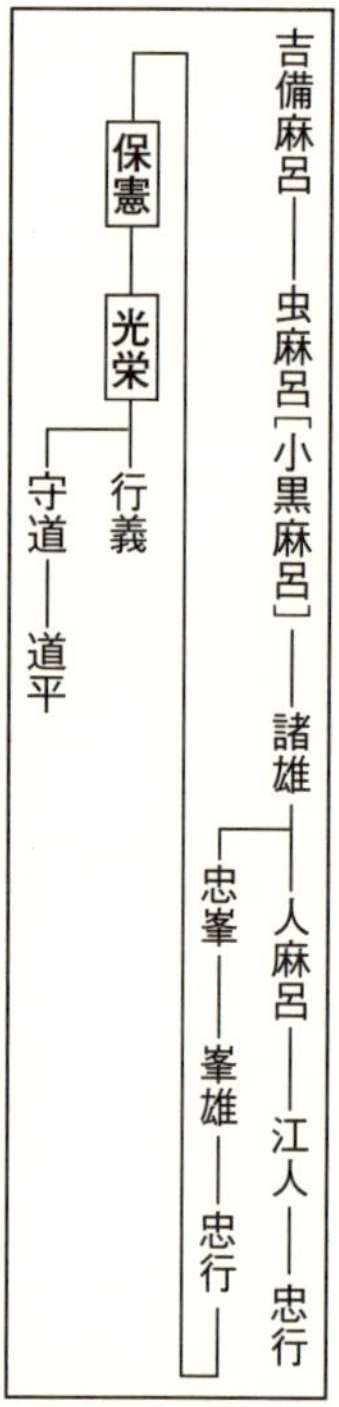

▲賀茂氏の系図

ただし、このことは『日本書紀』や『古事記』に書かれているわけではない。でも、このことから大和王権で重用されたのは葛野賀茂氏であったと推測できる。といっても、葛野の県主《あがたぬし》クラスとして、内廷に奉仕し、薪炭や水を貢納するという職掌だったのだろう。大化の改新以後の律令下でも、水を掌るといった中級の役職である。それでも、朝廷に直接仕えた葛野賀茂氏には、中国伝来の陰陽道に接する機会はまだあったであろう。

ところが、大和葛城の豪族であった葛城賀茂氏には、そんな機会に恵まれることもなかったであろう。それなのに、葛城賀茂氏の末裔である賀茂忠行がどうして陰陽道を掌るに至るのか。これは、誰の目にも不思議であったに違いない。

陰陽道賀茂氏の祖先は葛城賀茂氏には違いないが、賀茂氏の始祖は奈良時代初期の播磨守《はりまのかみ》兼按察使《あぜち》賀茂朝臣吉備麻呂《きびまろ》となっている。ところが、同氏の系図では、この吉備麻呂を右大臣吉備真備《きびのまきび》であるとしているという(⇩P.69)。真備は奈良時代後期の人であり、明らかに吉備麻呂と真備は活躍した時代が違い、別人である。それにもかかわらず、陰陽道賀茂氏は自分たちの系図で始祖を真備としている。賀茂氏にとって、真備を始祖にしたい何か大きな理由があったのであろう。確かに、賀茂氏は陰陽道と繋がる伝統はない。あるとしたら、役小角《えんのおづぬ》（⇩P.181）が葛城賀茂氏だったことだ。役小角は、修験道《しゅげんどう》の始祖であっても、中国伝来の陰陽道と直接は繋がらない。ただし、葛城地方が役小角に代表される奈良時代初期の呪術のメッカであったことは間違いない。

　賀茂氏に伝わったのは、日本古来の呪術であって、決して中国伝来の陰陽道ではない。そこで、賀茂氏は大唐留学生中、最高の俊才であった真備に眼をつけたのであろう。しかし、真備は陰陽五行説を熟知していたかもしれないが、果たして呪術的側面のある陰陽道に精通していたであろうか。彼は学者であり、政治家であり、軍事家でもあった。ということは、現実的なことに秀でていたということであり、陰陽道のような眼に見えない世界と交通することに優れていたであろうか。どうもそうは思えない。

　ただし、平安末期の歴史書『扶桑略記《ふそうりゃっき》』には、次のようなことが書かれている。真備は唐の国で陰陽や暦道をはじめとして、あらゆる学問を習得したので、唐の国では惜しんで日本に帰すことを許そうとしなかった。そこで真備は十日間、太陽と月を隠して闇とした。世界が真暗闇になったのだから、さぞや唐の国の人はあわてたことだろう。さっそく占いをしたところ、真備が日月を封じていたことがわかり、やむなく皇帝の許可が出されて帰朝することが出来たというのである。これによれば、真備は陰陽道に熟達していて悪霊も鎮めることが出来たことになる。

二　怨霊とされた吉備真備

奈良時代政争史の中で

『扶桑略記《ふそうりゃっき》』の中には、全面的に信頼できない内容もあるが、それほどいい加減なことも書いてはいないはずだ。では、真備に関してはどうだろう。唐も優秀な人材は、外国人でも帰らせずに朝廷に仕えさせ、有効に使いたいと思ったであろう。真備も帰らせたくない貴重な人材だったに違いない。

しかし、後世の人々の真備に対する肩入れが異常なのも確かである。その肩入れの一つが、怨霊鎮《おんりょうしず》めまで出来た超常能力の持主ということになるのではないか。七十歳頃まで右大臣を勤め、政権の中枢で活躍した真備が政変で辞任させられたにしても、怨霊として祀られるのは解せない。七十歳といえば、当時では相当の長寿である。普通なら人生を堪能したことにならないか。真備は、なぜ怨霊とされるのであろうか。これには必ずや隠されたわけがある。

真備が絶頂を迎えるのは、称徳《しょうとく》女帝と道鏡《どうきょう》政権の時である（⇩P.67）。もっとも、称徳天皇も道鏡も直接政治に手を染めることはなかったであろう。実際、政治は右大臣の真備が行った。それが善政であったにしても、道鏡の名に消されて、真備のしたことも悪い様にいわれたのではないか。このことは、無念であったかもしれない。しかし、それで怨霊になるであろうか。

前述したが、彼は鑑真《がんじん》和尚を日本に連れ帰った大功労者である（⇩P.65）。第一級の知識人であった真備は、鑑真と深く親交を結びたかったに違いない。それなのに彼は鑑真を日本に連れ帰った直後、当時の権力者藤原仲麻呂《なかまろ》にうとまれ、九州大宰府《だざいふ》に左遷されてしまう。仲麻呂が反乱を起こして死去し、ようやく都に帰って来た時、鑑真は死去していた。でも、真備は僧ではないにしても、ありあまる中国知識に鑑真の身代わりを期待するむきもあったかもしれない。しかし、彼が異例の出世を遂げるのはこれ以後である。鑑真との交流をさまたげられたことが、怨霊になる原因ではまずないだろう。

　鑑真は、真備より七歳年長に過ぎない。しかも、この謹厳不動の名僧も実は呪術能力をもっていた。聖武上皇の病の時、看病禅師《かんびょうぜんじ》をつとめているが、看病禅師は特別な呪術能力の者しか依頼されない役割である。真備の呪術力は、実は鑑真と結びつけられた虚の能力なのではないか。鑑真には凄まじい呪術能力はあっただろうが、彼は聖武上皇の病気の時しかその実態を見せなかったのではあるまいか。その時、人々の記憶が真備に託されたということにならないだろうか。

　もちろんこれは単なる想像であり、根拠になるものは一つもない。しかし、いま私は、陰陽道の巨匠安倍晴明を論じている。仮象《かしょう》の権化《ごんげ》について論じているのだから、空想的思考も必要である。いずれにしても、後世の平安京の人々は、真備びいきにもさらに飽足りず、彼を怨霊としたのだ。

天皇	実力者	主要事項(数字は年)
元明	藤原不比等 ↓	平城京遷都(710)
元正	長屋王 ↓	養老律令(718)
聖武	藤原四卿 ↓ 橘諸兄 (玄昉　吉備真備) ↓	長屋王の変(729) 光明子の立后(729) 藤原広嗣の乱(740) 大仏造立の詔(743)
孝謙	藤原仲麻呂 ↓	大仏開眼供養(752) 奈良麻呂の変(757)
淳仁		
称徳	道鏡	恵美押勝の乱(764) 道鏡皇位事件(769)
光仁	藤原百川	

▲奈良時代の政争史

吉備真備はなぜ怨霊となったか

歴史上きわめて評判は悪いが、道鏡こそ怨霊となっても良かった人物ではあるまいか。彼は、河内の弓削《ゆげ》氏の出身である。呪術のメッカ葛城山の西北側山麓、いまの大阪府八尾《やお》市で育って呪術の伝統を身につけ、凄絶な呪術僧となった。彼も聖武《しょうむ》上皇の病気の時、鑑真のように看病禅師をつとめ、ここで称徳《しょうとく》女帝と知り合う。道鏡は、称徳の父聖武の看病禅師をつとめたが、その呪術能力の優れていることが認められたのだろう。その道鏡は称徳の死後、都を追放される。吉備真備にあるとされる呪術力は、この道鏡のものも投影されているのではないか。真備の怨霊は、同時に失脚した道鏡の怨霊をもひきずっているのではないだろうか。

ともあれ、陰陽道賀茂氏は始祖を真備であることにして、中国伝来の陰陽道と結びつく。しかし、これは事実でないらしいから、賀茂氏は何処でどうしてそれを手に入れることが出来たのか。

陰陽道に関して、まったく姿をあらわさない秦《はた》氏がこの鍵を握っているのではないかと私には思える。秦氏は、のち平安京になった場所を支配した氏族である。しかも、聖徳太子に近侍した秦河勝《はたのかわかつ》が創建した広隆寺《こうりゅうじ》(京都市右京区)のある太秦《うずまさ》には木嶋坐天照御魂《このしまにいますあまてるみたま》神社がある。俗に蚕《かいこ》の社《やしろ》、または木島《このしま》神社ともよばれている。同社の鳥居が三角形平面をしているので有名だ。それは大変不思議な形の鳥居であり、神秘的でもある。

さらに不思議なのは、大秦とは中国語でペルシアのことを指す。秦氏は、朝鮮半島から日本に渡ってきて、機織りを伝えたといわれている。その時期は、応神天皇の頃だったと『日本書紀』にある。応神は五世紀前後の大王だが、秦氏の本拠地太秦には彼らに関わりがあると思われる古墳群がある。この古墳群は、六世紀以上遡れないという。とすると、秦氏の渡来は六世紀初頭の継体《けいたい》天皇の時代ではあるまいか。

秦氏は、自分の本拠地を太秦と名付けたのは、自分たちがペルシア人に関係することを示しているからだろう。秦河勝が創建した広隆寺の当時の本尊は明らかに白人に近い相貌であるが、本尊は建立者の相貌を写すといわれる。このことからすれば、秦河勝は明らかに白人に近い相貌をしていたことになる。本尊は、有名な弥勒《みろく》菩薩《ぼさつ》であるが、同時期に百済《くだら》から持たらされた他の弥勒菩薩は明らかにモンゴロイドである。

▲木嶋坐天照御魂神社の三柱をもつ三角形平面鳥居

秦氏は朝鮮から渡って来たのではなく、蘇我氏とともにシベリア東部から東北地方を経て南下し、継体天皇と越前(福井県)で合流した人々ではなかっただろうか。聖徳太子には、蘇我氏の血が流れているから、秦河勝を重用したのは、蘇我氏と秦氏の関係によるであろう。秦氏の機織りは中国や朝鮮の技術ではなく、ペルシア渡りなのだ。ただし、彼らは蘇我氏同様、中国の北を移動しており、中国北朝文化を身につけていた。

というよりも、五世紀ごろ中国南北朝時代の北魏《ほくぎ》は、ペルシア・トルコ系の王朝であり、蘇我氏や秦氏ともにその王朝の一員か、それに仕えたことのある一族だった可能性が高い。北魏は、中国文化を最高度に学び、自らのものとしたし、仏教を尊重したことでも有名である。秦氏が陰陽道に通じていた可能性も高い。しかもペルシア的、ゾロアスター的呪術能力も合せもってである。太秦の木嶋坐天照御魂神社の三角形平面の鳥居の不気味さは、中国や朝鮮あたりには見られないこの異国臭の強さでもあろう。

闇に隠された秘密

聖徳太子に仕えた秦河勝は太子死後のことだが、皇極《こうぎょく》天皇三（六四四）年に駿河（静岡県）の富士川あたりで大生部多《おおふべおお》が蚕に似た虫を常世神《とこよのかみ》として祀り、巫覡《ふげき》もこれにことよせて村里を迷わせたので、討ちこらしめたという。河勝が巫覡、すなわちシャーマン、呪術師を討ちこらしめたというからには、それ以上の呪術を身につけていたのであろう。もちろん、秦氏にとって蚕が神であっては、機織り技術の総元締めとしては困るという経済的な理由もあっただろう。しかし、古代のこと、現代流合理主義・科学主義で呪術師をぐうのねも出なくすることなどあり得ない。どこまでも、呪力の強さの勝負であったは

▲広隆寺（京都市右京区太秦）　秦河勝が推古11（603）年に建立したと伝える。寺地は秦氏の居住地であった。

ずである。

この秦氏が支配する地に、桓武天皇が怨霊を逃れて造営途上の長岡京を捨てまで、わざわざ新しい都平安京を造営したのだ。秦氏に期待する何かがあった。機織りと田畑の開発、高度な灌漑技術で築いた巨大財力に目をつけられたこともあろう。しかし、それだけではあるまい。ペルシア渡りの怨霊撃退の凄まじい呪力を身につけた氏であったことも大きかったはずである。

この秦氏と賀茂氏がどこかで繋がったとみていい。陰陽道賀茂氏にそれを伝授したのは、秦氏ではあるまいか。賀茂氏が出現するまで、陰陽道の最高の司である陰陽頭は世襲されていた様子はない。ということは、体系的に陰陽道を伝える家が何処かに隠れていたと考えられる。その隠れた陰陽道の総元締めが、秦氏だったのではないか。

『日本書紀』には、応神天皇時代のこととして次のようなことが書かれている。応神天皇の后吉備《きび》の兄姫《えひめ》は故郷が恋しくなり、吉備(岡山県)に帰ったので、それを慕って天皇が吉備まで行った。そこで、行宮《あんぐう》となったのが葉田葦守宮《はたのあしもりのみや》である。兄姫は、吉備氏の先祖である御友別《みともわけ》の妹である。このことから、吉備真備の先祖は吉備のハタという地に本拠を置いていたことがわかる。この場所は備前《びぜん》、現在の岡山市足守《あしもり》と伝えられているが、実はこの付近にはカモ地名もやたらに多い。もちろん、葉田葦守宮のハタも秦氏と深く関わる。秦氏の勢力が、備前にもあったことがはっきりしている。吉備、特に備前で秦と吉備と賀茂の三氏が見事に繋がったのだ。いうまでもなく、この場合の賀茂氏は陰陽道賀茂氏の同系である葛城賀茂氏である。

▲葉田葦守宮の伝承地（岡山市足守）　現在、足守八幡宮が祀られている。　岡山市教育委員会提供

真備を陰陽道賀茂氏が始祖としたのも、この繋がりがあったればこそのことであろう。秦氏と吉備氏は深い繋がりがあるのは、自分の本拠地を秦氏の勢力圏の中にわざわざ置いていたことでもわかるのではないか。

十世紀である平安時代中期のことと、伝承とはいえ五世紀前後とみられる応神時代のことでは余りに時代が隔たっていると思われるかもしれない。しかし、古代というよりも江戸時代以前には氏素姓《うじすじょう》こそ、その人の人生を決定する最も重大なことであった。いわんや、平安時代中期などは貴族たちはこの氏素姓にがんじがらめに縛られていた。

三　賀茂氏と安倍氏の繋がり

それでは、賀茂忠行に師事した安倍晴明の関係を賀茂氏と安倍氏の因縁としてとらえることが出来るであろうか。

賀茂氏と安倍氏の因縁

応神天皇が葉田葦守宮《はたのあしもりのみや》に行って、恋しい兄姫《えひめ》に会って帰っただけではない。ちゃんと、土産を置いている。兄姫には織部県《はとりべのあがた》を与えたというのだ。また、姫の兄の御友別《みともわけ》の子供たちには吉備国を分封したという。吉備、特に備前の足守《あしもり》地方には、秦氏の部民が多勢いたのは確実である。この部民を秦氏から切り離し、兄姫をその長としたというのだろうか。天皇がこのようなことをしても、秦氏を怒らせることはなかったほど、吉備氏と秦氏は深い繋がりがあったのであろう。

『日本書紀』に、秦氏は応神天皇の時代、一万二千人を引き連れて渡来したとある。誇長があるにせよ、驚くべき大勢力であった。この相当部分が、吉備氏の兄姫にあずけられたということなのだろうか。吉備氏は吉備土着の豪族であったから、外来の秦氏の部民の一部が吉備氏にあずけられたことは充分にありうる。実際、ハタの地名はその後につけられたのだろう。いずれにせよ、秦氏と吉備氏は太い一本の線で繋がる。吉備氏と賀茂氏も同様、備前国を軸として繋がっている。このことが、次の推理に重要なので留意してほしい。

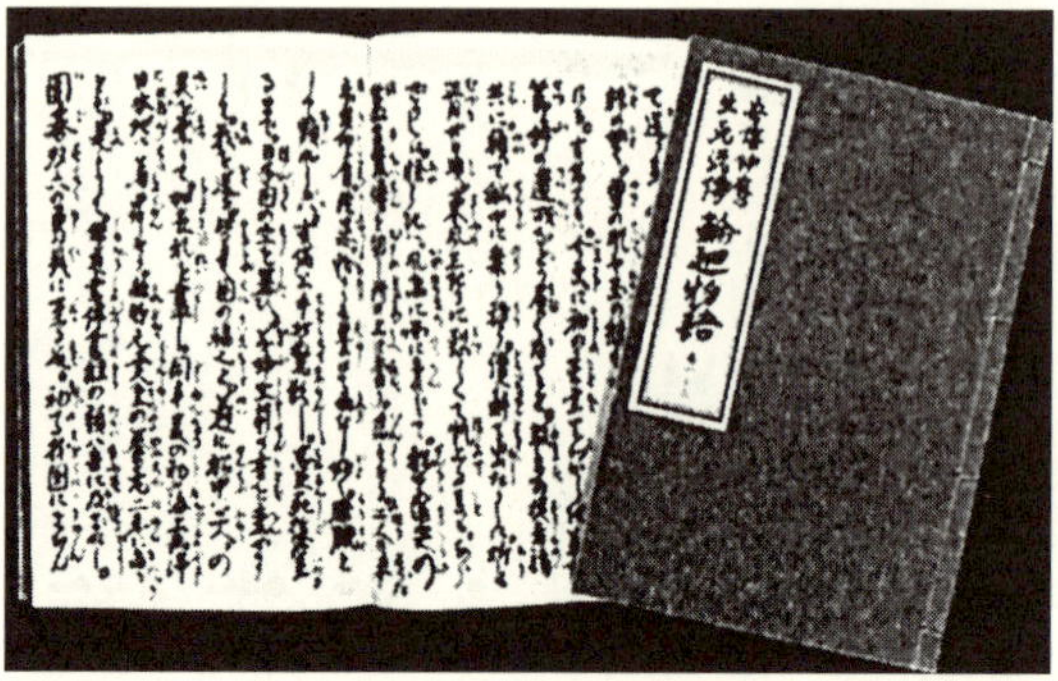

▲影印本『安倍仲麿生死流傳輪廻物語』　全５巻。福井県・天社土御門神道本庁蔵。

福井県遠敷《おにゅう》郡名田庄《なたしょう》村納田終《のたおい》に天社土御門神道本庁《てんしゃつちみかどしんとうほんちょう》がある。納田終は、応仁《おうにん》の乱の時に土御門《つちみかど》家が乱を避けて住み、本拠とした場所である。現在も、本庁では陰陽道祭祀を行っている。

この土御門家に伝えられている『安倍仲麿《あべのなかまろ》生死流《しょうじる》傳輪廻《でんりんね》物語』(以下、『輪廻物語』という)は、『簠簋抄《ほきしょう》』から影響を受けたと思われる晴明伝である。晴明の子孫である土御門家が守って来た秘伝に近い文書だから、記述には相当の真実が隠されていると見ていいだろう。これは、本庁が少部数の影印《えいいん》本を出版しただけで、一般には未紹介の珍本だといわれる。ここで注目すべきは、吉備真備が孝謙女帝から賀茂の姓を賜って改姓したといっていることだ。賀茂氏は真備を始祖としているが、晴明の子孫の土御門氏がこのような伝説を残しているには意味があろう。同書には、次のようにある。

この賀茂姓を賜った吉備は、安倍仲麻呂の子である満月丸《まんげつまる》を探したが見つからず、齢九十に近づいた。そこで、吉備は子孫を前にこう遺戒した。「ここまで生きながらえて、自分一人の身としては、何一つ思い残すことはない。ただ一つ恨まれるのは、安倍家の再興を見ぬまま世を去ることだ。おまえたちは私の教えを守り、安倍家の血脈の人を見いだしたとき、直ちに天皇に奏聞して安倍家の再興をはかるよう取りはからうようにせよ。また、その人物の器量をよく見定め、これはと思えるものであったなら、その者に大元尊神を渡すべし」。こうして吉備は鬼籍に入った。ここで真備といわず、吉備といっているのは、賀茂氏の始祖吉備麻呂を意識しているからであろう。

続いてこの『輪廻《りんね》物語』では、時代が経て賀茂保憲《やすのり》は弟子入りした安倍希名《まれな》に娘葛子《くずこ》を妻に与えた。さらに、紆余曲折があって、希名と葛子に化けた信太狐《しのだぎつね》の間に生まれたのが晴明であるとする。晴明は四歳の時、本物の葛子が現れたので、にせ葛子の母狐は古巣に帰った。長い間旅に出ていた賀茂保憲と葛子は、希名と童子(晴明)に会い、事情を聞いて、以後四人で生活することになる。こうして、賀茂氏と安倍氏は繋がる。

「荼吉尼天法」の秘密

『輪廻物語』は『簠簋抄《ほきしょう》』その他の晴明伝に近いが、違うことが一つある。母である信太狐のことだ。この狐が信太明神の化身だったということで他の晴明伝は終わるが、この物語ではさらに続く。

真備は『金烏玉兎集《きんうぎょくとしゅう》』を日本に持ち帰ろうとするが、それを邪魔しようと安禄山《あんろくさん》(唐皇帝玄宗《げんそう》に反乱した将軍)が軍を引き連れ、港で真備を殺そうと計画していた。それを真備に負けた碁の名人(⇩P.57)の妻が知り、危急を知らせてくれるが、彼女はノドをついて自害した。彼女は、夫の勝負が一日違いで真備に負けることを見抜き、引き分けになるよう黒石を飲み込んで隠していた。それを知りながら、真備は黙ったままで助けてくれた。その恩にむくいるための行為であった。

ところがこの妻は死んだが、『金烏玉兎集』は唐の宝で、これを真備に渡すのは残念と思い、霊となってこの本に取り憑《とつ》き、日本に渡ってきたのだ。しかし、日本では、人間に生まれ変わることが出来ず、信太の白狐に生まれ変わった。そこで、九万九千の家来の狐に荼吉尼《だきに》の秘伝を伝えようと思ったが、はからずも童子を生んだので、狐たちから去った。

この狐は、荼吉尼天の化身だったのである。荼吉尼とは、密教の神であり、弘法大師が日本にもたらしたといわれる。白狐に乗った女神であり、眷属《けんぞく》として白狐が活躍する。中世になって、これが稲荷《いなり》神の眷属の霊狐と習合する。その結果、狐を用いて人を呪ったり、災いを遠ざけたり、因縁を切ったり、寿命や健康を操作するなどの種々の妖術を行う法が「荼吉尼法」とも「飯綱《いずな》の法」とも呼ばれて恐れられるようになる。『輪廻物語』に出てくる陰陽道の「荼吉尼天法」とは、この妖術のことだ。

それは元来、陰陽道とは無関係の法である。しかし、密教や修験道、神道などと習合した中世以降の民間陰陽道では、憑《つ》き物落としや呪術の一法として用いられたといわれている。『輪廻物語』は、土御門派の下級陰陽師たちが全国に持ち歩き広めた説話であり、荼吉尼天法も彼らが得意とした呪術である。だから、この物語で有効に使用されているのも、そのせいだろう。しかし、それだけの理由で荼吉尼天が晴明の母とされるだろうか。この構図は、『輪廻物語』にしかないことに留意すべきではないか。

私は、晴明から綿々と続いた陰陽道の総元締めである安倍、土御門家が真備―賀茂―安倍の系譜だけでは語り得ない、表面からは隠された陰の系譜を暗示しているのではないかと想定する。この説話は、安倍陰陽道の母体に仏教が隠されているといっているのではないか。仏教と真備は直接関係ない。それ以上に葛城賀茂氏も神道ならいざ知らず、仏教には関係はない。

あるとしたら秦氏である。秦河勝は仏教の聖王であった聖徳太子の側近であり、自ら広隆寺を創建したほどのあつい仏教徒であった。また、荼吉尼は密教の神であり、ペルシアやインド渡りの神である。ペルシア系渡来人であると思われる秦氏をこの神は暗示しているのではないか。繰返すが、秦氏は吉備氏とは深い縁で結ばれている。

従って陰陽道の本当の系譜は真備、実は秦氏―賀茂氏―安倍氏ということであろう。しかも、真備は陰陽道の秘典『金烏玉兎集《きんうぎょくとしゅう》』を封入した箱を安倍仲麻呂の子孫に渡すまで、決して開いてはならないと遺戒している。このことが何かの真実を示しているのだとしたら、真備に隠された秦氏の呪術法は賀茂氏を通さず、直接安倍氏に伝授されていたことを示すのかもしれない。賀茂忠行《ただゆき》、保憲《やすのり》親子が晴明に伝えたのは、仏教的色彩のない正統陰陽道だけだったということになるかもしれない。

実は備前《びぜん》、現在の岡山県高梁《たかはし》市にアベという地名がある。ここは、岡山市足守《あしもり》にあると思われる葉田《はたの》葦守宮《あしもりのみや》に近接している。安倍氏も備前で秦氏と繋がっていたのだろう。アベ氏は北陸や東北に勢力をもっており、西国とは縁がなかったはずなのに、備前のハタの近くにアベが寄りそうように存在している。むしろ、アベとハタは蘇我氏とともに北ユーラシアから東北地方を経て、畿内に渡来してきた仲間だった可能性が高い。実体は、蘇我氏が中央政権となり、ハタ氏に西国、特に播磨・備前などを、アベ氏に北陸・東国を守らせたということだったかもしれない。その分担の中でも、備前でハタとアベが隣接していたのだ。賀茂氏との繋がりも当然、備前カモ氏との関係が軸になっているはずである。

第六章　未来を予測し前生を知る

一　織田信長の世界と比較する

密教僧と陰陽師の違い

安倍晴明が活躍した平安時代中期の陰陽師は、密教僧《みっきょうそう》と同じく災厄《さいやく》を除くためにお祓《はら》いをしたり、怨霊《おんりょう》を鎮める役目を担っていた。それでも、密教僧と陰陽師にそれなりの違いがあった。

密教僧は、現在誰かに取憑《とりつ》いている怨霊や物《もの》の怪《け》の正体をはっきり知ることが出来ないことが多かった。修法を行っているうち、次第にわかって来るという風であった。これに対し、陰陽師は怨霊の正体やこれから起こることを見抜く力を持っていた。と、指摘するのは志村有弘である。陰陽道とは文字通り陰陽の道、陰陽六十四掛の世界、易占いのことである。これが基本であるから、当然優れた陰陽師は未来を予知する。

晴明の予知能力の凄さは、伝説化されているほどであるが、これも平安時代なればこそ晴明のような存在が大活躍出来た。平安中期は和泉式部《いずみしきぶ》、紫式部《むらさきしきぶ》、清少納言《せいしょうなごん》など女流文学の全盛期であり、男性すら女性化した時代である。怨霊といった見えもしないものにおびえるなど、雄々しい男性のなすことではない。桓武天皇のように政敵のみならず、競争者なら同母弟といえども抹殺して止まない男なら、怨霊に悩まされるのも止むをえないであろう。しかし、平安中期の貴族たちには桓武のように政敵を殺してしまうといった男性性を露骨に発揮するものはいなかった。呪殺《じゅさつ》を密教僧や陰陽師に依頼するぐらいがせきの山だった。

神仏を気にかけない織田信長

『源氏物語』に出てくる男どもの日常も極めて女々しい。この平安中期の女々しさに最も遠いのが戦国時代である。寸土の領地を争って武将が戦闘に明け暮れるが、目的は領土の拡大であるから、はっきり目に見えている。怨霊のように目に見えないのとは違う。しかも、戦闘によって命のやりとりをするのであるから、武将の日常も極めて渇いたものだったと思える。しかし、ことは必ずしもそうでもなかったようである。戦国時代の下剋上《げこくじょう》の典型といわれる北条早雲《ほうじょうそううん》や斎藤道三《さいとうどうさん》も、人をあざむき殺しながら一国を手に入れたのだから、徹底した合理主義者のようにも思える。だが、必ずしもそうでもなく、二人とも年をとってからは出家し入道となっている。自分のしてきたあくどさを懺悔《ざんげ》し、後世を神仏にすがりたい気分であったのであろう。

ところが、戦国たけなわの頃、神仏など全く気にもかけない若者が出現した。織田信長《おだのぶなが》である。彼の十代の時、父信秀《のぶひで》が死去するが、この父は一代で尾張《おわり》(愛知県)半国の主となったしたたかな典型的戦国武将であった。それが嫡男信長を残して死去する。若い信長には、周辺すべて敵というお土産を残して、この世を去ってしまった。普通の人なら、今後の不安にさいなみ、神仏にでもすがりたくなるところである。現代ですら、信長の環境ならそうしたいと思うであろう。しかし、信長はすべてが違っていた。信秀の葬儀の時の様子が『信長公記』に描かれている。

信長公がご焼香《しょうこう》にお立ちになる。その時の信長公のお身なりは、長柄《ながえ》の太刀《たち》、脇差《わきざし》をわら縄で巻き、髪はちゃせんまげにし、袴《はかま》もお召しにならず、仏前にお出になって、抹香《まっこう》をかっとつかんで投げかけてお帰りになった。

喪主である信長が父の仏前に抹香を投げつけただけで帰ってしまうなど、現代ですら無礼と他人にそしられるであろう。この行為には、神仏など何するものぞという激しいいきどおりがある。この時の異様は信長だけであり、弟などはきちんとした型通りの服装で礼儀正しかった。これを人々は信長の大うつけといった。しかし、一人筑紫《つくし》(福岡県)から来た僧だけが、あの人こそ国持大名となるべき人だと予言したのだ。僧侶の予言能力と信長の無信仰とが鮮やかに対比されている。『信長公記』を書いた信長の家臣太田牛一自身は、僧侶の予言能力に感心しているのがよくわかる。

信長は十九歳のころ、当時名ばかりであった尾張国守の斯波《しば》義統《よしむね》を自分の居城那古野《なごや》城にひきとり、面倒をみていた。義統は、それを裏切って敵と陰で画策し、信長をなきものにしようとして、逆に信長の術中にはまって殺されてしまう。

これを太田牛一は「武衛様（斯波義統）は道理のないご謀反を思い立たれたので、仏天の加護もなくこのようにあさましくあっという間にお亡くなりになったのだ。御自滅とはいいながらも、天道は明らかで、そら恐ろしい次第である」と書いている。無信仰者信長に長く仕えた家臣の牛一にして、仏天の加護や天道云々としているほどである。戦国の凄絶な殺し合い、領土の奪い合いの時代ですら、ほとんどすべての人々が神仏を信じ、これに加護してもらいたいと望んでいたことがわかる。

信長の才能を見い出す道三と宗滴

信長は間違いなく戦国時代が生んだ天才である。しかし、この時代の人々は見えるものしか信ぜず、見えない世界を無視していたのかといえばそうではない。やはり、見えない神仏の世界を気が狂わんばかりに信じてもいたのである。信長の無信仰こそ、やはり異常だったのだ。ただし、この信長の異常に時代を切り開く才能を見い出していた人々が若干はいた。

▲織田信長（1534〜82）

信長の妻の父、斎藤道三《さいとうどうさん》である。彼は若い頃、美濃（岐阜県）に油売りとして現れた。やがて、国守土岐《とき》家の家老に仕え、主筋を策略でもって次々に滅ぼし、美濃一国を手に入れた一代の梟雄《きょうゆう》（残忍でたけだけしい人）であった。当然、娘婿《むこ》の信長の領土を狙った。信長の父信秀が死去すると、すぐ婿に面談を申し込み、あわよくばそこで婿を取り込めてしまおうかと企んでいた。しかし、そんな危惧も意に介さずやって来た信長に直接会ってみて、いまだ十六歳にもみたない若者が唯者《ただもの》でないことを見抜いたのである。そして、将来は、自分の子はこの男の家臣となってしまうに違いないと嘆息したと、これも『信長公記』にある。

もう一人は朝倉宗滴《あさくらそうてき》(教景《のりかげ》)。この人は、後に信長に滅ぼされた越前国守朝倉義景《よしかげ》の家臣であり、後見役も担う一族の長老であった。この人は死去に際し、自分は信長がどのような人に成長するか見届けるまで生きたいが、残念だといったと『朝倉家録』に記されている。この人が死去したのは信長十九歳の時で、味方にはそむかれ、四方敵に囲まれ悪戦苦闘の最中であった。将来敵になるかも知れない他国の若者の将来を見たいというのだから、宗滴という人も先見の明をもった人だったのだろう。

戦国時代の天魔

ともあれ戦国時代は平安中期とは違い、男が最も雄々しかった時代である。当然、このような時代に晴明のような見えない世界の怪物を退治する人が時代を切り開き、その時代を代表する役割を果たしはしない。

もちろん、晴明の時代でも表立った存在は、藤原道長のような権力者である。しかし、後に触れるが、実は晴明のような存在が裏から平安中期の世の中を動かしていたのである。戦国時代ですら武田信玄《たけだしんげん》には快川《かいせん》、今川義元《いまがわよしもと》には雪斉《せっさい》といった助言者となる禅僧がおり、彼らが国守を動かすことも少なくなかった。当然、彼らの呪術力も必要とされた。徳川家康における天海《てんかい》など、その呪術力が買われた好例である。神仏がまだまだ幅をきかせていたのである。

しかし、信長は見える世界の中で、見えない者は一切否定することに全生命を賭けていた。有名な比叡山延暦寺の焼き打ちなど、その典型的行動であろう。延暦寺は北近江の浅井《あざい》、越前の朝倉といった京都の近くに盤踞し、信長に敵対する勢力に味方したこともあった。このため、信長は徹底的に焼き打ちし、僧俗男女千六百人を殺戮《さつりく》している。信長にとって、この焼き打ちは、必ずしも戦術的には得策ではなかった。最大のライバル武田信玄が天下をねらって上京の姿勢を見せており、信長はこの焼き打ちのため仏敵、天魔とされ仏教世界全体を敵にまわすことになった。やがて、信玄と、本来は比叡山延暦寺とは不和であって敵対すらしていた大坂・石山本願寺を同盟させるきっかけをつくってしまった。

▲信長に焼かれた後再建された延暦寺根本中堂（滋賀県大津市）　信長は仏敵、天魔として仏教世界に恐れられた。

また、世の人々には赤鬼と恐れられたというから、彼は魑魅魍魎《ちみもうりょう》の仲間に入れられてしまった。こうなれば陰陽師の敵でもある。明敏な信長のことであるから、その危険は充分察知していたであろう。しかし彼はあえて仏敵、天魔の方を選びとった。信長は若くして父を失い、後見役の老家臣平手《ひらで》政秀《まさひで》も信長の前途に見切りをつけ、父信秀の死後まもなく自害して果てた。彼には、師となるべき存在がまったくなかった。それでも工夫に工夫を重ね、冷徹な合理精神で見える世界の仕組みを変え続け、天下統一の直前までこぎつけていった。まさに師匠なしの独立独歩であった。

後に天下を統一する豊臣秀吉の師は信長であり、徳川家康の師は信長や秀吉であったから、信長の独立独歩は特筆に価しよう。しかし、これは見える世界を見えるままに組み立て直すことであったから、可能だったのかもしれない。ところが、晴明のような見えない世界、仮象世界を対象とする術者の場合は、このようにいかない。晴明ら術者は、師匠から一つ一つ決まった手順に沿って、それをのぞき見し、目には見えない敵、すなわち鬼を撃退する方法を教わらなければならなかった。室町時代の能楽者であった世阿弥《ぜあみ》のようないかに天才、神童といえども、演技を自得出来ないことと同じなのであろう。

二　晴明の予知能力の凄さ

晴明父子の予知能力

さて、そろそろ仮象世界の権化安倍晴明の本領に踏み込むべきであろう。まずは、彼の予知能力である。鎌倉前期の説話集『宇治拾遺物語《うじしゅういものがたり》』（巻二―九）には、次のようなことが記されている。

蔵人《くろうど》少将という若くて美しい公達《きんだち》が車から降り、内裏《だいり》に参る所であった。その時、カラスが空を飛んでいってその青年に糞をしかけたのを晴明は見てしまった。これは、式神《しきがみ》にうたれたのに違いない。あのカラスは式神なのだと思い、少将の生命が風前の灯火であることを悟った。気の毒に思って少将にそのことを告げ、参内させずに同じ車で彼の邸宅まで行き、夜通しつきそって加持祈祷《かじきとう》をしてあげることにした。

明け方、戸を叩く音がし、人を出して用件を聞かせると次のようであった。少将の相婿《あいむこ》である蔵人の五位が同じ家のあちら側に住んでいるが、この家では少将をよい婿とし、五位を見下げていた。これをねたんだ五位は、陰陽師に頼んで、式神を祈りだし、少将を呪い殺そうとしていた。ところが、式神は晴明の祈りの強さに敗けて帰ってしまった。そこで、自分の使用主である陰陽師を殺してしまったというのだ。また、式神で調伏させようとした相婿は舅《しゅうと》に早速追い出されてしまった。晴明の予知の正しさと祈り出しの強さをここでは強調している。

次に、鎌倉中期の説話集『古今著聞集《ここんちょもんじゅう》』に書かれていることである。晴明の子、陰陽師吉平《よしひら》が医師丹波雅忠《たんばのまさのぶ》と酒を飲んだ時、雅忠が盃《さかずき》をとってしばらく持っているのを見て、吉平は酒を早く飲んでしまいなさい。今すぐ地震が来るからといった。すると、その直後揺れがやって来て、雅忠は盃をがぶっとかじってしまった。吉平は事前に地震をいいあてたのである。この二話は晴明・吉平父子の予知能力の素晴らしさを伝えている。

『簠簋抄《ほきしょう》』では前述したが、晴明の予知能力を次のように伝説としている(⇩P.36)。晴明が鹿島《かしま》神宮(茨城県)に参詣した時、二羽のカラスが会話をしているのを聞いて、天皇の不例の原因を知った。早速、晴明は上京し、天下無双の陰陽博士と看板を出していると、朝廷の臣下が噂を聞いてやって来た。彼らは大きな車櫃《くるまびつ》に多くのマムシを入れ、博士、すなわち晴明を召し出して、櫃の中のものを占い当てよと試す。この時もカラスの声が聞こえたので、中身がわかった。が、いかにも占ったふりをして、マムシが入っているというと、人々は不思議なことだと手を打ってほめたたえた。そこで、天皇不例の原因を占い、見事当てたのである。

このことは、二羽のカラスの会話をきいたことに起因するが、そのことを知らない人々には晴明の予知能力の凄さだけが印象づけられることになる。この伝説では、晴明が占って天皇の不例の原因を当てることよりも、空を飛んでいるカラスの言葉を理解し、そのカラスがものごとの原因を知り尽くしている不思議の方に力点が置かれている。晴明は、人間の理知を超越し、むしろ空飛ぶカラスの予知能力を余す所なく伝達されるほど、天地宇宙的存在であることになっている。

この場合、カラスは単なるカラス類ではない。神武《じんむ》天皇を導いた八咫烏《やたがらす》のような人間をその人固有の、しかも偉大な運命へと導く超越存在、神の使いとして認識されている。要するに、カラスは神の使いであり、その言葉を聞き分けることが出来るということは、そのまま万人の未知のことを知ることが出来るということになる。

二十年後の正夢

ある人が医者や薬でも治らない激しい頭痛の原因を、庭に埋められている壷の中の中身であるといわれ、その祈祷師がいう場所を掘ってみたら、やはり壷が埋めてあった。それを取り出して供養したら、長年にわたる頭痛はたちどころに治ったという話を私も聞いたことがある。私の学生時代、実際にあった話であり、そのことを当てたのは祈祷師である。『宇治拾遺物語』の話は、蔵人少将の未来を予知し、未然に祈祷によってその危機を救ってやることであった。だから、晴明の未来に対する予知能力を示しているし、子の吉平《よしひら》も直後に来る地震を予知している。このような劇的なことは、大陰陽師でなければ出来ないことに違いない。また、私の学生時代に聞いた祈祷師も、何時の時代かに、誰かによって埋められた壷の存在をどうして知り得たのか不思議である。

しかし、夢が未来を予告することはよくある。私は、二十年後に起こる事実を克明に夢見たことがある。三十年近く前のことである。その当時、知り合ったばかりの彫刻家がいた。現在では親しいが、その頃は知ったばかりで、彼に子息がいることすら知らなかった。

ある夜の夢で、私は二十二〜二十三歳位の青年の写真展を見に行っている。二階建て鉄骨造の粗末な建物の二階がギャラリーである。その建物には、なぜか大きな星条旗がはためいている。古ぼけた鉄の階段を上っていくと、二つ目の部屋がギャラリーであった。扉を開けて入ると、右側の壁に掛けられた三番目の写真が黒っぽい画面で、これが私には気になった。そして、その写真を撮影した青年が彫刻家の息子であった。私は、この黒っぽい写真を見て、やはりこの子は彫刻家のセンスをひきついでいると思った。妙な夢だったが、忘れるともなく忘れていた。

そのうち、彫刻家には娘と息子がいることも知り、二人は小学生にもなっていなかったと思う。年は一年違いだが、早生まれと遅生まれで、姉と弟は同じ学年となることも知った。

ちょうど、この夢から二十年ほど後のことである。その子息が大阪の芸術大学の写真科を卒業するというので、卒業記念の個展を開くという案内状をもらった。この案内状を見て、二十年前の夢を一瞬にして鮮明に思い出した。そこでこの夢のままに、案内状の個展があるのではないかと思い、彫刻家の共通の友人二人に電話をし、私の建築事務所に来てもらった。そして、これから見に行く個展の内容、特に右壁に掛けられたドアから三番目の黒っぽい画面の写真のこと、鉄骨の粗末な建物、大きな星条旗などのことをあらかじめ話しておいた。すると、そのギャラリーに行ってみたら、すべては夢のままであった。二人の友人も、すぐ納得してくれた。私は、二十年後のある日ある時の一コマを夢で鮮明に見ていたのだ。しかも、二十年経って突然その夢が脳裡によみがえって来た。私は、夢の中でタイムワープをしていたことになる。これは、デジャブー（既視感）の強烈な例なのだろうか。

前生を見抜く力

晴明は、当然のように人の前生を見抜く力を備えていた。『古事談《こじだん》』には、次のようなことが記されている。花山《かざん》天皇（在位九八四〜八六）がいまだその位にいた時のことである。頭痛を病んでいたが、特に雨季にはどうしようもないほど苦しんだ。さまざまな医療を施したが、まったく効果がない。晴明は、天皇の前生は尊い行者で、吉野《よしの》（奈良県）の大峰山《おおみねさん》のある宿で入滅された。前生の行徳によって天子の子に生まれたが、前世の髑髏《どくろ》が岩の狭間に挟まり、雨の時には岩がふくらんで間がつまっている。だから、今生ではこのように頭が痛む。それゆえ、治療は出来ない。大峰山にある首を取り出し、広い場所に置いたら必ず治癒すると申し上げた。もちろん、髑髏のある場所も指摘した。

早速、花山天皇は人を遣わして調べさせたところ、晴明のいうとおりであった。天皇は首を取り出した後、頭の痛むことがなくなったという。晴明は花山天皇の前生を通し見し、今生に連なる因縁を正確に指摘した。『古事談』は鎌倉時代前期の成立であり、晴明生存時から二百年ほどの経違だから、このエピソードは事実の確率が高い。

江戸時代初期成立の『簠簋抄《ほきしょう》』には、晴明の前生の見通しはすさまじい境地にまで達していたことになっている。近衛《このえ》天皇（在位一一四一〜五五）の時、絶世の美女が宮中に現れた。このことが、またたく間に世間の評判となった。この噂を聞いた天皇は、彼女を後宮《こうきゅう》に召して妃とした。彼女は、あまりに美しいので玉藻前《たまものまえ》と呼ばれた。ところが、そのうち天皇は病になった。治療の効果も一向にないため、病の原因を占えよと安倍光栄《みつひで》が呼ばれた。しかし、光栄は、自分よりも晴明という大昔の陰陽師がいて、これは化生《けしょう》のものであるため、大変長生きしている。これを召して占わせた方がいいと進言した。

そこで、晴明が呼ばれて占ってみた。ところが、晴明は本当のことを申し上げると天皇に大変具合の悪いことになるため、何もいえないといった。それを群臣こぞって、構わないから占った内容を言上せよと迫った。そこで晴明がいう。天皇は、化生のものを妃にしてしまったのだ。遥か大昔の中国で、褒国《ほうじこく》と周の幽王《ゆうおう》とが戦った時、褒国が敗けたため、人質として美男美女を出さなければならなくなった。そこで褒国では、千人の高僧を集めて祈らせ、古狐を天下無双の美女とさせた。これを周に差出したところ、幽王は彼女を見て后とし、寵愛するようになった。ところが、この女は少しも笑い顔を見せることがなかったが、ある時罪人を処刑している様を見てにっこりと笑った。それは、この世のものとは思えない艶絶とした美しさであった。それで、王は彼女の笑い顔をみたいと罪のない者まで殺したから、臣下たちはこれでは周は一人も生存できなくなると思い、王を殺してしまった。彼女は、巧みに宮中から逃げ出し、その後、夏《か》の梁《りょう》王、殷《いん》の周《しゅう》王にも絶世の美女として現れ、ことごとくその国に災いをもたらし

▲金毛九尾《きんもうきゅうび》の正体を現した玉藻前（歌川国貞画）

た。それが日本に逃げて来て、玉藻前となっているのである。と晴明は答えた。

これを聞いた群臣は、それでは狐を退治してほしいといった。晴明は種々の祭事をする間、彼女に后であるから天皇の病床の側に寄れというが、彼女はそうしたがらない。しかし、結局は、后であるからにはそうせざるを得なかった。彼女が天皇の側に寄ったとたん、晴明の呪力に負け、彼女は正体を現し、逃げ去ってしまった。この狐は末代まで祟《たた》りをなすから、早く殺さなければならないと晴明はいう。これが下野《しもつけ》（栃木県）の那須野《なすの》にまで逃げ、そこで二人の武将に狩り出されて射殺されてしまった。

近衛天皇は、源平争乱時の天皇だから、晴明が活躍した時代から百五十年以上後のことになる。この矛盾に気付いたのか、物語の作者は「晴明は化生の人」といって、驚くべき長寿を正当化している。

この玉藻前は室町期に成立した物語であるが、それに化生でもある陰陽師「晴明」がからんで『簠簋抄《ほきしょう》』は展開する。いずれにしても明らかな虚構であるから、これは晴明の前生見通しの能力を強調し、伝説化したものであろう。

人間の前生は信じられるか

人間に前生などあるものか、無宗教化した現代では、このような話を信じたがらない。しかし、アメリカでは「前生治療」というのが出て来ているという。

精神病の原因は幼児、乳児、さらには胎児《たいじ》だった頃のトラウマ（精神的外傷）にあるとするものだ。そして、よく使われる精神治療の方法として患者を催眠させ、その人が受けたトラウマの時期まで記憶を戻させるようにするのである。患者も精神医の誘導に従って、どんどん幼児化し、トラウマの時期がさらに遡る場合には、胎児のように丸まってしまうこともあるという。こうして患者が受けたトラウマの内容を探り出し、この時の障害を除去してやると病は治る。乳児の時に母親から乳をもらえず、他人から授乳されたことが心の傷、トラウマとなっていて、一方的に激しく他人の愛情を求める。それが叶わないと知ると、激しい分裂症を示す患者がいたとしたら、この授乳期まで記憶を戻すのである。患者は、横たわり授乳の姿勢をとる所まで遡る。それで、そこまで遡ると突然激しい「けいれん」を起こした時に、トラウマが生じたと医師やセラピスト(治療士)は判断するのである。

「前生治療」では、胎児まで記憶を遡らせてもトラウマが発見できない場合、さらに記憶の遡行を継続すると、患者は自分の前生の状態を自動的に語りはじめるという。例えば、前生が今から何十年も前のある町に生きていた人だったとする。この人は首を絞められて殺されたが、その魂が肉体から離れた時、患者の母が妊娠した瞬間であった。そして、その魂が患者の母の胎内に芽生えた生命の中に入り込んだのである。この前生の人が殺された時の苦痛が、患者の理由のわからない首の激痛になったということになる。前生の殺人は事実であるが、これが起こらないような状況に前生を導くなら、患者の首の激痛は嘘のように消えていく。

「あの世」と「この世」の往復

輪廻《りんね》転生《てんせい》は東洋人だけのことかと思っていたが、「前生治療」の例からも、欧米の人々にも理解されるようになったのだろうか。晴明の時代には、輪廻転生は常識とされていたから、他人の前生を見通すことなど優れた陰陽師にはそれほど難しいことではなかったであろう。『古事談』の説話（⇩P.133）の時期は花山《かざん》天皇の在位中だから、九八四年から八六年までの二年間のことである。晴明の六三から六五歳までの時だ。遅まきの自立だったと思える晴明も、この年齢では陰陽道界の第一人者になっていた。

本書は晴明の足跡を年齢順に追うつもりだが、あえて後のことの前生見通しのことをここにもって来たのは、晴明の異能の実態をあらかじめ知ってもらう必要があったからである。エピソードとしては、花山天皇のこととしてしか残らなかった前生見通しは、陰陽師にとっては基礎的能力だったのではないだろうか。アメリカで現在、精神医によって「前生治療」が行われているとしたら、前生見通しなど晴明にとっては容易なことだったに違いない。

前生を見通すことが出来るのであれば、他人の後生も予測出来るのではないか。と思って、残された晴明のエピソードを辿ったが、その記事には出会わない。晴明は少年かそれより少しは成長していたかもしれない若年の時、鬼を見ることが出来た。鬼は大抵は怨霊であるから、ある人の後生の姿である。従って、晴明や陰陽師は夜な夜な多数の過去の人々の後生の姿と接していた。しかし、一括して鬼と表現されているだけで、どうも個々の人々の後生の姿がはっきりと描かれていないきらいがある。

ここにスエーデンボルグ（⇩P.58）が会った聖人パウロ（『新約聖書』の使徒行伝などの著者）の後生を紹介する。スエーデンボルグは一六八八年生まれ、一七七七年没である。日本でいうなら、江戸中期の人であり、晴明からは七百年以上後世の人である。ヨーロッパでは、スエーデンボルグの時代は科学時代であり、彼より半世紀も早くニュートンも活躍していた。だから、スエーデンボルグのような神秘主義者は、むしろ知識人として時代に逆行していた存在であろう。その彼が見たパウロの後生の生々しさを知ったら、晴明が見ていた鬼の姿も逆に想像できる気がするのである。

スエーデンボルグは、五十五歳から七十七歳までのほぼ二十年間にわたって、毎年脱魂しては霊界を旅した。六十歳頃、彼はパウロの後生と会った。パウロはギリシア人だが、『新約聖書』ではキリストの直接の弟子でなく、霊となったキリストと会って改宗し、聖人となったことになっている。ペテロと並ぶ偉大な聖人なのだ。

ところが、スエーデンボルグが会ったパウロの後生は、アダムとイヴを欺いた悪魔の仲間であり、むしろ彼らに導かれる小悪魔であった。姦淫《かんいん》は当たり前であり、これを常習とする者の群の中にいて、荒野をぶらつき廻っていた。パウロの後生は、悪から逃れられないから、自分は天界に行けないとさえいっている。また、退化して生まれたばかりの赤子の様に腕を動かすだけの姿ともなっていた。いずれにしても、彼は暗黒の世界の中で憎悪、復讐、残酷、姦淫の鬼であり、善と真理を破壊することのみを目的としていることも告げられた。何とも凄まじいパウロの後生である。スエーデンボルグは、なぜパウロの後生がこうなったかは、その著『霊界日記』に記していない。

それにしても、晴明たち陰陽師が見ていた鬼の中に、このような聖人の後生の姿も混じっていたかもしれない。いわんや、怨霊となった鬼など生きている時ですら、俗塵にまみれていただろうから、その形相の凄絶たるや想像のらち外であったであろう。

三　占いはなぜ当たるのか

遠い未来を予言することの困難さ

輪廻転生の世界からすれば、人は永久に何者かに生まれ変わり死ぬことがない。死こそ涅槃《ねはん》であり、絶対の平安なのだ。それなのに人は死を許されず、生まれ変わりこの汚濁に満ちた娑婆《しゃば》の業苦《ごうく》から逃れることが出来ない。安倍晴明が他人の前生を見通すことが出来たのだから、その人がどう生まれ変わり、どう生きるかも見通すことも出来たかもしれない。

しかし、そのようなことは江戸初期に成立した神話的伝説に語られていない。江戸初期は、晴明が活躍した時代から六百年以上の時間が経過している。だから、晴明の時代の人、たとえば「藤原道長が生まれ変わって明智光秀となり、陰陽師の天敵織田信長を討ち果たすことを予言していた」と言ったと物語ることも出来たはずだ。しかし、それはない。未来、しかも遠い未来を予言することの困難さから、その人の生まれ変わった後の後生を占い、予知する術については言及出来なかったのかもしれない。

しかし、晴明は夜な夜な鬼たちと出会い、彼らの攻撃から人々を守っていたのだから、彼は毎夜霊界に参入して活躍していたことになる。ただし、平安時代の霊界は現世と隣接しているどころか、一部は融け合っていたのであろう。鬼は、霊界の存在であるはずなのに、生きている人々に種々様々の害をなすのは、鬼がこの世に姿を見せているからこそ起こる事件なのである。晴明の存在意義も、鬼がこの姿婆と密接な交通があるから成立する。それどころか、晴明は式神《しきがみ》と呼ぶ鬼を戸や扉の開け閉めなどの日常生活にすら使役していた。いいかえれば、彼自身がこの世と霊界とをまるで家の内と外を出入りするようにいったり来たりしていた。スエーデンボルグは、密室で脱魂してからでなければ霊界を旅することが出来なかったが、晴明にはその必要がなかったに違いない。

ユングの百発百中の易占い

二十世紀の陰陽師ともいえるスイスの精神分析学者C・G・ユング（一八七五〜一九六一）も、夢では霊界に出かけることが出来たらしい。しかし、自身ではそれが霊界かどうかは確信が持てなかったようである。『ユング自伝』では「夢で、私は昔のすぐれた人々の霊の集まりの中にいた」といっている。そこでの会話はラテン語だったが、その霊たちが過去の誰々なのかはわからなかったのであろう。具体名は一切記されていない。

ユングは易占いについても言及している。何度も自分の運命を易占いしてみたが、百発百中であったそうである。易占いは「当るも八卦当たらぬも八卦」というが、八卦とは陰陽三つで出来る八組の組合せのことである。一つ一つの卦は「天、地、雷、風、雨、火（または日）、山、沢」といった天然、宇宙を表象する。この八卦が組み合わさって六十四卦が出来る。晴明の占いは特に優れていたから、後世様々な伝説を生んだが、彼の占いも易であった。八卦、六十四卦によって人々の運命や未来に隠された天地自然の諸現象を的確に予測していたことになる。易占いは、なぜ当たるのか、ユングは書いている。

八卦の「天、地、雷、風、雨、火(または日)、山、沢」が組合わさって「天と沢」「天と地」「雷と山」などの形象をもった六十四卦となるが、最初の八卦が元型なのだとユングはいう。元型論は難しいので詳細は省略するが、簡単にいってしまえば、どんな人でも心の奥底に抱いている自然のイメージである。天球、大地、雷、山火事などは古代から人々が見、体験する環境であり、自然現象であり、常々夢に立ち現れる事件の背景である。我々を取巻く環境や気象を抽出すれば、八卦があらわす八象となり、それが元型なのだともいい変えることが出来る。

いずれにしても、私たちの心の奥底に沈殿している自然の姿が組み合わさることによって複雑な様相を見せる。これが六十四卦である。易占いによって得た卦は、実は占ってもらう人が占いの瞬間、心の中に思い浮かべた風景なのだ。ただし、その人の意識にその風景は立ち現れない。無意識の中でのことである。占いの瞬間、彼は夢を見たことになる。しかし、その夢は彼には記憶されない。それでもその夢判断がなされる。夢判断は易者がするのではなく、『易経』という本の六十四卦の解読によってすでになされている。易者はそれを読み、解説するだけの役割なのである。『易経』によれば、人間には六十四の運命パターンがあり、これに尽きることになっている。

しかし、一瞬にして陰から陽、陽から陰に変わる変爻《へんこう》というのがある。だから、占ってもらう人の運命は一つのパターンからしばらくすると、

▲八卦　陰陽の爻《こう》を組み合わせた八つの図形。易経は、周《しゅう》の時代に大成されたので周易という。今日の易学はこれを祖述したものである。

別のパターンに変わることが読みとれることになる。そうなると、六十四卦の二乗の四〇九六のパターンを読みとることが出来るから、当る確率は高くなるともいえる。しかし、それでも最初に出た卦が問題であり、これが当たっていなかったら話にならない。

『易経』によって占いのパターンが決まる

私も、ユングの易占い体験を読んで、易をやるようになった。今まで三十人以上の占いをしたが、すべて当てている。ただし、易占いは、長い将来の運命を占うことは禁じられている。長くて一年ぐらいである。しかも、占ってもらう人の全人生まるごとではなく、現在の恋愛や仕事の行く先というように一つのことに絞られていなければならない。私が当てているのではなく、『易経』が当てているわけである。しかし、実は占ってもらう人自身が自分で自分の運命を当てているのだ。と私は長い間思っていた。ところが、私の言った通りに占ったが、当たらなかったと言う人が結構いることが最近分かって来た。なぜかと思い、最近止めていたのに二〜三人を占ってみた。すると、当たっているらしい。

そこでわかったことは、占う人の能力が何らかの形で関与しているらしいと言うことである。それだからこそ、晴明のようなすばらしさも伝説化したに違いない。占う人と占われる人、さらに、古代中国人が定めた『易経』六十四卦、この三つが相互作用して人の運命が予知されるのだ。占われる人の運命と『易経』の六十四卦とは直接には何の繋がりもないはずである。現代の人々と古代中国人とは、時代が余りにかけ離れ過ぎている。それなのに『易経』が現代人の運命も正確に当てるというのは、宇宙的神秘というしかない。ユングはこれを同時性と呼ぶ。この同時性を引き出すのが元型なのである。『易経』の八卦こそ、人類が発生した時から体験して来た様々の天災、幸運などが人類共通のイメージとして個々の人々の深層心理となり、それが無意識に貯えられ、そこから抽出された基本パターンなのだ。その八卦が組み合わさって六十四卦となる。この六十四卦は、人類共通の夢風景の基本パターンであるといい変えられる。晴明は、その意味では夢判断の達人だった。

夢占いに助けられる

易占いの記事ではないが、『今昔物語集』二十四巻に陰陽師の夢占いによって九死に一生を得た人のことがある。この話は、生々しい。晴明よりも少し早い時代の陰陽師弓削是雄《ゆげのこれお》のことである。

是雄が旅の途中、大伴世継《おおとものよつぐ》という者と同宿した。世継は、はからずも悪い夢を見て目を覚ました。幸い天下の大陰陽師と泊まり合わせたので、是雄に夢占いを頼んだ。是雄は、いま家に帰ったら、生命を狙っている者が家にいて殺されるという。世継はどうしたらいいのかと問うと、殺そうと思っている者は、家の東北の隅に隠れている。だから、家に帰ったら弓に矢をつがえ東北の隅を狙って「おのれよく聞け。お前が俺を殺そうとしているのは先刻承知だ。出てこないなら殺すぞ」と言えと教えた。

世継は大急ぎで京の家に帰り、伴の者たちに多量の荷物を家の中に運び入れさせた。しかし、自分は家に入らず、是雄の指示どおりに東北隅を弓で狙い、言われた通りに叫んだ。すると、家の東北隅の菰《こも》の中から法師が出て来た。彼を拷問《ごうもん》にかけると「私の主人に当たる僧が奥方とねんごろになり、今日帰るあなたを殺してしまえと命ぜられました」と白状した。世継は法師を検非違使《けびいし》に渡し、妻と離縁した。彼は、是雄と同宿したお陰で命拾いをしたのであった。是雄の占いに誤りのなかったことに感謝し、是雄の住んでいる方向に向かって拝むのであった。

このように、未来を的確に予知することをタイムワープという。この現象は、古代から現代に至るまで優れた超常能力者によって無数に体験されている。このことを可能とする宇宙論が近年唱えられている。平行宇宙論という。非常に単純にいってしまえば、次のようなことだ。

ある学生がある日、大学の大通りを通らずに裏通りを通ったら、今まで見たこともない美人にあった。彼は彼女に恋し、妻とした。もし、この学生がその日、裏通りを通らなければ彼女とは永久に会えなかったであろう。別の家庭を築いていたに違いない。宇宙は一つでなく、時間も一つの流れだけでなく、無数に枝分かれしている。この学生がその後子供を何人か儲け、各子供のそれぞれの人生も含め、時間が経つに従って枝分かれの数も増える。

一人の一生を一つのフィルムとすると、一生の間には枝分かれを繰り返し、現在ある場面だけでない、無数の可能性が描かれたフィルムが出来上がる。それが平行に重なっている。隣接したフィルムの場面は、ほとんど変わらずほんの少しだけ異なる。これは時間が近いからだ。しかし、何百枚か何千枚か上、または下のフィルムと自分の今あるこの間までのフィルムとは相当の開きが出来ている。フィルム一つ一つが宇宙であり、これが平行に重なり、この多重の平行宇宙を横切って進むことの出来る人は過去に戻ったり未来に行くことになる。これが可能な人とは、晴明のような人である。

第七章　式神、見えない平安軍団

一　さまざまな式神

二種の式神

『今昔物語集』二十四巻、十六話で晴明が若い時、師賀茂忠行《かものただゆき》に随行した時に闇の向こうからやって来る鬼の一団を見て、師に告げたというのがある。その後、式神に関わる記事が続いている。忠行の死後、晴明の家は土御門《つちみかど》の近くにあった。そこに、一人の老僧が二人の童子を連れてやって来た。そして、自分は播磨《はりま》国(兵庫県)から来たが、御高名な陰陽師である貴方から陰陽道を習いたいという。晴明は法師が陰陽師であり、相当の腕をもっていて、自分の力量を試しに来たことを見抜いた。

そこで、この法師をからかってやろうと思い、伴の童子は式神であろうから道に隠してしまえと袖の中で印を結び、ひそかに呪文《じゅもん》を唱えた。そうしておいて、晴明は今日は用事があるから後日教えようと答えた。法師は納得して帰りかけたが一、二町(一〇九～二一八メートル)行ったかと思うと、あっちこっちのぞきながら戻って来た。そして、二人の童子がいなくなったので、返してほしいという。

　晴明は、どうして自分が童子を隠したり出来ようと答えると「これはどうも。まことにごもっともでございます。なにとぞお許しなさいませ」と詫びた。そこで、晴明は「私を試そうと思っても、他の者ならいざ知らず無駄だよ」と言って袖に手を入れ、しばらくの間何か唱えていた。そうこうすると、童子が二人外からかけてやって来た。法師は晴明に「式神を使うことはたやすいことだが、他人が使っている式神を隠すことは誰にも出来ない。ぜひ弟子にしてほしい」といって、名札を書いて差し出した。

　また、ある日のこと、晴明は嵯峨《さが》の広沢《ひろさわ》にいる寛朝《かんじょう》僧正の所に参り、話を伺っていた時のことである。僧正の側にいた若い公達《きんだち》や僧が晴明に「貴方は式神を使うというが、人をたちどころに殺せるか」と聞く。晴明は、「道の秘事に関わることを聞くとはぶしつけである。そんなことは尋ねるものではない」と言った。さらに「そう簡単に殺せない。それでも、少し力を入れると必ず殺せる。とくに、虫などはほんのちょっとしたことで殺せる。しかし、生き返らせる方法を知らないので、罪となるから無益な殺生となる」と答えた。ちょうどその時、庭先を蛙が五、六匹池の方にとびはねていく。では、あれを殺してみてほしいと公達がいう。晴明は罪なことをするといいながら、草の葉を摘み取り、呪文を唱えて蛙の方に投げるや否や、それが蛙の上にのった。そのとたん、蛙はぺしゃんこにひしゃげて死んでしまった。僧たちは、真っ青になって震えおののいた。

　ここで、二種の式神が書かれている。一つは童子、すなわち人間となった式神。もう一つは、草の葉としての式神である。このことから、式神は鬼神でもあるが、物が変じても力を出すことが知れる。

式神使いの名人、晴明

また、鎌倉後期ごろ成立した軍記物の『源平盛衰記《げんぺいせいすいき》』には、次のような話もある。「昔、晴明が天文学の真髄をきわめて十二神将を使っていた。彼の妻が式神の顔や姿形が畏ろしいというので、式神である十二神将を橋の下に隠して、用事の時だけ使った。人々が吉凶の橋占いをたずね問うと、必ず式神が人の口に取り憑《つ》いて善悪を示した。一条戻橋とはそんなところである」とある。

▲晴明神社（京都市上京区堀川通り一条上ル晴明町）
安倍晴明を祭神とする。社伝によると、晴明没の２年後の寛弘４（1007）年に創建されたという。往時の境内は広大で、晴明の屋敷ものちの境内地に含まれていた。

晴明を祀る晴明神社は、この橋に近い。この記事では、晴明は十二人の式神を使役していたことになる。この場合の式神は、明らかに人間に近い相貌をしていたことがわかる。式神は鬼神であるというから、この鬼は妻の目にも見えるほど、本来誰の眼にも見える肉体所有の存在だった。

晴明は式神使いの名人だったことが『今昔物語集』や『源平盛衰記』で語られるが、晴明を試そうとして、逆に式神を隠された播磨の法師も凄腕の陰陽師であった。彼の名は智徳《ちとく》といった。

ある時、多くのものを積んで都に上ろうとしていた船が播磨の明石《あかし》の浦で海賊に襲われ、船荷をことごとく奪われ、数人が殺された。船主と一人、二人の下人が助かって浜で泣いていた。そこに智徳が杖をついて現れた。どうしたのかと聞くと、船主が昨日沖で海賊に船荷を全部奪われ、命だけは何とか助かったと答える。それでは、そいつをここに引き寄せてやろうと智徳がいった。船主は多分口先だけのことだろうと思いながらも、お願いしますといった。すると、智徳はそれは昨日の何時のことかと聞く。その時刻を船主が答えると、智徳は船主を伴って小船に乗り、沖にこぎ出して船を浮かべた。そして、海上に何かを書き、呪文を唱えて引き返した。陸に上がると、智徳はそばにいる者を縛るような仕草をし、専門の監視人を雇って五日間ほど監視させた。

船荷が奪われてから、七日目になって何処からともなく一艘の漂流船が現れた。漕ぎ寄ってみると、船中の武器を持った多勢の者が酔っぱらったようになっており、打ち倒れている。なんとあの海賊ではないか。奪われた船荷は、そのまま積まれていた。そこで、皆こちらの船に運び取り、元の持ち主に返してやった。海賊を近辺の者たちが縛り上げようとしたが、智徳は身柄をもらい受け「今後このような罪を犯してはならない、本来なら打ち殺してやるところだが罪になるから」と追い払ってしまった。船主は感謝して船出していった。これも智徳の陰陽術によって、海賊が引き寄せられたから出来たことであろう。

このように智徳は優れた陰陽師だったが、晴明に式神を隠されてしまった。これも、彼が式神を隠す術を知らなかったからであった。もっとも、智徳の術が晴明に劣るということではなかったと『今昔物語集』ではわざわざ断っている。

陰陽師の殺人術

晴明は、人を殺すことが出来るかといわれ、草の葉の式神を使って蛙をぺしゃんこにして殺したという。この陰陽師の殺人術について、『今昔物語集』では二十四巻の十八話で記している。ただし、晴明自身のしたことではないが、蛙殺しのエピソードの後に陰陽師の人殺し例を載せている。だから、当代一の陰陽師晴明ならばもっと凄いことが出来たに違いないと、暗々裡《あんあんり》にいっていることは明らかだ。

非常に優秀な若い会計官僚がいて、名を小規《おつき》糸平といった。父は主計頭であり、祖父は国守をしたというほどの者であった。ある時、この糸平に不思議なお告げがあった。高名な陰陽師にたずねたところ、ある決まった日には厳重に門を閉め、物忌みして籠っていなければならないといわれた。

そのようにしていると、このことを聞いた糸平をライバル視している男がもぐり陰陽師を抱き込み、糸平が必ず死ぬ術を施させた。その陰陽師は、自分を連れて糸平の家に行ってほしい。そして、彼の名を呼んでほしい。相手は物忌み中だから、簡単に門は開けないだろう。しかし、声さえ聞けば必ず呪詛《じゅそ》のしるしが現れるはずだという。そこで、男は陰陽師を連れて糸平の家に行って、ドンドンと戸を叩いた。でも、下人が出て来るだけで糸平は現れない。男は門は開けなくていいから、引き戸から顔を出すだけでいいと取次にいった。すると、どうしたことか糸平が引き戸から顔を出し「何の用です」と答えた。この声を聞いて顔を見ながら、陰陽師が相手を殺す呪詛の術をありたけ行った。男は、糸平に別に何もいうこともないが、今から田舎に行くのでそれをいいたくて参上したというのみである。

糸平は、たいした用件でもないのにと迷惑がった。ところが、その晩から頭が痛みだし、三日目に死んでしまった。

　もぐり陰陽師ですら、これぐらいのことが出来るのだ。晴明ならどんなことが出来たのだろうか。『今昔物語集』の話者は問うているようである。

　この場合、『今昔物語集』二十四巻の十六話全体から類推すれば、十八話のもぐり陰陽師は播磨国の者であり、高名な陰陽師は晴明かそれに匹敵する正統派であったに違いない。平安時代まで、陰陽師は播磨国を本拠とした。晴明の最大のライバルとされる芦屋道満《あしやどうまん》も播磨国印南《いんなみ》郡岸村の出身であると江戸時代の地誌『播磨鑑《はりまかがみ》』にある。晴明自身も「播磨守安倍晴明」と『平家物語』の剣の巻に記されているから、播磨国守だったことがあったらしい。聖徳太子の本拠地の一つが播磨であり、秦《はた》氏が深く関わっているから、陰陽師と播磨の関わりは推測される。

　それよりも、岡山県浅口《あさくち》郡金光《こんこう》町占見《うらみ》には晴明塚と道満塚《どうまん》（⇩P.176）があることの方が注目に価する。ここは、応神天皇の妃である吉備の兄《え》姫の本拠葉田葦守宮《はたのあしもりのみや》のあった岡山市足守《あしもり》の南である。秦氏がこの地域で吉備氏の影となりながら、陰陽道の中核の役割を担っていたのではないかとする私の推理を晴明塚、道満塚の伝承は助けていると思えるからである。

▲金光町占見にある晴明塚
明治時代になって建立されたもの。

二　見えない鬼、見える鬼

見えない鬼、葛城山の聖人

『今昔物語集』によっても見える式神と見えない式神、さらには草の葉のような物神化したものまであった。いずれにしても、式神は鬼神である以上、鬼について、しかも見えない鬼、見える鬼についてもう少し見てみたい。

まずは見えない鬼である。これまでもいくつかの例を挙げたが、『今昔物語集』の中でも特に圧巻であるものをここで取り上げる。二十巻の七話、「染殿后《そめどののきさき》が天狗のために嬈乱《にょうらん》すること」と題するものである。

染殿后は文徳《もんとく》天皇(在位八五〇〜五八)の母であるが、絶世の美女であった。しかし、常に物《もの》の怪《け》に取《と》り憑《つ》かれ悩んでいた。様々な祈祷が行われたが、一向に効果があらわれなかった。ところが、葛城《かつら》山《ぎさん》系の頂上金剛山《こんごうさん》にすばらしい験力をもった聖人がいるという噂を聞いて、彼に参内するようにと天皇が命じた。聖人は何度も断ったが、勅命では致し方なく、結局参内した。そして、加持祈祷をしたところ、侍女がにわかに狂い出し、取り憑いていた老狐が飛び出して来て、くるりと廻って倒れ伏した。それから、后の病は一両日中に治ってしまった。

聖人は后の父の大臣などに請われ、しばらく宮中に伺候していた。ある日急に一陣の風が吹いて来て、后の几帳《きちょう》の垂布《たれぬの》がひるがえった時、中にいる后の姿を見てしまった。彼女は、単衣《ひとえ》のお召物《めしもの》を着ているだけであった。その姿は、艶《なまめ》かしくすばらしく美しく、聖人がいまだかつて見たことがないものであった。激しい恋情に取り憑かれたが、どうしようもなかった。それから悶々《もんもん》としていたが、ある日隙をうかがって几帳の中に入り、伏せている后をあらん限りの力で抱きしめた。后はいやがったが、どうしようもなかった。これを見ていた女房たちが大騒ぎしたので、聞きつけた侍医の当麻鴨継《たいまのかもつぐ》がかけ込むと、聖人は几帳から出て来たので、これを縛り上げ牢獄につながせた。

牢獄で、聖人は死んで鬼になり、必ず后と情を交わしてみせるといった。そこで、彼を恐れた天皇は葛城山に返した。聖人は山に帰っても后が忘れられず、鬼になろうと念じ、絶食して十日あまりで餓死した。するとたちまち鬼と化し、背丈八尺(二・四メートル)、皮膚の色は漆黒、口は裂け上下に剣のような牙《きば》が突き出、目はらんらんと赤銅色に光っている。赤フンドシをしめ、槌《つち》を腰にさしている。

この鬼がにわかに后のいる几帳に立ち現れた。驚く女房たちをしりめに后のそばに近づくと、后はすましして身繕いをし、喜々として鬼を迎えた。そして、二人のむつごとが続き、后は声を出して笑う。日

▲大和側からみた葛城山(奈良県御所《ごせ》市) 山の西側は河内(大阪府)である。

暮れとなって、鬼はようやく几帳から出ていった。それからは、連日鬼がやって来て同じことが続いた。そのうち、鬼がある人に乗り移り、鴨継に恨み果たしてやるというと、鴨継はにわかに死に、三、四人いた彼の息子たちも次々に死んでしまった。天皇と后の父はこのことを聞き、さまざまの祈祷をさせた。その結果、験があってか三カ月ほど鬼は現れなくなり、后も直ってもとのようになった。天皇は喜んで后に会い、しみじみと語り合うと、后も感激してその姿は前と少しも変わらなかった。

とその時、例の鬼がにわかに部屋の隅から踊り出て、后の几帳の中に入った。后は例のようにいそいそと几帳の中に入る。しばらくして鬼が南面に踊り出たので大臣、公卿《くぎょう》百官のものが驚いている間、后も続いて出て来てきた。そして、多くの人が見ている前で、鬼と一緒に臥せて、あられもない姿で見苦しいことを誰はばかることもなく行うのであった。

見える鬼、酒呑童子

次に見える鬼。その代表的な存在は、『御伽草子《おとぎぞうし》』に見る大江山《おおえやま》(京都府加佐《かさ》郡)の酒呑童子《しゅてんどうじ》であろう。御堂入道《みどうにゅうどう》(藤原道長《みちなが》)の幼い息子が行方不明となったので、当代一の占い上手である陰陽師の晴明に占わせたところ、都より西北に当たる方角の大江山に棲む鬼の仕業であるという。これを聞いた御堂入道は、天皇に諸臣を参内させて朝議を開かせ、四人の武士に討伐を命じさせた。しかし、姿の見えない鬼神には勝つ見込みがないと辞退されてしまう。

あらためて、摂津守　源 頼光《みなもとのらいこう》と丹後守藤原保昌《ふじわらのやすまさ》の両将に鬼神討伐が命じられた。長徳元(九九五)年十一月一日、両将は配下の者を従えて大江山に向かうが、途中酒呑童子に使われているという老女に出会う。老女は「この頃、都では晴明という者が泰山《たいざん》府君《ふくん》という祭を行っているため、式神護法が国土を巡察していて、入り込む隙がない。都から人を奪い取ることも出来ないまま、むなしく山に戻って来る時、酒呑童子は腹立たし気に胸をたたき、歯を喰いしばり目を怒らしている」という。老女は、鬼王(酒呑童子)に誘拐されて食べられそうになったが、骨が太く筋も固いようなので洗濯女にさせられた。山に連れて来られて、二百年以上も経っているとのことだった。

「主人は童子姿で酒が好きで、都から誘拐した貴族の姫君たちや奥方たちを侍らせ、料理して食べてもいる。しかし、実は風流心に富み、笛が上手である。それで酒呑童子という。天台座主《てんだいざす》の慈覚大師《じがくだいし》の弟子でもある御堂入道の幼い息子は、善神たちに守られているので、鬼王も扱いに困っている」と、老女が両将にたずねられて答えた。

両将一行は廻国修行の山伏《やまぶし》姿になり、道を迷ったから一夜の宿を貸してほしいといって、鬼の城に入ることに成功する。酒呑童子は山伏姿の頼光たちを歓迎し、酒宴を開いて自分の身上話をはじめた。自

▲「酒呑童子」祭りで町おこしを行う加佐郡大江町
酒呑童子が大江山に棲んでいたという故事による。
大江町役場提供。

分は、近江(滋賀県)の平野山(比良《ひら》山系)を先祖代々所領していたのに、伝教大師《でんぎょうだいし》(最澄《さいちょう》)という僧がやって来て、根本中堂《こんぽんちゅうどう》(延暦寺)という寺を建てたので、身の置き場がなくなった。仁明《にんみょう》天皇の代、嘉《か》祥《しょう》二(八四九)年からこの大江山に棲みつくようになったという。頼光は、神が授けてくれた毒を混ぜた酒を酒呑童子たちにすすめることに成功する。頼光は、神の案内で城内を廻ると、人が鮨《すし》のように塩づけになっていたり、古い死骸は苔むし、新しい死骸は血がついたまま塚となっていたりした。また、唐人たちも捕えられ、閉じ込められているといった光景を目のあたりにする。

さて、陽も傾きかけた頃になって、童子の家来の鬼たちが美女に変化して、頼光のところにやって来た。そして、しつこく居座るのだが、彼はそれを体よく追いはらうなどしていると、黒雲がにわかに立ち下り、四方は闇夜のようになった。強風が吹きすさび、雷電が振動するなかで、鬼たちの田楽《でんがく》踊りが始まった。しかし、それを見つめる頼光の眼光があまりに厳しいため、恐れをなして鬼たちは踊りの途中で逃げ出してしまう。

酔った酒呑童子は、美女たちを侍らせて寝ていたが、その姿たるや昼の童子とはうって変わって巨大な鬼となっていた。頭と身は赤、左足は黒、左手は青、右手は黄、右足は白の五色であり、眼は十五、角は五つという世にも恐ろしい姿であった。甲冑《かっちゅう》で身を固めた頼光・保昌たちは、寝入る酒呑童子を急襲し、見事に鬼王の首を切り落としてしまった。

ところが、その首は舞い上がり叫び廻った末、頼光の冑《かぶと》にがぶりとかみついた。その左右の目をくり抜くと、ようやく首は冑から離れ落ちた。こうして、鬼王酒呑童子を退治した頼光・保昌一行はその首を台の上にのせ、都に凱旋して天皇や摂政・関白に見せた。その後、その首は宇治の平等院《びょうどういん》の宝蔵に納められた。頼光は東夷大将軍、保昌は西夷大将軍に任ぜられたという。

式神の二つの型

以上、二つの鬼の例は直接式神と結びついてはいない。しかも、見えない鬼といった葛城上人《かつらぎしょうにん》の怨霊《おんりょう》も人々にその姿を見せている。染殿后が相手となった鬼は、葛城上人が死んだ後の魂魄《こんぱく》であることからすれば、これは本来は普通の人々には見えないはずのものだ。それが恐ろしい鬼の姿として、女房たちや天皇、大臣などに見えたというから、実際には后が物の怪に取り憑かれ、悩乱《のうらん》する姿を人々が見たということではあるまいか。

いっぽう、酒呑童子は大江山に棲む盗賊一味の首領のようである。これは、実際にあったことを説話として誇張したものに違いない。というのも、酒呑童子はどう見ても死霊ではなく、生身の人間であると思えるからである。彼はあまりにも強くまた、都を荒し廻って、都の人々を震え上がらせたため鬼といわれた。

いずれにしても、式神は鬼神というからには葛城上人型と酒呑童子型があり、その二つの型の鬼神を式神として、晴明は使役していたであろう。しかし、これで式神すべてとは違うようである。鳥や草の葉も式神であるから、これは如何なるプロセスを経た式神なのか。もちろん、鳥や草の葉も鬼神が化身した姿には違いない。しかし、鬼自体が死んだ人々の魂魄だとすると二重化身ということになる。果た

文英堂 一般書籍 出版案内

2001年 2月

株式会社 文英堂
京都市南区上鳥羽大物町28 〒600-8691 ☎(075)671-3161 FAX(075)671-3165
東京都新宿区岩戸町17 〒162-0832 ☎(03)3269-4231 FAX(03)3269-4239
URL http://www.bun-eido.co.jp

これで解ける歴史の謎！読めば歴史観が変わる！

日本の歴史を解く100話

弥生人はなぜ戦いに明け暮れたか／戦国大名はどのように戦ったか／兄は武士に弟は百姓に／民衆が明治維新に期待したもの……

吉村武彦 吉田伸之 池 享 原田敬一 共著

A5 416頁 2700円

再評価される歴史群像の虚像と実像

日本の歴史を解く100人

卑弥呼／聖徳太子／天武天皇／行基／蓮如／豊臣秀吉／三井高平／明治天皇／平塚らいてう／柳田国男……

吉村武彦 吉田伸之 池 享 原田敬一 共著

A5 416頁 2700円

〈古代の三都を歩くシリーズ〉上田正昭監修

平城京の風景

奈良時代の奈良、平城京の都づくり。東大寺、興福寺、春日大社などの古社寺をめぐり、天平文化の実態に迫る。

千田稔 著

A5 256頁 2000円

難波《なにわ》京の風景

古墳時代・飛鳥時代・奈良時代の大阪の歴史を再現し、四天王寺・住吉大社・難波宮をはじめとする古代史跡をめぐり、大阪のルーツを探る。

小笠原好彦著

A5 256頁 2000円

平安京の風景

平安時代の京都、平安京での人々の暮らし、社会・文化を再現。現在の京都と対応させて雅びを想う。

井上満郎著

A5 256頁 2000円

田辺聖子＋桑原仙溪

源氏・拾花春秋

「田辺源氏」のエッセンスを書き下ろし。挿画・桑原仙溪で綴る「遊び心」あふれる古典入門書。全国図書館協会選定図書

田辺聖子
桑原仙溪　著
B5　160頁　2800円

ヒマラヤの星降る村の物語

氷の回廊

NHKスペシャルで好評を博した「氷の回廊」の書籍化。心温まるフォトエッセイ。全国図書館協会選定図書

庄司康治　著
A5　224頁　1800円

インド・ノート

インドの「旅＝写真」と、日本での「日常＝文章」が大胆な構図の中で交差する青春の軌跡。フォト・ストーリーの傑作！

小林キユウ著
A5　224頁　1600円

祇園祭山鉾町に暮らして

京町家の春夏秋冬

祇園祭の舞台裏や町家再生への思いが伝わってくる生活感あふれる随筆集。京町家の原点からのメッセージ。

小島冨佐江著
A5　248頁　1800円

水野克比古の「写京」人生

京都・こだわりの散歩道

本物の京都を、本物の案内人が紹介。「京都」にカメラ人生をかけた著者による、最新・最高の“水野本”。カメラファンも必読。

水野克比古著
A5　224頁　2000円

平成中学生気質

とうせいわかいもの川柳

平成の中学生から大人への熱烈メッセージ！「一筆啓上　父よ母よ」「学校って何？」「中学生の目は光る」など。平成のお父さん・お母さん必読の一冊。第2集まで刊行。

小林桂三郎編
新書　192頁　980円

適温調理が料理の常識をくつがえす！

キッチン革命

今までの料理法はまちがっていた！ぐつぐつ煮るのはおおまちがい！加熱しすぎが「素材」を殺し「味」を落とす！

小林寛　小林正恵　共著

A5　160頁　1600円

〈大阪府立中央図書館ライティカレッジシリーズ〉全4巻

①司馬遼太郎回想

〔司馬遼太郎の世界〕

全国図書館協会選定図書

山折哲雄・中西進らが司馬さんの日本・日本人観を語る

上田正昭監修

A5　224頁　1400円

②アジアの中の日本を探る

〔歩みを知る（過去）〕

全国図書館協会選定図書

日本人の起源／日本とアジアの考古遺物と宗教観／朝鮮通信使／明治人の朝鮮観を知る

上田正昭監修

A5　288頁　1800円

③アジアと日本のルネサンス

〔共生と民際化（現在）〕

ポンフェイ博士や京劇女優の見た日本と中国／在日朝鮮人と日本人との相互理解／吉野作造の見た東アジア

上田正昭監修

A5　240頁　1600円

④日本とアジアの二十一世紀

近刊

〔生き方の指針（未来）〕

ワールドカップ日韓共催成功のカギ／熱帯林と日本人の暮らし／アジアと日本の食事あれこれ／チベットと日本文化

上田正昭監修

A5　224頁　1600円（予価）

運慶の挑戦

―歴史ドラマランド―

産経新聞「歴史ドラマランド」待望の書籍化！対論・評伝・古寺ルポから天才仏師の謎を解く。

上横手雅敬　松島健　根立研介　共著

A5　288頁　1800円

激動の時代を駆けぬけた群像たち

幕末維新／奔流の時代

竜馬は薩摩のエージェント？近代の創生をめざし、時代が奔流のように走りはじめる。群像たちがくりひろげる幕末維新ものがたり。

青山忠正 著

A5 240頁 1800円

全国図書館協会選定図書

卑弥呼は大和に眠るか

東アジアと邪馬台国・邪馬台国の場所・卑弥呼の鏡・卑弥呼の館と祭り・卑弥呼の衣服・卑弥呼の食事とトイレ・卑弥呼の墓を探る最新事情。

大庭脩 編著

A5 320頁 1900円

飛鳥・藤原京の謎を掘る

新聞記者と研究者が探る古代宮都の謎。亀形石造物・富本銭・苑池の発見など最新資料を満載。

千田稔 金子裕之 共編著

A5 352頁 2000円

秀吉の野望と誤算

—文禄慶長の役と関ケ原合戦—

天下分け目の関ケ原の戦いはなぜおこったのか。秀吉の朝鮮侵略の野望と渡海諸大名の仲たがいをめぐる壮大な歴史ドラマを再現する。

笠谷和比古 黒田慶一 共著

A5 288頁 1800円

国境を越えると本当の歴史がわかる

世界史から見た日本の歴史38話

教科書だけでは分からない世界と日本をつなぐ意外史。ボーダレス時代に驚くべき古代から現代に至る日本史の新事実が次々と明らかになっていく。

歴史教育者協議会 編

A5 304頁 1900円

平安京の闇を支配したスーパー陰陽師の実像

安倍晴明／占いの秘密

晴明は、飛鳥時代に蘇我氏がつくった五芒星による呪符を体得し、大陰陽師となった。神秘学者による晴明の占術の謎を探る歴史読物。

渡辺豊和 著

A5 304頁 1900円

全ての表示価格は本体価格です。消費税が別に加算されます。

してそうなのか。小松和彦が『安倍晴明 闇の伝承』（桜桃書房、二〇〇〇年）で、現在も高知県香美《かみ》郡物部《ものべ》村に残る陰陽道「いざなぎ流」の紹介をしているので、小松が知見した式神から、晴明が使った鳥や草の葉とは何なのか考えてみたい。

「いざなぎ流」で占う

「いざなぎ流」の陰陽師である祈祷師は呪い調伏《ちょうぶく》、呪詛《じゅそ》返し、呪詛の祝直しの三種を行うという。ただし、彼ら自身は決して呪詛をするとはいわない。また、いってはならないともいう。呪詛返しや呪詛の祝直しをするということは、当然呪詛もすることに繋がっていると、小松は指摘する。「いざなぎ流」陰陽道の始祖は、唐土浄門《じょもん》といい、彼らの伝承では浄門は呪詛をし、呪詛返しもする。

呪詛返しとは、晴明が蔵人《くろうど》の少将を助けた時、相手の蔵人の五位に行ったものである（⇩P.129）。そのせいで蔵人の五位が依頼した陰陽師は死んだ。この「いざなぎ流」にも式神はある。これは日頃、地中などに納められていて、必要な時に祈祷師がそれを形どった御幣《ごへい》（式人形ともいう）に祈り招くのだ。また、それは特定の神ではなく、無数に存在している神霊や精霊を特別の呪文を唱えることにより、式神化する。彼らは式神を前立て、後立てとして用いることによって呪い調伏や呪詛返しを行った。相手の返してよこす式神は、こちら側には倍の威力を備える呪詛神となる。小松は、自分が「いざなぎ流」祈祷師から直接聞き出した次のような昭和初め頃の祈祷師自身による体験談に触れている。

これは当時話題となった呪詛事件であり、今もなお多くの人々の記憶に留められていて、その時の被害者も村外に生存しているという。

娘が遊びから戻って来て急に足が痛むというので、占ってほしいといって来たものがいた。そこで、占ってみると、誰かから呪いをかけられていると出た。娘に変わったことがなかったかと聞いてみると、その子の母が昨日娘が田んぼで遊んでいる時、水を引く樋で死にかけたアマゴを捕えて来たという。アマゴは急流にすむもの、樋に入り込んでいるのは不自然と思い、再び占ってみた。すると、これが呪詛神であり、それに触れたため足が痛みだしたことがわかった。そこで、その娘の家に通って一心不乱に祈祷し続けた。

数日後、この娘の友達が遊びに来て、土間の入口に立った時、突然転んで動けなくなってしまった。自分はその時、座敷で祈祷の最中であった。泣き叫ぶその子のところに家の者がいってみると、そこの娘が痛めた同じ側の足をくじいていた。呪詛返しが効いたのだった。この子は隣家の子で、その子の祖父と土地のことでもめていた。その祖父が呪いをかけていて、呪詛返しは自分の術が未熟だったため、孫娘に当たってしまったのだ。両方の娘とも、現在でも足は完全に治っていない。

アマゴが式神であるが、これは晴明の数々のエピソードでの鳥や草の葉に当たるだろう。隣家が依頼した別の祈祷師が使った式神であり、これに呪いが念じられていたわけである。

この「いざなぎ流」祈祷師の話や晴明のエピソードから読みとれるのは、式神には呪殺のための神霊という側面が強いと、小松は説明している。また、小松は式神には変幻自在の感があるが、これは目に見えない式神が可視的自然界の諸物に乗り移った結果であるともいう。一般によく知られている人形《ひとがた》の胸に釘を打ち込んで呪詛することなど、人形が式神であるのはいうまでもなく、「いざなぎ流」でもこの方法はよく使われるようである。

『田村の草子』に見る鬼

「いざなぎ流」では呪詛の返しに当たった場合、すなわち調伏返しの風に吹かれた場合には、自分が送った呪いの二倍の呪いが返って来るといわれている。自分の呪いと相手の呪いが同時に襲って来るからだ。呪いは、アマゴのような呪詛神として形象化されているというわけである。呪詛神、すなわち式神であるから、以上のことは自分の式神と相手の式神が合力したものと考えていい。と、小松の説明はきわめて明快である。

さて、この場合の式神は鬼神とは思えない。陰陽師自身の呪力が物神化したに過ぎないから、もしこれが鬼神であるというのならば、陰陽師自身の呪力こそ鬼であることになる。鬼は、死者の怨霊であることが最も多い。もっとも、陰陽師の呪力までも鬼となるのであれば、人々が本来備えているであろう痛烈なほどの執心こそ鬼を生むといえる。

しかし、どうもこれのみが鬼ではなさそうだ。盗賊のように人々の生活をおびやかす存在、さらに、奥羽は鬼の巣窟《すくつ》といわれる場合の奥羽の人々、すなわち蝦夷《えぞ》のように異族と考えられる人々も鬼であった。平安朝の貴族たちには、奥羽地方に盤踞《ばんきょ》する異族、蝦夷こそ最も恐ろしい鬼であった。

鬼を征伐した征夷大将軍《せいいだいしょうぐん》の坂上田村麻呂《さかのうえのたむらまろ》（七五八～八一一）をモデルにした伝説がこのことを如実に

物語る。それは『田村の草子』という物語である。田村利仁《としひと》は、あまたある縁談を断り続けていたが、ある日、実は大蛇が変身したのだが美女と出会い、ちぎると女は妊娠する。産屋にこもる自分の姿を見てはいけないといわれていたが、つい見てしまう。産屋にいたのは、蛇体であったというわけだ。女である蛇は、子を生んでからお前は数年にして死ぬが、この子は日龍丸と名づけられ、必ずや英雄となるといって姿を消してしまう。利仁は、まもなく死ぬ。しかし、成長した日龍丸は天皇の命を受け、近江（滋賀県）を荒らしている大蛇を退治する。ところが、これは母親の兄弟であった。

日龍丸はその後、てるひという美しい姫を妻とするが、天皇に横恋慕され、おまけに都から追放されてしまう。これに怒った日龍丸は、瀬田《せた》の唐橋《からはし》（滋賀県大津市）に棲むかつて自分が退治した大蛇の魂魄《こんぱく》に都を荒らせと命じる。都が荒らされ、朝廷ではまた日龍丸を呼び戻し、鎮圧を命じた。彼は、それを果たすと、今度は陸奥《むつ》で悪路王《あくろおう》という鬼が暴れているというので、命じられて退治にいく。

悪路王を退治にいく途中、一人の女とちぎってその女が子を生む。悪路王を無事退治して都に帰って来ると、息子が訪ねて来る。この子は山城と大和国境の奈良坂《ならざか》に棲む飛れき、すなわち金つぶてを打つという妖怪を退治する。ところが、父親の方は唐の国から攻めてきた鬼と戦うが死んでしまう。この父親は、洛北の鞍馬《くらま》の毘沙門天《びしゃもんてん》の援護を受けたというのにである。『田村の草子』は都で出来た物語だが、これにヒントを得たと思われる『田村三代記』という物語も東北で語り継がれる。

鬼にされた坂上田村麻呂

『田村三代記』では、平安時代はじめ、都ではまりのような光る物体が夜となく昼となく飛び廻り、米俵、金銀、さらには天皇への貢物までもが持ち去られてしまうという騒ぎが起こる。朝廷では陰陽博士に占わせると、伊勢国鈴鹿《すずか》山(三重県)に天竺《てんじく》から来た魔王の娘、立烏帽子《たちがらすぼうし》というのがいて、日本転覆を計画していると出た。そこで、朝廷に命じられて坂上田村麻呂がモデルの田村利仁が二万の兵をひきいて鈴鹿に向かった。しかし、方々を探しても立烏帽子の消息はつかめない。利仁は、「魔物と会う時には、一人がいい」といった父の教えを思い出し、兵をすべて帰して一人となった。

三年が過ぎたある日、ようやく立烏帽子に会うことが出来た。なんと十六、七歳のうら若き乙女ではないか。利仁は相手はうら若き乙女ではと迷うが、戦いを挑む。彼は先祖代々の名刀「そはや丸」を投げつけると、彼女は「大通連」という剣を投げ返す空中戦となった。二人の勝負はなかなかつかないが、そのうち立烏帽子は利仁の出自を語り出す。

利仁の祖父は星の子で、龍と交わって出来たのが父の利光《としみつ》である。その利光が陸奥の悪路王という鬼の娘とちぎって生まれたのが利仁である。田村三代は、日本の悪魔を鎮めるための観音の再来であるという。立烏帽子は日本を転覆させるため、蝦夷の大獄丸《だいごくまる》に一緒になろうと何度も便りを出したが、返事がない。女の身としては男がいるから、「利仁よ、あなたと一緒になって二人で日本を転覆しようではないか」といい寄る。そこで、二人は結ばれて鈴鹿山で暮らす。

ところが、そうこうするうち京都から召し出され、すぐに近江の高丸《たかまる》という鬼を退治せよと命じられ

▲達谷の窟と磨崖仏（平泉町役場提供）　平泉の西方４キロ。坂上田村麻呂が征夷の際、蝦夷の拠った洞窟あとに洛北・鞍馬寺に模して毘沙門堂を建立した場所と伝える。そのかたわらの岩面に「大日如来《だいにちにょらい》」の磨崖仏《まがいぶつ》があるが、蝦夷にちなむにふさわしい顔面である。

た。二人は攻めていくが、高丸は常陸（茨城県）の鹿《か》島浦《しまうら》に逃げたので、光輪車に乗って飛んでいく。呪文をかけて十二の星を降らせたり、一本のかぶら矢を打つとビーム砲か散弾銃のようにばらけて注いだりする攻撃を続け、高丸を退治したのである。

さらに二人は、達谷《たっこく》の窟《いわや》（岩手県平泉《ひらいずみ》町）に棲む大獄丸も退治して死体をばらばらにしたら、首は鬼首になって飛んでいってしまった。その後、都から慈覚《じがく》大師がやって来た。そして、二度と鬼神が出ないようにと達谷の窟を封じ込めた。そのうえで、大獄丸の首は篦峰《ののみね》、胴体を牧山、足を富山、手を佐治の大獄といずれも現在の宮城県の方々に埋めて塚を築き、その上に観音堂を建てて、後生を弔ったというのである。

三　鬼と蝦夷の底力

阿弖流為との戦い

『田村の草子』に出てくる悪路王や、『田村三代記』の達谷《たっこく》の窟《いわや》の鬼王大獄丸は、史実では坂上田村《さかのうえのたむら》麻呂《まろ》が戦った相手の蝦夷の大酋長阿弖流為《あてるい》（?～八〇二）をモデルにしている。延暦八（七八九）年、朝廷は紀古佐美《きのこさみ》を征東大使として、五万三千人の大軍を動員して陸奥の叛乱軍討伐へと向かった。まず、そのうちから四千の精鋭を選んで、北上川を渡河させた。十四ヶ村八百戸を焼き、現在の岩手県水沢《みずさわ》市東郊あたりまで進んだが、たちまち逆襲を受けて死者一〇六一人、負傷者二四五人という大損害を被った。朝廷側は、四千のうち半分近くが死傷したというのに、蝦夷側被害は百の首級をあげられた程度の軽微なものに過ぎなかった。征夷軍の大敗北である。

この戦いを指揮したのが阿弖流為である。この時点では、坂上田村麻呂は登場していない。田村麻呂の登場は、延暦十一（七九二）年であり、征東大使大伴弟麻呂《おおともおとまろ》の副使の一人としてである。この時、編成された兵力は十万である。この大兵力を前にしては、叛乱蝦夷軍も動揺を隠せず、現在の岩手県南部に当たる地域の族長たちは帰順してしまう。この時、征夷軍の成果としては四五七の首級、百五十人の捕虜、馬八十五疋、七十五ヶ所の焼き打ちというものであった。しかし、阿弖流為が屈したわけではない。

▲朝廷の蝦夷地侵攻　7世紀前半から南から北へ侵攻が行われ、各地に城がつくられ、蝦夷との戦いが続いた。

田村麻呂が陸奥守《むつのかみ》兼鎮守将軍となったのは延暦十五(七九六)年であり、翌十六(七九七)年に征夷大将軍に任じられている。もっとも、彼は戦闘よりも、養蚕や農事などの民治に力を注いでいる。これが良かったに違いない。

蝦夷大酋長の阿弖流為は、もう一人の指導者母礼《もれ》とともに延暦二十(八〇二)年、田村麻呂に帰順する。もちろん、彼ら二人が帰順するまでにはそれなりの戦闘もあった。田村麻呂は戦果を挙げているようであるが、はっきりとしたことは伝えられていない。ただし、田村麻呂が動員した兵力は四万であるから、大軍には違いない。いずれにしても、阿弖流為の抵抗は二十年に及んだから、都の人々が鬼王と恐れたのは当然である。

二人は、田村麻呂に説得され京に共に入る。二人を許して民治に力を入れさせるべきだという田村麻呂の意向を無視し、朝廷では虎を養って災いを残すようなものだと、二人を処刑することにした。河内国杜山《もりやま》(大阪府枚方《ひらかた》市か)で彼らは殺された。

二つの伝説が伝えるように、田村麻呂も朝廷にいいように使われた被害者でもあった。東北地方では、今でも田村麻呂が崇敬されているのはそれに対する同情、蝦夷の二人の指導者に対する温情、さらには民治への感謝などが入り混じってのことであろう。田村麻呂の征夷によって陸奥には表だった叛乱がなくなり、朝廷の統轄期間が二百年近くも続く。この間に実力を蓄えていたのが、晴明と同じ安倍を名乗る大酋長だった。ただし、陸奥の西、出羽地方ではたびたび叛乱が繰り返されるが、阿弖流為のような強力な指導者が現れず、単発で終わった。

ともあれ、ここでは陸奥の大酋長である安倍氏が問題である。この安倍氏が晴明の安倍氏と関係があるのではないのか。

陸奥安倍氏の支配

晴明の時代よりも三百年も前、奈良時代の神護景雲《じんごけいうん》三(七六九)年に朝廷は蝦夷の族長たちに姓を与えた。阿倍、上毛野《かみけぬ》、下毛野《しもけぬ》、大伴《おおとも》、物部《もののべ》などである。その中で、最も多いのが阿倍氏である。とくに、阿倍陸奥臣というのが多かった。彼らのほとんどは、丈部《はせつかべ》という大和阿倍氏の属民であった。ということは、この時に阿倍姓を賜った者は、もともと阿倍氏の属民であり、晴明の祖の大和阿倍氏と深い繋がりがあったことになる。しかも、彼らは阿弖流為と同様、都の人々には鬼である。

この阿倍氏のなかから、後に安倍と名乗り、東北地方に大戦乱を巻き起こすことになる安倍頼時《よりとき》、貞任《さだとう》親子が輩出する。いわゆる前九年の役で、永承六(一〇五一)年から康平五(一〇六二)年のあしかけ十二年の長きにわたる戦闘であった。このアベ氏が晴明と同じ安倍である。

晴明の時代(九二一〜一〇〇五)、東北地方は当時の史書にそれほど登場しない。また、都でも藤原氏内部における陰湿な権力闘争はあっても、武士が活躍することもなかった。陸奥安倍氏も、前九年の役までは表舞台には登場しない。だから、晴明時代の安倍氏の実態はわからない。

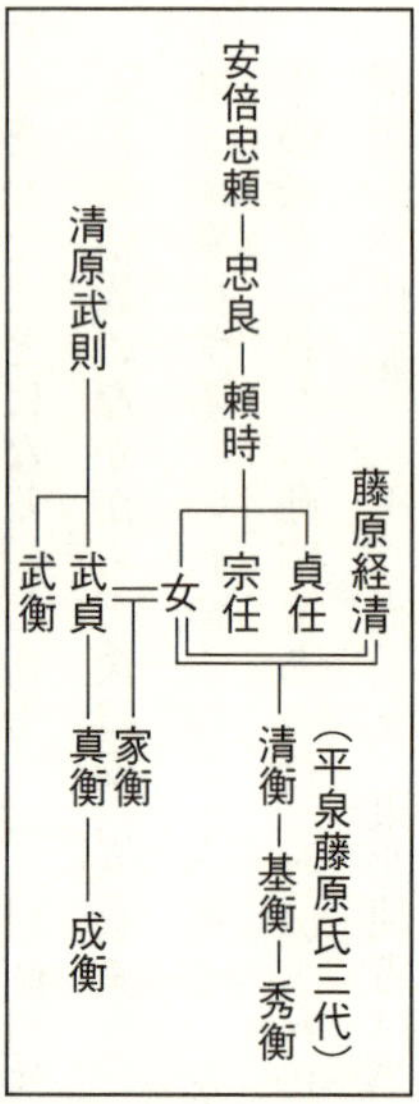

▲陸奥安倍氏略系図
陸奥に勢力を持った清原《きよはら》氏やのちに平泉三代として勢力を持った藤原氏と結びついた。

ただ、永承六（一〇五一）年当時、壮年であった頼時（当時頼良《よりよし》）の父は忠良《ただよし》、祖父は忠頼《ただより》であり、東夷の酋長で奥六郡（岩手県北部）を支配していた。晴明の同時代人は、頼時の祖父忠頼ではないか。前九年の役が終わってまもなく出来た戦記物語『陸奥話記《むつわき》』には、頼時の祖父までのことしか書かれていない。このことから、陸奥安倍氏が岩手県北部である奥六郡を支配するようになるのは、この忠頼の時代からではあるまいか。となると、晴明の時代ということになろう。阿倍と表記していたのにいつしか安倍となっているし、晴明も先祖は阿倍と表記していたのに、彼は安倍を使用している。晴明の時代、陸奥アベ氏も大和アベ氏もともに安倍を表記するようになったのかもしれない。これは、両氏相計ってのことだったとしたらどうであろう。

安倍軍団は鬼だったか

陸奥安倍氏は武士である。平安時代前期、すでに関東の武士であった平氏などは、都の上級貴族に用心棒として仕え、中には官位を得るものもいた。また、摂津《せっつ》（兵庫県）の多田源氏《ただげんじ》のように都の近辺に本拠地をもって、摂関家に仕えるものもいた。律令制下の武士たちは、朝廷を守護する義務を果たした。しかし、藤原家専横が激しくなって以降、その私兵として忠実に仕えるものが増えていた。

以上のことから、武士は都に上った時には上級貴族、特に藤原一族の走狗となっていた。しかし武士とはいえ、陸奥安倍氏は中央政府に服していても、ほぼ半独立の存在であったから、朝廷を守る義務はなかった。当然、藤原一族の走狗にもならなかった。といって、陸奥安倍氏が都の事情にまったく無関心であっただろうか。むしろ半独立の状態であったればこそ、その状態を保つために都の政治のなりゆきに敏感でなければならなかったのではないか。摂関家に直接接触することはなくても、摂関家が発動する政策に鋭敏に反応していない限り、半独立という微妙な立場を貫き通すことは出来ないであろう。

晴明が使役した式神は鬼神であるが、妻に姿形を見られたものもいるぐらいだから、式神のうちには生きた人間も混じっていたはずである。ただし、彼らは異族には違いなく、白昼堂々と人前で活動するようなことはなかった。都の漆黒の闇にまぎれて活躍していたであろう。晴明は、洛中の一条戻橋の橋下に式神を隠し、必要な時に呼び出して使役したといわれる。この式神こそ生きた人間である異族であっただろう。これが晴明の命《めい》を待って橋下にひそんでいて、ことある時は他の場所にいる仲間に連絡し、共に行動することもあったに違いない。

この異族こそ陸奥安倍氏の配下ではなかったか。こうして陸奥安倍氏は、摂関家と親密な大陰陽師晴明を通じて、都の事情を知ることが出来たのかもしれない。いずれにしても、陸奥安倍氏は蝦夷の大酋長、鬼王である。

第八章　ライバルとの死闘

一　宮廷での占術比べ

柑子が鼠に

話は戻るが、『信太妻《しのだづま》』で安倍童子《あべのどうじ》が二羽のカラスの会話を聞き、天皇の病気の原因を知って上京し、それを朝廷に告げて天皇の病気を治して高名を馳せたことが語られている(⇩P.36)。これは『簠簋抄《ほきしょう》』を脚色した古浄瑠璃《こじょうるり》である。それでは、ここの話は『簠簋抄』ではどうなっているのだろうか。

『簠簋抄』では、安倍童子が鹿島《かしま》神宮(茨城県鹿嶋市)に百日参籠《さんろう》した時、子供たちが集まって蛇を殺そうとしていたが、童子は万事死相を見ないことを神に誓っていたので、蛇を買い取って逃がしてやった。実は、この蛇が龍宮の乙姫《おとひめ》であった。彼女は童子を龍宮に連れて行き、小さな石の箱を礼にもらうべしと教えた。童子はその通りにした。また、帰り際に烏薬を耳に付けてもらったので、鹿島に帰ったら、二羽のカラスの会話を聞くことが出来たとなっている。

以下の話は、『簠簋抄』による。

都で一躍有名になり陰陽博士、四位となった晴明は、比叡山の坂本《さかもと》（滋賀県大津市）に居住して天下に博士の名を轟《とどろ》かせていた。薩摩《さつま》（鹿児島県）に道満《どうまん》というものがいて、都で博士の美名を馳《は》せるものがいると聞き、自分も都に上って互いの知恵を論じ合ってみようと思った。晴明は自分の身上を毎日占っていたので、二十日以上も前に道満というものが自分と知恵を争うために都に上ってくることを知っていて、そのことを人に語っていた。道満がほどなく都に上ってきて、坂本の市《いち》である人に晴明のことを聞いたら、晴明は道満という者が西国より上ってくるから待っているという。これを聞いて道満の心は騒いだ。彼はまず呪文《じゅもん》を唱え、大柑子《こうじ》を侍と中間《ちゅうげん》に変え、これらの伴のものに太刀や木の枝を長刀に変えて身につけさせた。そして、自分は破笠にぼろの蓑《みの》を着て晴明の家を訪ねた（それにしても、これは随分異様で無礼なかっこうであるが）。道満がお前と知恵を論じ合うために上洛したというので、晴明も応じ、道満の申し出どおり内裏《だいり》の白洲《しらす》で占術比べを行いたいと、天皇の許しを得た。

　両人は参内すると、天皇は大柑子を十六個入れた長持ちにおもりを懸《か》けていかにも重そうにして持ち出させ、この中を占って見よ、ただし負けた者は弟子となれといった。長い沈黙の後に道満がまず進み出て、ここには大柑子が十六個入っていると申し上げた。続いて晴明は、呪文を唱えてから、中のものを鼠《ねずみ》十六匹と占った。その時、晴明びいきの内裏の人々は晴明が中身を見誤ったと思い、蓋《ふた》をとらなかった。道満は是非急げといい、晴明も急《せ》かしたので蓋をとると、中からは鼠十六匹が四方八方に飛び出した。大柑子は一つたりともなかったのである。天皇をはじめ諸卿は、晴明の広く深い知恵こそ不思

▲晴明と道満の占術比べ　大柑子が見事、鼠となって、飛び出した。（北斎漫画より）

議であるとあらためて感心した。一方、道満は晴明の弟子となって坂本に居住するようになった。

前述したが、『今昔《こんじゃく》物語集《ものがたりしゅう》』では晴明の力を試そうとしたのは播磨（兵庫県）の陰陽師智徳《ちとく》であった。智徳は式神を晴明に隠されて驚き、晴明の弟子となったが、凄まじい術の持主に違いなかった。海賊にとられた物品を奪い返した折には、海賊どもは皆船酔いしたように潰れていたという（⇩P.148）。

智徳は、式神隠しの術を知らなかっただけで、晴明とは優るとも劣らない陰陽師だった。これと道麻《どうま》という播磨の陰陽師がいたことが『宇治拾遺物語《うじしゅういものがたり》』などに伝えられている。

透視能力を得るには

『今昔物語集』二十四巻の十七話は「保憲《やすのり》、晴明ともに履物を占うこと」というのであるが、欠文で内容はわからない。表題からすれば、両者が覆《おお》いを透視して中の品物をいい当てる試合だったようだ。もしこのようなことがあったとすれば、師弟の試合なので双方ともやりにくかっただろう。朝廷でのことだから、公卿《くぎょう》たちも残酷なことを強要するものである。逆に言えば陰陽師も賀茂保憲、晴明の時代になると術者、芸能者のように思われていたことがこの話からもうかがわれる。

保憲は、父忠行《ただゆき》から受け継いで独占していた陰陽道を後に二つに分け、暦道《れきどう》は息子の光栄《みつよし》に伝えたが、天文道を晴明に伝えたほど、自分と年齢もさほど違わない晴明を可愛がった。それがライバル視されるのでは、保憲には片腹痛かったかもしれない。師との対決では晴明の方にも遠慮があっただろう。結果がどうだったのか。私は二人の間柄から考えても、試合の勝負はつかなかったのではないかと思う。結果が面白くないため、十七話は内容がはじめから欠けているのかもしれない。

ライバル意識というならば、保憲の息子光栄と晴明は熾烈《しれつ》だったようである。鎌倉前期の説話集『続《ぞく》古事談《こじだん》』には、次のようなことが記されている。晴明が「保憲は光栄を自分より前に出さなかった」というと、光栄は「父が晴明を可愛がったといっても別に憎むことはなかった」と反論する。また、晴明が「私に『百家集』を伝えてくれたが光栄には伝えられていないではないか。それこそ保憲が光栄よりも自分を可愛がり認めていた何よりの証拠だ」と胸を張ると、光栄も負けじと「『百家集』は自分も持っているし、自分こそ暦道を伝えられた」といった具合だ。

平安後期の貴族である大江匡房《おおえのまさふさ》（一〇四一〜一一一一）は晴明のことを、術は優れているが才覚はないと批評している。才覚とは学問の才のことである。彼は晴明にはとかく批判的であるが、自分一代の力で成り上がった晴明が学問的にはたいしたことがなかったのは、案外事実かもしれない。

それではいったい、透視能力とはどのようなことなのだろうか。透視とまではいかないが、私にもたまたま家に持ち込まれた箱の中身を正確に予測出来て、自分で驚いてしまったことは何回かある。これは誰しも一度や二度は経験していることに違いない。しかし、このような時でも箱の中身が鮮明に目に浮かぶことはなく、一瞬に何故かわかったような気がするだけだ。保憲や晴明には鮮明な映像として見えたのだろうか。

今から十五年以上も前のことで名前は失念してしまったが、神谷《かみや》という奇妙な老人にあったことがある。それは自分で「私の年齢は七十五です」というので老人だと思っただけで、実際には五十歳を少し越えたくらいにしか見えなかった。彼の奥さんも五十歳前のなかなか美人であった。この人は裏返したままのトランプのどの札を抜いて見せても必ず当ててみせた。これは手品でないことは確実だった。誰のどのトランプでもそれは出来たからである。それが花札でも同じだったに違いない。

彼はこういうのである。二十年前に登山していて崖から二百メートル下に転落したが、どういうわけか自分は生きていた。それどころか怪我一つしていなかった。それ以来、自分は年をとらなくなった。彼はいつもサングラスをかけ、下唇が妙にはれぼったく垂れ下がった異相もあって、気持ちも悪く胡散《うさん》臭さもあった。でも、目の前で見せられた透視能力だけは間違いのない事実であった。ただし、あまりに見事に一瞬にして当ててしまうので、トランプの表が映像となって見えるのかどうかは聞き逃してしまった。

この人の消息は以後不明である。風の便りに、この透視能力さらには予知能力ゆえに教祖化されたが、失敗して、今は見る影もないという。俗念にとりつかれて身を滅ぼしたのであろう。ただし、この人を世に出すのに力を貸したといわれる信州美《うつくし》ヶ原《がはら》の山本小屋の主人に「標高二千メートルに居住していると、そんな能力は誰でも身に付くよ」とこともなげにいわれた時はショックだった。この人によると、ちょうど標高二千メートルであって、それよりも高くてはいけないし低くても駄目だというのだ。なるほど、山本小屋はちょうど標高二千メートルのところにある。

二　晴明、唐に渡る

入唐の間に妻を寝取られる

以下も『簠簋抄《ほきしょう》』である。晴明は近衛《このえ》天皇を悩ませた女狐《めぎつね》の化身、玉藻前《たまものまえ》を追い出すのに成功しただけでなく（⇩P.134）、たびたびの占いがことごとく的中するものだから、天皇は、「入唐《にっとう》して天地陰陽の道をさらに窮《きわ》めよ」と晴明に命じた。晴明は道満と妻の梨花《りか》を残し、大船に乗って大海を渡り、順風にも恵まれ大唐明州《めいしゅう》の津に着いた。

陰陽道の達人伯道《はくどう》上人が雍州城荊山《ようしゅうじょうけいざん》の麓《ふもと》にいると聞いて訪ねる。伯道上人が、「お前には志、手足の奉公、報謝《ほうしゃ》の念の三機があるか」と聞くから、「それなくして、どうして万里の波涛を越えてわざわざここまでやって来るものか」と答える。それでは手足の奉公のため、今日から日に三度萱《かや》を刈れといわれ、晴明は三年三カ月萱を刈り続けた。そこで伯道上人は荊山に登り、赤栴檀《しゃくせんだん》を切って文殊《もんじゅ》菩薩《ぼさつ》を彫り、晴明の刈った萱で仏閣を作りこれを本尊とした。その後帰朝にあたって伯道上人は、一、妻に心を許すな。二、大酒をするな。三、後に引けない片意地な議論をするな。の三戒を守れと晴明に言った。

晴明暗殺

晴明は帰朝し、大和国宇陀《うだ》郡（奈良県）に住むようになった。入唐の渡海に三年三カ月、在唐三年三カ月、帰朝の渡海に三年三カ月と計十年間も留守をしていた間に、道満は晴明の妻梨花とねんごろになってしまった。

そうとも知らず、晴明は吉備真備《きびのまきび》から伝えられた本を石の櫃《ひつ》に入れて秘蔵していた。晴明が外出した隙に、道満が梨花に「ヤツは十年も修行してきたがその徴《きざし》でもあるか」と聞くと、梨花は「ここに一つの石箱があって中身は知らない」という。道満は「それでは中身を見せろ」と迫るが、梨花ではどうしても開くことが出来ない。道満は箱を手にとってみると、蓋の上に「拍」の一字が書いてあった。そこで手を打つと蓋は開き、中を見ると『金《きん》烏《う》玉《ぎょく》兎《と》集《しゅう》』が入っていた。道満は、これを強引に借り出して、晴明が帰宅するまでの間に全部書写して元どおりに戻しておいた。

その後道満は、晴明に夢で天竺《てんじく》に行き『金烏玉兎集』を得たが、正夢だったのかどうか確かめるため、晴明に、「今ここに本を持っている」という。晴明は、「そんなことはあり得ない」と取り合わない。「いやある」と道満は言い張ったので、二人は議論となった。それでは、どちらの言い分が正し

▲歌舞伎『蘆屋道満大内鏡』（歌川豊国画）　もとは竹田出雲作の人形浄瑠璃で、享保19(1734)年、大坂・竹本座で初演された。物語は『金烏玉兎集』をめぐる安倍保名《やすな》と蘆屋道満の対立を主軸とする。右が保名、左が葛の葉狐の役である。なお、蘆屋は芦屋に同じである。

▲道満塚(岡山県金光町《こんこう》占見《うらみ》)　晴明塚(⇨P.150)の近くにある。他にも道満池などの伝承がある。

いか互いに首をかけようとなった。そこで道満は写し取った本を懐中から取り出し、晴明の首を斬ってしまった。道満はそこで思いを遂げ、梨花と一緒になったというのである。

晴明は、まんまと騙されて殺されてしまったのだ。しかも、妻を寝取られてである。何とも惨めなことになってしまったものである。話は後に続くが、このあたりの晴明は、随分と間抜け者ということになってしまう。もちろん、三戒のうちの二つを破って妻を信用し、片意地な議論を闘わしたのだから、この始末は致し方ないのだが。

先の『信太妻』では、晴明と道満の争いには晴明の父の保名《やすな》がからんで複雑だが、『安倍仲麿《あべのなかまろ》生死流《しょうじる》傳輪廻《でんりんね》物語《ものがたり》』(⇩P.118、以下『輪廻物語』という)は大筋は『簠簋抄』と同じであっても、細部にいろいろなことが挿入されている。そこには、橘元方《たちばなのもとかた》なる人物が登場する。

晴明の日本での留守は、三年間であった。彼が唐から帰国することを天才的呪力と占力でいち早く察知した道満は、自分のパトロン橘元方と、晴明を謀殺する密計を巡らす。元方はひそかに謀反を計画していて、晴明が帰国すれば、その神通力によって謀反の密計を読み取られてしまうに違いない。そうなると、晴明のパトロンの小野好古《おののよしふる》も黙っていまいと考えて、道満の誘いに乗ったのだった。

晴明は帰国すると関白藤原忠平《ただひら》にすぐ参内するよう命じられ、そこで帰国の祝宴が行われることになった。祝宴は内裏南殿の大極殿で行われたが、晴明の前に年十八ばかりの小侍従《こじじゅう》と呼ばれる官女が酒器を持ってあらわれた。酒を用意させたのは元方である。「忠平公が御神酒を下賜し、さらにこの小侍従を妻にもらい受け、安倍家の繁盛を望むとおっしゃった。夫婦《めおと》固めの盃をせよ」と元方はすすめる。

ここでは、晴明は若く独身である。彼は、伯道《はくどう》上人の教えで飲酒、女犯、争論の三禁を約束したので、万代不易《ばんだいふえき》の暦道を完成したあかつきには妻もめとり酒も飲むが、それまではお許しをいただきたいと断る。しかし、元方に女犯の禁は唐土のことであって日本にはない。また、御神酒は神聖なものであり、拒むのはもってのほかだと逆にやりこめられてしまう。そこまで言われては仕方なく、晴明は酒を三献まで傾け、小侍従にも固めの盃をとらせた。それで、すっかり酔ってしまい南殿の渡り廊下に倒れてしまう。かねて打ち合わせの通り、道満と元方の家来が晴明のお供と偽って晴明をかつぎ上げ、内裏から運び出して人気のない一条戻橋あたりで彼を殺してしまった。

東西の神が集まるという噂

関白藤原忠平は将門《まさかど》・純友《すみとも》の乱の時代の人で、天暦三(九四九)年に死去している。小野好古も純友討伐の将軍として軍功をあげ、その功により天慶九(九四六)年に参議になっている。『輪廻物語』によると、晴明の唐からの帰国は、九四六年で二十五歳であったことになる。橘元方ではなく、藤原元方という人物なら小野好古が参議になった時、中納言であったから、彼を指しているのかもしれない。

▲石清水八幡宮(京都府八幡市)

それでは陰謀、謀反とは何なのか。この頃は、将門・純友の乱が一段落したばかりで、すべての混乱期である。時の天皇朱雀《すざく》も若く、病弱で朝廷全体が無気力化していた。こんな時には、どんな謀反でも可能性を秘めているものである。特に権力争いは熾烈《しれつ》を極めるようになる。関白藤原忠平の母の違う二人の息子実頼《さねより》と師輔《もろすけ》の競合があり、師輔は朱雀天皇を退位させて、自分の娘の婿である成明《なりあきら》皇太子(後の村上天皇)を一日でも早く即位させようと画策していた。

宮廷の陰湿な権力闘争はともあれ、天慶八(九四五)年には都では、東西の国から都をめざして神々が入京するという噂が流れた。神の名は志多《した》神という。

七月二十五日から二十八日まで、三基の神輿《みこし》が歌舞しながら淀川下流の北岸地域をぐるぐる廻った後、一時消息を断ったが、八月三日になって淀川流域・山城国(京都府)の石清水八幡宮《いわしみずはちまんぐう》から都に報告があった。一人の女に神が憑《つ》き、早く石清水に参ろうと数千万の人々とともに神輿をかついで集まって来たというのである。神憑きの女の託宣《たくせん》に群衆が熱狂し、踊り狂いながら神輿をかつぎ廻ったというだけのことだが、混乱を極めた世相の中でのこと、朝廷も腰を抜かすほどに驚いた。このような時こそ晴明の出番なのであろうが、この時まだ晴明二十四歳であり、修行中であったであろう。

この時の神輿は三基とも桧皮葺《ひわだ》きで、一基は鳥居付き、二基はなしという形だったという。群衆が作ったものとしては上等である。たとえ富豪が後援していたとしても、この群衆は農民であり、彼らが世の混乱にそれなりの力をつけて来たことを示している。志多神は、小藺草神《こいぐさ》とも八面神ともいった。だから、群衆は踊り狂う時には綾藺草《あやいぐさ》の笠をかぶったり、仮面をつけていたのであろう。江戸末期の「ええじゃないか踊り」を彷彿《ほうふつ》させる。

東西の国々から神が集って来るという流言に、都の人々が敏感に反応したのは、将門、純友の怨霊《おんりょう》が祟《たた》るために、神となって都にやって来ると感じて恐れたからであろう。朝廷の貴族だけでなく、一般庶民までそう思ったに違いない。何せこの平安京は、夜の漆黒《しっこく》の闇の中を魑魅魍魎《ちみもうりょう》が跋扈《ばっこ》し、これに日々悩まされているのだから、今度は真っ昼間に東西から、将門と純友の怨霊が神と化してどうと押し寄せて来るというのではたまらない。ちょっとした流言蜚語《ひご》がきっかけとなって、数千万という人々が群衆となって動き出すことがあっておかしくない状態であった。

さて、『輪廻物語』の晴明の殺され方は、『簠簋抄』とは違っていて、宮廷内の陰謀と連動させているのはどうしたわけであろう。藤原元方《もとかた》が橘元方となっているだけで、小野好古も関白藤原忠平も晴明の年齢も辻褄《つじつま》があっているから、この話を創作した土御門《つちみかど》家かその輩下《はいか》の下級陰陽師に、土御門家が伝えて来た何らかの歴史的事実が隠されているのではないか。

晴明は後に藤原道長《みちなが》と深く繋がるが、藤原師輔《もろすけ》は道長の祖父である。この師輔は朱雀天皇を早々と退位させて村上天皇を実現し、一族の繁盛を現出させたのであるから、こうした朱雀退位の陰謀に加わっていたのだろうか。藤原元方は、師輔の兄実頼《さねより》方であったのかもしれない。

伯道上人は役小角か

晴明伝説は、平安末期から鎌倉初期に、すでに相当まとまった形で出来上がっていたらしい。大江匡房《おおえのまさふさ》の談話を筆記した『江談抄《ごうだんしょう》』にそれがうかがわれる。しかし晴明が唐に渡り、伯道上人の弟子となり、修行したというのは『簠簋抄』の創作だったのではないか。晴明が渡唐した事実はよくわからない。晴明の時代は、国風文化といわれ、中国との交流は途絶えていた。それでは伯道上人のことはまったくの虚構であろうか。それがどうもそうとばかりいえないようである。伯道上人は雍州《ようしゅう》の荊山《けいざん》にいた仙人であるという。要するに山岳宗教の聖人だったことになっている。

▲修験道の祖、役小角像（奈良県・吉祥草寺《きっしょうそうじ》蔵）

『古事談』に晴明は「俗人ではあるが千日の間籠《こも》った人」とある。これは、神通力を得るための荒業をしていたことを伝えている。熊野（和歌山県）の那智滝《なちのたき》に毎日二時間以上打たれるなどの業をなし、また、彼は前生は吉野（奈良県）の大峰《おおみね》の行者であったともいう。前出の花山《かざん》天皇は退位の後、那智籠りしたことで知られているが、この時天狗が天皇にさまざまの妨害をした。同行していた晴明は、その妨害を避けるため岩屋に多くの魔類を祀り置いたという。ただし天狗は、那智の行者が不法や懈怠《けだい》を行うので怒ったというから、花山天皇の修行が甘かったのかもしれない。ともあれ晴明は那智籠りをし、しかも前生は大峰の行者というからには修験道の修行をしたのに違いないであろう。

伯道上人は天竺《てんじく》の聖霊山に赴いて文殊菩薩《もんじゅぼさつ》から『金烏《きんう》玉兎《ぎょくと》集《しゅう》』を伝えられ、それを大唐にもたらし、晴明の時代まで生きていたというのだから、千年以上の寿命を保っていたことになる。日本でこのイメージの仙人とは、修験道の開祖とされる役小角《えんのおづぬ》（七世紀後半）しかあり得まい。

葛城山《かつらぎさん》麓の大和国葛上《かつじょう》郡茅原《ちはら》村（奈良県御所《ごせ》市）に生まれた役小角は、藤の皮を着、花の汁をすすって、三十年間孔雀明王《くじゃくみょうおう》の呪を唱えて修行に専念した。鬼神を使役する術にかけては、我が国無双であった。

▲役小角生誕の地と伝える吉祥草寺（御所市茅原）
山門から本堂をのぞむ。

彼は諸国の神々を集めて、葛城山と吉野の金峰山《きんぶせん》を結ぶ橋を作らせた。ところが葛城の一言主《ひとことぬし》神だけが、自分は醜いからといって昼間、他の神と一緒に仕事をすることを拒んだ。そのことを役小角に責められた一言主神は、朝廷に役小角が皇位を傾けようとしていると讒訴《ざんそ》した。朝廷では役小角を捕らえようとしたが、小角の験力《げんりき》のため出来ず、彼の母を捕らえておびき寄せ、伊豆（静岡県）の島に流した。小角は昼は島にいたが、夜は富士山で修行した。一言主神はさらに小角を殺すよう奏上した。朝廷から勅使が来ていよいよ殺される段になって、小角は剣を借り、自分の両肩、両背に三度あて舌でなめてそれを刑吏に渡した。刑吏が剣を見ると文が現れている。なんとそれは、小角を許して都に戻して崇《あが》めよという富士明神の表文であった。これに驚いた朝廷は、役小角を許すのであるが、許された小角は一言主神を縛り、母とともに唐に飛んでいってしまった。

ざっとこのようなことが『金峰山縁起』に書かれている。

このように、小角は孔雀明王の呪を唱えて修行し、鬼神を使役し、邪神を縛《ばく》し、はたまた飛行する力を持っている。舌で剣をなめて富士明神の表文を剣に浮かび上がらせる術までもっていた。これは修験道者の理想像であろう。『簠簋抄』の伯道上人も長い山岳修行を行ったとあるから、これは役小角をモデルに作られているに違いない。

また『大峰縁起』によれば、インドでお釈迦様が法華教を説法した霊鷲山《りょうしゅうせん》の一片が飛んで来て大峰山が出来たとなっている。大峰修験は役小角を開祖とするから、小角が伯道に、釈迦と霊鷲山が文殊菩薩と天竺聖霊山になっているだけで、話の構図は酷似している。また、小角は大峰で七度生まれ変わって修行したとも伝えられ、伯道上人の永生に近い。歴史的にも、役小角は文武三(六九九)年、朝鮮半島系の呪術者韓国広足《からくにのひろたり》の「世間を惑わす妖言をなす者」という讒言《ざんげん》によって、伊豆国に流されている。『続日本紀《しょくにほんぎ》』には、小角は鬼神を使役し水を汲み薪をとらせ、命令に従わないときにはこれを呪縛したと伝えている。

『簠簋抄』では伯道上人が大唐に伝えた『金烏玉兎集』を、吉備真備が日本に招来したことになっている。真備と伯道上人は直接には接していないが、深い関係を暗示している。『簠簋抄』は晴明誕生以前のことを詳細に物語っているが、これは真備に仮託された日本陰陽道の起源について語っているのである。役小角が伯道上人のモデルならば、修験道もまた日本陰陽道の起源に深く関わっていたことを示す伝承が、江戸初期にあったということであろう。双方とも呪術を中核とするから、とりたてて問題にもならないかもしれないが、日本陰陽道の呪術が修験道伝来のものとしたらこれはおおいに注目すべきことである。

役小角は大和葛城の人であり、真備を始祖とすると自ら伝える賀茂陰陽道の賀茂氏もまた葛城を本拠とした。しかし、これだけのことで『簠簋抄』の日本陰陽道起源譚《たん》が面白いのではない。

実は、修験道の開祖は役小角でないかもしれない。それよりも百年以上早く、出羽(山形県)の羽黒山《はぐろさん》を開いたといわれる聖徳太子の従兄弟《いとこ》で崇峻《すしゅん》天皇の子と伝えられる蜂子皇子をその祖とする方がふさわしいからだ。蜂子皇子は天狗のような異相で、同じ血を引く聖徳太子は茶髪だったということなど、さまざまな理由から二人の出自である蘇我氏は、東北ユーラシアから北海道に渡って来て、北海道、東北の蝦夷《えぞ》を味方につけて南下し、越前(福井県)の三国《みくに》にいた継体《けいたい》天皇とも連合して大和に居住したトルコ系民族であると思われる。大和に来た時期は、五世紀後半の雄略天皇の時であろうか。

修験道は出羽三山とよばれる羽黒山、月山《がっさん》、湯殿山《ゆどのさん》に起きた北方系山岳宗教であり、蘇我氏がもたらしたシャーマニズムであったから、蘇我系の蜂子皇子が羽黒山に来たのだ。この蘇我氏が大化の改新(六四五年)で蝦夷《えみし》、入鹿《いるか》親子が滅ぼされて力を失ってからは、その一族が山に入り修験者となって全国に散り、修験シンジゲートを作り上げたと考えると興味がわく。このことは、たとえば越中(富山県)

の立山《たてやま》など有名修験道場のある聖山の近くに「ソガ」という地名が残されていることからも推測できる。この蘇我氏は、大和に入った後、葛城を本拠としたのだろう。

蘇民将来と蘇我氏

天狗が修験道修行者である山伏《やまぶし》の姿をしているのも、かつての修験道者たちがトルコ系民族であって、天狗のように背丈があり、鼻が高く赤い顔をしていたからであろう。晴明が修行した熊野の那智も、修験道場である。彼は、那智でもかつては蘇我氏を支えた蝦夷の末裔《まつえい》たちと接した可能性が高い。当時の奥羽《おうう》の蝦夷たちを統括したのは安倍氏である。奥羽安倍氏は、修験道シンジゲートをフルに活用して、全国に情報ネットワークを張り巡らせていたであろう。『今昔物語集』には安倍頼良《よりよし》、貞任《さだとう》・宗任《むねとう》親子が東北ユーラシアに渡ったという話が収録されているくらいである。これは、もちろん蘇我氏の遺産である。

晴明は式神として、安倍氏の家臣を使役していたと思われるのも、このようなことから考えられるのである。またトルコ系民族の信仰も、山岳宗教でありシャーマニズムである。シャーマンは、鬼神を使役するところも役小角とそっくりである。役小角が朝鮮半島系の呪術者韓国広足に讒言《ざんげん》されたのも、広足はシャーマニズムとは違っていたからであろう。

また、トルコ系民族のシャーマンは火を最大限に使用するのも鍛冶《かじ》と関連するが、これも修験道に酷似している。さらにこのシャーマンは金工でもあり洞窟で修行するが、これも修験道行者と同じではな

▲セーマンと呼ばれる晴明神社の星印(五芒星)

▲晴明神社拝殿の屋根瓦に刻まれた星形・五芒星のセーマン

いか。『簠簋抄』では、晴明に伝えられたのは天竺《てんじく》渡りの呪術であるが、現実には彼の呪術は修験道ゆずりのものであり、北方ユーラシア伝来のものであったといえそうだ。とはいえ、晴明と蘇我氏とは、直接関係ないのではないかと思われるかもしれないが、実は大ありなのだ。洛中・晴明神社(⇩P.147)の紋は星形の五芒星《ごぼうせい》であり、これは晴明の名からセーマンと呼ばれる。

奈良時代初期に編纂された『備後風土記《びんごふどき》』に、蘇民将来《そみんしょうらい》の話が記されている。素戔鳴命《すさのおのみこと》があるとき海神の娘に求婚のため旅に出たが、日が暮れてしまった。宿を借りようとしたが、富んでいる弟のコタン将来は宿を貸さず、貧しい兄の蘇民将来はこころよく貸してくれた。そこで素戔鳴命は蘇民に、後の世に疫病がはやったら、蘇民将来の子孫といえば必ず助けてやろうといった。

素戔鳴命は出雲の神である。この子孫である大国主命《おおくにぬしのみこと》は、天孫族《てんそんぞく》に国譲りを強要され出雲(島根県)に隠れてしまい、長男は自殺し次男は信濃(長野県)に逃げた。これは大化の改新時、中大兄皇子《なかのおおえのおうじ》(のちの天智天皇)に滅ぼされた蘇我氏のことが投影されている。つまり、大国主命が蝦夷、長男が入鹿、次男の蘇我石川麻呂《いしかわまろ》は後に自殺しているが、この系統の者が越中に逃げている。

また備後(岡山県)は雄略《ゆうりゃく》天皇が死去した時、ここに駐屯していた蝦夷軍五百人が叛乱して、日本海側に出て丹波(京都府)まで攻め上って来たが、ことごとく討死にして大騒ぎになったところである。蝦夷軍とは、吉備(岡山県)の将軍につけられた蘇我配下のことと思われる。この中には蘇我本軍と蝦夷軍があって、蘇我本軍は叛乱軍に加わらなかったのであろう。それでも蝦夷軍を見捨てることなく後追いしたものか、丹波地方にはあちらこちらに「ソガ」という地名がある。この記録が二人の将来の伝説なのだ。

蘇民将来とは蘇の民が連れて来るということで、ここでは招来と解釈する。コタン将来のコタンとはアイヌの集落のことであるから、コタン将来とはアイヌが招くのである。素戔鳴命を招いたのが蘇の民、すなわち蘇我軍であり、アイヌすなわち蝦夷軍は関係なかった。すなわち叛乱軍を慰撫《いぶ》するために来た出雲の将軍を、蘇我本軍は歓迎し蝦夷軍は拒んだのであろう。後に蘇我氏滅亡後、その子孫を出雲では受け入れ厚遇したのかもしれない。

ともあれ蘇民将来も五芒星であり、晴明信仰のシンボルとなっているのだから、蘇我氏と晴明の繋がりは深いと見ることが出来る。

三　善玉対悪玉の今と昔

武蔵対小次郎

『簠簋抄』の晴明と道満の死闘は、技では劣る道満の卑劣な手にまんまと乗せられて、晴明は命を落としてしまう。この段階では明らかに晴明の負けである。技に優る晴明の油断というべきであろう。実力で優るものは常に正々堂々と勝負することを望むが、劣る方はあの手この手と卑劣な方法を考え出す。これは現代でもよく見かけることであって、江戸初期だけに限ったことではない。古今東西、世の人々はどの時代でも実力伯仲のライバルの闘いに熱狂する。

晴明と道満の場合、晴明は白皙《はくせき》の貴公子であるのに対して、道満はゴツゴツとした田舎者で厚顔無恥の悪役である。『簠簋抄』の作者の時代におけるライバルの描写の常套《じょうとう》手段である。しかし、現代の作家たちは必ずしもこうは描かない。

吉川英治《よしかわえいじ》の有名な『宮本武蔵』の武蔵と佐々木小次郎のライバルの文字通りの死闘となった船島の決闘は、晴明、道満のようにはなっていない。武蔵は巨躯ではあるが、無骨で服装には無頓着で時にはアカにまみれていたりする。小次郎こそ長身白皙の美青年であった。船島に約束の時間より一時間以上も遅れて行き、敵の小次郎をじらすのも武蔵だ。しかも、太刀を使うのではなく船中で削って来た櫂《かい》のような樫《かし》の木剣を一つ持って現れるのだ。小次郎の意表をついた武蔵の策は功を奏し、武蔵は樫の木太刀《こだち》の一撃で小次郎の頭蓋骨を砕いて勝つのである。物干し竿のような長い太刀による小次郎の優美なつばめ返しの技は、封じられてしまったのだ。勝者は善玉で美しく、敗者は野卑の悪玉なはずなのに、吉川英治の小説では武蔵は決して悪玉ではないが、決して美しくもなければ善良でもない。逆に小次郎は美しい善玉のイメージである。

これが現代小説に描かれるライバルの像であり、『宮本武蔵』ではリアリズムの表現法の典型を見せている。江戸時代ばかりか明治、大正時代でも大衆小説なら、勝者である主人公の武蔵は美しく公正で、敵の小次郎は醜く不正を常とするように描かれたであろう。

信長対信玄

さて、本書でもたびたび登場する織田信長はどうだろう。私は、彼のライバルを武田信玄《たけだしんげん》とみる。武田信玄の終生のライバルは上杉謙信《うえすぎけんしん》とされるが、これは何処までも戦闘上のことである。二人とも旧型の武将であって、違うのは信玄の包囲防禦型、謙信の直線攻撃型といったような野戦での戦い方、形式のみであった。戦国末期の本当の意味の死闘といえば新進気鋭、革命型の信長と老練守旧型の信玄の対決である。しかも実力は五分と五分。しかし、この二人は結局は戦場であいまみえてはいない。彼らが死闘を繰り広げたのは戦場外のことで、明らかな政治戦、神経戦である。それでは、それは具体的にはどのようなことであったのか。

元亀《げんき》二(一五七一)年九月、信長は比叡山焼き打ちを行う。これには、信長方についていた諸将も離反しはじめ、武田信玄に上洛をすすめる動きが急速に活発になってゆく。比叡山延暦寺は天台密教の一大センターであり、晴明の時代には加持祈祷もここの僧が中心であった。それが焼き打ちされたのだ。今なら迷信とされることでも、この時代には心底から信じられていたから、加持祈祷のメッカの焼き打ちと高僧の虐殺に、当時の人々は上下を問わず驚き怒った。信長に天罰でも下れよとばかりに、反信長勢力が結成され、そのリーダーと目されたのが信玄であった。

信玄は西は中国地方を支配する毛利《もうり》氏、北は近江の浅井《あざい》氏、越前の朝倉《あさくら》氏、南は大坂の石山本願寺と同盟を結び、東は信玄自身が信長、徳川家康同盟を完全に包囲してしまった。さらに信長は配下の松永久秀《ひさひで》に信玄方に寝返られ、まさに四面楚歌《しめんそか》の状態におちいった。老練な信玄は信長の失点を見逃さず、巧みにその部分をついて来た。当時、信玄の領地は信濃、甲斐、駿河の三国であるのに対して、信長と家康はほぼ近畿全域と尾張、美濃、三河、遠江と、圧倒的に広い領地をもっていた。しかし信長としては、東以外の西南、北では戦闘かそれに近い緊張状態にあり、信玄と面と向かっては戦いたくなかった。

いよいよ信玄は西上を決心し、まず家康と遠江(静岡県)の三方ヶ原《みかたがはら》で戦い、大勝をおさめていた。続いて信玄は信長の本拠地尾張を攻めようとしていた矢先、病に倒れ間もなく死亡してしまった。信玄の死は秘されたにもかかわらず、即座に信長はその情報をキャッチし、浅井、朝倉両氏を攻め、瞬く間にこれを滅ぼしてしまった。こうして、信長包囲網はガタガタと瓦解《がかい》してしまったのだ。

ライバルの心理

信玄に袋の鼠にされかかったこの時が、信長にとって生涯の最大の危機だったという人も多い。若年の頃、三万の今川義元《よしもと》をその十分の一の三千の兵で破ったいわゆる尾張(愛知県)の桶狭間《おけはざま》の戦い以上だという。確かに桶狭間の戦いは、乾坤一擲《けんこんいってき》の大勝負であった。当時の戦《いくさ》は兵の数によって決まり、信長は奇襲によって義元を倒すことが出来たが、十分の一の兵で勝利することなど、常識ではあり得ないことだ。

しかし最近、信長や秀吉の家臣が書き残した『武功夜話《ぶこうやわ》』などの資料が現れ、桶狭間の戦いの勝利は単なる奇襲ではなく、事前にスパイを送り込むなどして敵将義元の性格、習癖などを調べ尽くし、万全の策を講じた信長の勝利であることが明らかになってきた。合理主義者信長が冷徹な計算と用意周到な準備によって勝つべくして勝った戦いだというのだ。ところが、世間は大逆転、奇跡ともてはやした。

信玄による大包囲網の形成により、このとき、信長には滅亡しか残っていなかったようにもとれる。超合理主義者信長が、何故このような窮地に陥ってしまったのか。直接の原因は比叡山焼き打ちであるが、信長が信玄の実力を見くびっていたことも原因だ。もちろん戦国の世であるから、信長は若年の頃から信玄を警戒し、毎年多量の貢物を贈り、自分の養女を信玄の後継者勝頼《かつより》の妻とするなど、信玄とは敵対しないよう細心の注意を払ってきた。しかし、信長にとって信玄が超保守主義者であり、新しい時代を切り開いていくための何の思想も見通しも政策も持ち合わせていないことに安心しきっていたのである。ところが、守旧主義者とはいえ優れた政治家であった信玄には、遠交近攻策はもちろん、信長に反感や不安を抱く人々の心理を巧みに誘導して大包囲網を作り上げる能力を充分に備えていた。

信長は急ぎ過ぎたのかもしれない。実際に両者が激突すれば、騎馬戦術の信玄と最新兵器をもつ鉄砲隊を縦横無尽《じゅうおうむじん》に使いこなした信長では、信長に分があっただろう。このことは信玄も予想出来ていたらしく、信長に対する警戒は怠らなかった。

ともあれ信玄の死によって危機は一挙に去った。その十年後、信長は信玄の後継者勝頼を赤子の手をひねるようにして滅ぼしてしまう。この時、甲斐(山梨県)の恵林寺《えりんじ》の長老快川紹喜《かいせんじょうき》を焼き殺している。焼ける寺院の中で、快川は端座して身動きもしなかったが、他の僧、稚児《ちご》、若衆たちは炎の中で踊り上がり跳び上がり互いに抱きついてもだえ苦しんだと『信長公記』にある。何もこんなことをしなくとも信長の勝利は動かないし、天下統一への動きも止まることはなかったはずである。それなのにあえてこの虐殺を行ったのは、信玄に対する憎悪としかいいようがない。恵林寺焼き打ちの際に五、六人の高僧も焼き殺されている。彼らは守旧主義者信玄の知恵袋として信玄に重用された人々だった。

この時の信長の憎悪は、自分を危機に陥らせたことに対してではなかったであろう。時代の進展に対しては後ろ向きで、しかも日本全体を治めるに足る経綸の一端すら持ち合わせなかったことに対する憎悪であった。この守旧主義の象徴が、多数の高僧の存在であり、これを焼き殺さずにおかなかったのだ。ライバルの心理とはこのようなものではあるまいか。

晴明のライバルは実際には賀茂光栄《かものみつよし》だった。ライバル同志の言い争いは実にたわいもなく、また女々しいのは、平安時代という世相のせいなのか。術者としての優劣を競っているようには見えない。

第九章　異界への入口

一　人を生き返らせる術

一条戻橋の伝説と浄蔵の呪術

鎌倉中期の仏教説話集『撰集抄《せんじゅうしょう》』に記載されていることである。時は晴明の生まれる三年前、延喜十八（九一八）年頃のことらしい。学者として高名な三善清行《みよしきよつら》の八男で、天台の修験道を極めていた浄《じょう》蔵《ぞう》（八九一～九六四）が吉野《よしの》（奈良県）の山中で修行していると、清行が危篤《きとく》だという知らせがとどいた。

彼は急いで都に戻ることにしたが、父の臨終には間に合わなかったようで、土御門《つちみかど》橋のほとりにさしかかると、ちょうど父の葬列が橋を渡ろうとしていた。嘆き悲しんだ浄蔵は、せめて一目だけでも父に会いたいと精魂《せいこん》込めて遺体を納めている棺《ひつぎ》に念じた。そうすると、おもむろに棺の蓋が動き、父清行が冥府《めいふ》から戻ったのだ。思いがけない再会を遂げて、清行と浄蔵父子は涙ながらに手を取り合い家に帰った。こうして清行の魂魄《こんぱく》が冥府から戻ったので、この橋は（一条）戻橋《いちじょうもどりばし》と呼ばれるようになった。

この浄蔵という人は、大変な呪術力を身につけていたようである。晴明の先輩格という存在だった。『古事談《こじだん》』には前述した平将門の敗北を予知したことに加え、盗賊を金縛りにしてしまったというものもある。この説話は、鎌倉前期の説話集『宇治拾遺物語《うじしゅういものがたり》』にもある。彼が八坂《やさか》（京都市東山区）の御坊にいた頃、その御坊に盗賊が数人乱入して来た。ところが火を灯《とも》し太刀を抜き、目を開いたままそれぞれその場に立ちすくんで、一向に動く気配がない。こうして数時間経って夜も明けようとした頃、浄蔵は本尊に向かって「早く許しなさるがよい」といった。こうしてやっと、盗賊たちは金縛りが解け、結局何もとらずに逃げていった。

金縛りの苦しさは、なったものでないとわからない。私も四十歳くらいまではよく金縛りにあった。明け方、目は覚めているのだがまず目が開かないし、微動だに出来ない。そのうえ恐ろしく息苦しい。このまま永久に動けなくて死んでしまうのかと思ったりする。それでいて、どこからか人の話声は聞こえてくる。ところが金縛りが解けてみると、誰も近くにいないのだ。この話声は現実のものではなく、霊たちのものだったのだろうか。八坂の御坊に押し入った盗賊たちもそんな状態だったのか。

さらにこんな話もある。浄蔵が比叡山にいた頃、鉢を飛ばして何か品物を運ぶことが出来る呪術、飛鉢の法を行って日を過ごしていた。ところがどうしたのか、ここ三日ほどは鉢が空のまま帰って来る。不思議に思い、四日目に鉢が帰って来た山の峰を見渡すと、自分の鉢は王城の方から物を入れて飛んで来るのに、北の方から別の鉢が飛んで来て浄蔵の鉢の中に入っている物を移し取って飛び去った。

そこで加持祈祷して、自分の鉢を道案内にして北に向かった。雲霧をかき分けて二、三百町も進んだ

▲浄蔵の塚（京都市南区唐橋《からはし》）　江戸時代、現在の下京区梅小路にあった土御門家が邸内に祀っていた鎌達《けんたつ》稲荷神社は、明治44年、JR梅小路駅拡張のため、現在地に移された。八条中学校の東にあった浄蔵の塚も同社に移され祀られている。

だろうか、みると一つの方丈の草庵があって老僧が一人脇息《きょうそく》によりかかって読経《どきょう》している。その姿は、とうてい普通の人間には思えない。浄蔵はこのものの仕業に違いないと思っていると、老僧が浄蔵に気づき、誰かと聞いた。

浄蔵は自分は比叡山の行者であるが、鉢を飛ばして生活していたところ、この二、三日、しかじかかようなことが起こったので訴えに来たといった。老僧は、それは気毒《きのどく》千万といって、小声で「天童、お前のしたことか。今後してはならぬ」とそばにいた天童を叱ってから、これからはこのようなことは起こるまいと浄蔵に約束した。帰ろうとする浄蔵に、はるばる訪ねて来たのだから御馳走《ごちそう》致すと、瑠璃《るり》の皿に唐なしのむいたのを四つ盛って天童に持ってこさせた。浄蔵が一つ食べてみると、天の甘露《かんろ》とはこのようなものなのかと思われるほどおいしく、たちまち身が涼しくなって疲れもとれた。浄蔵はそこから住居に帰ったが、以後、鉢の物が移し取られることはなかったという。

西行の造った人造人間

さて、人の蘇生《そせい》に関してなら、晴明死後二百年近いことだが、『撰集抄』に「西行《さいぎょう》、高野の奥で、人を作ること」というのがある。

平安後期の歌人として有名な西行が高野山《こうやさん》（和歌山県）の奥に住んでいた頃のことである。友人の聖《ひじり》が京に出かけてしまい、淋しくなって風流な友人がほしくなった。ある人が「鬼が人の骨を集めて人を造る方法」について語ったことを思い出し、骨を編み並べて造ってみたが、人造の人間は人間の姿をしているが皮膚の色は黒く、声も吹き損じの笛のようであり魂も入っていない。造りはしたが始末に困った。破壊すれば殺生《せっしょう》したことになる。魂が入っていないから草木と同じだとはいうものの、人間の形をしているから破壊するよりはましだろうと高野山の奥の、誰も人の行かないところに置いて来た。

どうもそのことが気になっていた西行は、京に出たついでにこの秘法を教えてくれた大徳寺殿《だいとくじどの》を訪問した。ところが留守だったので、中納言《ちゅうなごん》源《みなもとの》師仲《もろなか》を訪れ、このことを尋ねてみた。師仲はどのように造ったのかと聞くので、「死人の骨を取り集め、頭から手足の骨を間違いないように続けて置き、砒霜《ひそう》という薬を骨に塗り、イチゴとハコベの葉をもみ合わせ汁をかけた後、藤の蔓《つる》や糸などで骨を綴《つづ》り合わせた。頭など髪の毛の生えるところにはサイカチの葉とムクゲの葉とを灰にして塗り付け、土の上に畳を敷いて何度も水で洗浄した骨を横たえて、風が吹き通らないようにしっかり包み込んでおき、十四日後に沈《じん》と香をたいて反魂《はんごん》の術を行った」と答えた。

師仲がいうには、あらかたそれでいいのだが、反魂の術がもう一つ足りない、自分は藤原公任《ふじわらのきんとう》流の人造人間を造り、それはいま公卿《くぎょう》になっているが、もし表沙汰《おもてざた》になったら、造った者も造られた者も身体が溶けてしまう。だから口に出せない。しかしそこまで会得《えとく》しているのなら教えるが、香をたいてはいけない。沈と乳をたくのだと教えた。

また土御門《つちみかど》右大臣源師房《もろふさ》が人間を造ってみたところ、夢の中に老翁が現れ、死人の管理人であるわしに何の相談もなしにどうして勝手に骨をとったのかとなじられた。というのも付け加えられている。

ところで、西行は建久《けんきゅう》元(一一九〇)年に七十三歳で死去している。この説話に出てくる人々は、平安末期の人々だが、付加された土御門右大臣源師房は、康和《こうわ》四(一一〇二)年に右大臣であったから、西行よりは百年ほど前の時代である。

また、『宇治拾遺物語』には「業遠朝臣蘇生《なりとおあそんそせい》の事」というのがある。業遠朝臣が死んだとき、御堂入道《みどうにゅうどう》(藤原道長)が言い残したこともあろうに哀いそうだと、解脱《げだつ》寺の観修《かんしゅう》僧正を召して、業遠の家に行かせて祈祷させた。すると死人はたちまち生き返り、用事を言い終わった後、また目を閉じてしまったというものである。

現代でもこの程度の蘇生ならありそうな気がする。それでも鎌倉前期に成立した『宇治拾遺物語』に収録されているのだから、中世でも蘇生は珍しかったのであろう。そのことからすれば西行法師の人造人間の説話は、奇譚《きたん》中の奇譚ということになる。

興味深いのは、平安中期以降の源師房、師仲、藤原公任などが、「反魂の秘術」と関わりをもって描かれていることだ。特に源師仲が造った人間は、公卿として現に活躍しているというのが面白い。ただし『撰集抄』は西行に仮託した偽書というから、書かれていることをそのまま信じるわけにはいかない。それでも少々不思議に思うのは、源師房、さらに時代は下るが源師仲も、ともに平安中期の名君といわれる村上天皇の子孫である。師房は天皇の孫であり、父は具平親王《ともひら》である。この由緒《ゆいしょ》正しい血を継ぎ、しかもその時の最高位に次ぐ右大臣である師房が、人間を造ることが出来たというのはどうとらえたらいいのだろう。このようなことが陰陽道に関わるかどうかは何ともいえないが、最高度の呪術には違いない。当時は天皇家こそ、呪術の大親玉であって、いくつかの秘法を独占していたのであろうか。

甦った晴明

晴明が式神《しきがみ》を一条戻橋の下に隠していたことはすでに書いた(⇩P.152)。現在の晴明神社が晴明の屋敷跡であったから、一条戻橋は屋敷の東、目の前にあった。ここに式神を隠していたら、必要な時いつでも使役出来たというのはうなずける。

さて『簠簋《ほき》抄《しょう》』にもう一度立ち戻ろう。ある時、大唐荊山《だいとうけいざん》では文殊堂《もんじゅどう》が一時に焼失してしまった。不思議に思った伯道《はくどう》上人は、泰山府君《たいざんふくん》(⇩P.214)の王法を行ずると、晴明の死相が見えて来た。晴明に何事かあったに違いない。師弟の契《ちぎ》り浅からずと伯道上人は日本に渡り、大和国(奈良県)にようやく着いた。晴明のことをたずねると、彼は三年前に弟子の道満《どうまん》と言い争いとなり、負けて首を斬られてしまった。上に柳を植えたあの塚が晴明の墓であるという。

さて、伯道上人が塚に立って草を引き抜き土に穴をあけてみると、大骨十二、小骨三百六十がバラバラに離れてあった。これらをことごとく拾い集めて、生活続命《しょうかつぞくみょう》の法を行うと晴明が蘇生した。晴明は師弟の契りとはいえ、私を思ってくれることのかたじけなく、何と申していいかわかりませんと泣くのであった。

　晴明が「あれに見える竹林の中にある庵が私の住居だったのです」と指さすと、上人は晴明の仇《あだ》をとろうとその庵に行き、道満に晴明はどうしたかと聞いた。すると道満は、晴明は三年前にある者と言い争って死んでしまったと答えた。伯道上人は「お前のいっていることは嘘だ。私は今晴明に会って、ここを宿とすることを約束してきたばかりだ」といったので、道満はもし晴明がこの世にいるのであれば、私の首を斬ってよいと断言した。それではと、伯道上人が手をうつと、忽然《こつぜん》と目をしばたいて晴明が現れたので、約束通り道満の首を斬った。また道満が書写して持っていた『金烏玉兎集《きんうぎょくとしゅう》』を焼き、妻の梨花《りか》をも殺して、道満のために塚を築き松の木を墓標としたとある。

▲安倍晴明墓（京都市右京区嵯峨角倉《さがすみのくら》町）　現在、晴明神社が祭祀を行っている。五芒星《ごぼうせい》（セーマン）の印が墓石に見られる。

　『簠簋抄』では晴明が蘇生したのは大和国であって、都でもなければ一条戻橋の上でもない。しかし、『安倍仲麿生死流傳輪廻物語《あべのなかまろしょうじるでんりんねものがたり》』の舞台は都である。伯道上人が見た晴明の墓は作られたばかりで真新しく、場所も一条戻橋の近くである。上人は招魂続命《しょうこんぞくみょう》の法を行い、たちどころに晴明を蘇生させている。伯道上人は泰山府君の法によって晴明の死を知り、直ちに日本に飛来してきたから、晴明の肉体は腐らずにあったようだ。伯道上人は、都の晴明の屋敷を訪れ、晴明が生きていることを道満に告げた。

ところが『輪廻物語』では、これから以後が『簠簋抄』とは違う。晴明が道満の前に姿を現すのだ。伯道上人は二人を前にして語る。晴明は安倍仲麻呂《あべのなかまろ》の生まれ変わりだが、仲麻呂は帝《みかど》の命を受け唐に渡る時に、兄好根《よしもと》に妻子の世話を頼んだが、好根は仲麻呂の妻に横恋慕して彼女を自殺に追い込み、一子満月丸《まんげつまる》までも手にかけようとした。

その後、好根は安倍家を奪い当主に納まろうとしたが、安倍家が取潰《とりつぶ》しになったので野望半ばでついえた。「道満よ、お前は好根の生まれ変わりだ。晴明を殺して陰陽頭《おんみょうのかみ》の地位を得ようとしたのも前生《ぜんせい》の因縁《いんねん》だ。お前がいかに陰陽頭を狙っても、前生が正しくないから無理である。晴明は前生が正しかったので道のために精進出来ている。また、晴明はお前に殺されたことで好根に家名を奪われた障《さわ》りも消えた。今や晴明に少しの障害もない。道満は悔《く》い改めて、晴明とともに陰陽道の興隆に尽くせよ」と諭された。この後、晴明は天文道《てんもんどう》、道満は陰陽道(この場合は占い)の宗家《そうけ》となった。

二　トランスポーテーションと蘇生術

空を飛んだ魂

ところで、伯道上人は一瞬にして大唐から日本に現れたのだから、トランスポーテーション（輸送・運送）を行ったことになる。こんなことが現実の人間に可能であろうか。先の『輪廻物語』では伯道上人が泰山《たいざん》府君《ふくん》の法を行った時、しつらえられた壇上に晴明の幻が浮かんだとある。幻は映画の画面のような映像なのだ。

私自身もこうした経験がないわけではない。六時間にわたって四千年前のインダスの都市モヘンジョダロの風景を微《び》に入り細《さい》を穿《うが》って見たことがあるのだ。ただしこうするためには、不眠と断食が必要である。また知らずにこれをやると、脱魂した魂は二度と肉体に還らなくなるから注意しなくてはいけない。トランスポーテーションはめったにやるべきでもなく、よほどの人でない限り不可能でもある。

アラビーとトランスポーテーション

これは十二世紀のスペイン、セビリアでの出来事である。後にイスラム教神秘主義の世界で不世出の哲学者、聖人とうたわれた若きイブン・アラビーが、当時聖人の噂高いアブー・マドヤーンをわが師と呼んだ。彼らは直接会ったことはなかったが、霊的交流があったという。

ある日没の礼拝でアラビーは、アフリカのビジャーヤ（アルジェリア東部の町）にいるマドヤーンに会いたいと思っていた。すると、礼拝後マドヤーンの弟子がアラビーを訪ねて来た。何処から来たのかと聞くと、マドヤーンのところから来た。たった今、マドヤーンと一緒に日没の礼拝を終わったところだと答えた。彼が言うには、礼拝が終わった後、マドヤーンがセビリアにいるアラビーが私に会いたがっているが、我々は霊の交流は出来るが肉体を伴った交流はこの世では許されていない。このことをすぐ伝えてくれといわれて来たのだという。アドヤーンの弟子は、地中海の対岸のアフリカのアルジェから瞬時にしてやって来たのだった。この弟子はそう言い終わると、ビジャーヤのマドヤーンのもとに一瞬にして戻って行ったのだ。この時アラビーの側に数人の人が集まっていて、これを目撃している。

現代宇宙論では、ブラックホールによって曲げられる時空でなら、スペースワープもタイムワープも可能である。しかしこれは光速の世界のことであって、地球上では不可能である。アラビーの経験したことは、実際に起こったというのであるから、それはどのような時空のメカニズムだったのだろうか。

ママサの蘇生術

もう一つ。インドネシアのスラウェシ島の中部山岳地域に住む先住民ママサには、人を蘇生させる呪術師が現存するという。ある時、村の若者が何百キロという遠いところで病死したという知らせが入った。さっそく呪術師がそこに急いで行って若者の死体に対面した。呪術師は彼を立たせ、自分の隣を歩かせて、一緒に野を越え山を越えて自分の村に帰った。ただし眠る時は死体に還ってしまうというから、操り人形のような形で蘇生させたのだろう。要するに遠い場所から野を越え山を越えて死体を運ぶことは、ママサの人たちには困難であり、呪術師の蘇生術によって昼間は歩かせたということである。

この呪術師は、犬ならたちどころに蘇生出来ると日本のテレビ会社の取材に応じ、実演しようとしたが成功しなかった。村の人々はこの失敗を盛んに不思議がっていた。しかしテレビを見ていた私の眼には、明らかに失敗するであろうと思われた。それは、テレビのスタッフがその術を全く信じていないからである。しかも周りで騒がしくはやし立てていては、呪術者の精神統一も難しいであろう。

例えば、大人が出来る簡単な実験がある。一人の人を椅子に座らせて、四人が彼を囲む。まず一人ずつ右手を伸ばして順々に真ん中の人の頭上にかざし、次に最初の人から左手を同じように彼の頭上にかざしてピラミッド状にしてから、全員手をほどき、椅子に座った人の脇を、二人が人差し指一本で、一人は右脇、他は左脇に差し入れて持ち上げると何と不思議、真ん中の人は三メートル近く跳ね上がる。実に軽いのである。これは学生たちと何度も試したし、八十キロを越す学生も椅子に座らせてやってみた。そのほとんどが成功したが、こういう類の現象を信じないある大学の教師だけは成功しなかった。

これは信じられない人には、通用しない。こういったことがなぜ出来るのか、理由はわからない。しかし、確かに起こるのだ。このような超常現象は信じることの出来る人にしか生起しないから、ママサの呪術者の失敗は現代文明にどっぷりと浸り、呪術をおもしろがっている手合いを加えたからに違いない。また、それで金を稼ごうとした雑念も、失敗の原因かもしれない。

一条戻橋の鬼女

さて、渡辺綱《わたなべのつな》は大江山《おおえやま》の酒呑童子《しゅてんどうじ》（⇩P.154）を討った源 頼光《みなもとのらいこう》の四天王の一人である。その綱が、頼光の使いで洛中の一条大宮まで行った。その帰り一条堀川の戻橋を渡ったとき、二十歳ばかりの美女から五条あたりまで行くところだが、夜がふけて恐ろしいので送ってくれないかと頼まれる。綱は頼光から用心にと与えられた髭切丸《ひげきりまる》という名刀を腰に差し馬に乗っていたが、女に請われるままに抱き上げて馬に乗せて送ることにした。ところが、「本当は五条にはさしたる用はない、私の行くところは都の外」と女がいいだした。堀川沿いに南に向かったが、その途中女は突如鬼となり、綱の髻《もとどり》をつかんで宙に浮き、わが行く先は愛宕山《あたごやま》（京都市北西部）と叫び北西の方向に飛んだ。しかし綱は少しもあわてず、髭切丸を抜いて鬼女の腕を切り落とした。鬼は腕を切られたまま愛宕山の方に飛び去った。

綱は鬼の腕をもって頼光の屋敷に帰り、ことの次第を報告した。鬼の腕を前にしてどう処理したものかと、頼光は晴明に相談する。まず晴明は、呪文を唱え鬼の腕を封じてから七日間、家に籠《こも》って物忌《ものい》みして仁王経《にんのうきょう》を読誦《どくじゅ》するがいいと指示した。綱はいわれる通りにしたが、物忌みの結願《けちがん》の前日、綱の養母に化けて鬼が綱の家に現れ、腕を取り戻すと屋根の破風《はふ》を突き破って逃げ去った。

この一条戻橋の伝説で、渡辺綱は橋を渡った時に鬼に会った。どうやら一条戻橋は鬼の世界、すなわち異界への入口らしい。橋は両岸に架け渡され、右岸と左岸は互いに異界であるから彼岸と此岸を結ぶものと古来から考えられてきた。この一条戻橋は堀川にかかる小橋に過ぎないが、東国から都に入る要所、近江（滋賀県）の瀬田《せた》大橋などはまさに彼岸と此岸を結ぶ代表例であって、ここにも鬼がしばしば登

▲**一条戻橋の欄干**　晴明神社境内に残されている一条戻橋の旧欄干。

場する。

渡辺綱の主人源頼光は武士として後世有名であるが、酒呑童子の伝説以外にはこれといった武勇はきかない。武勇と言えば、晴明生存時代には藤原保昌《やすまさ》が有名だ。

当時、袴垂保輔《はかまだれやすすけ》という大盗賊がいた。この袴垂が十月の朧《おぼろ》月夜、ただ一人笛を吹いて道を行くものがおり、これの衣服をはぎ取ってやろうと後をつけたが隙がない。とうとう手が出せずにその人の家に連れ込まれてしまった。そして、逆に衣を与えられ、ほうほうのていで逃げ帰った。この盗賊袴垂に衣を与えたのは、武士ではないが剛勇で知られた藤原保昌であった。これは、『今昔物語集』や『宇治拾遺物語』に見える話である。

この保昌は、自分の娘が生んだ皇子が藤原実頼《さねより》、師輔《もろすけ》兄弟に邪魔《じゃま》され天皇になれなかったため、怨霊《おんりょう》となったといわれる大納言《だいなごん》藤原元方《もとかた》の孫である。藤原元方は『輪廻《りんね》物語《ものがたり》』では、道満《どうまん》のパトロンとして登場し皇位簒奪《さんだつ》の陰謀を企む、橘《たちばな》元方のことである。

多忙を極めた晴明

この袴垂保輔とは別人と思われるが、藤原保輔という強盗の首領は存在した。寛和《かんな》元(九八五)年に土御門のあたりで、有名な文人大江匡衡《おおえのまさひら》が何者かに襲われ、左手の指を切り落とされた。それから半月ほど後、左大臣邸の新年宴会の最中、下総守《しもうさのかみ》藤原季武《としたけ》が中門の中で顔を傷つけられた。後になって、匡衡を傷つけたのは藤原斉明《なりあきら》、季武を襲ったのはその弟の保輔だったことがわかってきた。

斉明の方は四月になって近江で東国に逃げようとしているところを捕えられるが、弟保輔は三年経っても行方が杳《よう》として知れなかったが、前越前守屋敷などが強盗に襲われた。これは保輔の仕業《しわざ》であった。さらに、兄斉明を追捕《ついぶ》に向かった検非違使《けびいし》を殺そうとしているという情報まで検非違使庁に入ってきた。この時、保輔は都のど真ん中の中納言屋敷に潜伏《せんぷく》していたのである。これを検非違使や滝口《たきぐち》の武士に包囲されるが逃げのびた。たびたび情報は入るが、検非違使が急行するとそこはもぬけのからで、保輔の姿はどこにも見えない。それでも次第に追いつめられ、ついに保輔は足羽忠信《あすわただのぶ》という者に連絡してきた所を忠信に密告され、捕えられてしまった。彼はその後、獄中で死去してしまう。

保輔は洛中・姉小路《あねこうじ》の南、高倉《たかくら》の東にあった家の奥に蔵を作り、床下を深く掘って、商人を呼び寄せて物を買っては、この穴に突き落として殺していたと『宇治拾遺物語』にある。人を襲って傷つけたり殺害を計画したり、その郎党《ろうとう》が罪を被って白状したりするあたり、現代の暴力団の親分に近い。それでも斉明、保輔は中級の官位を最後まで剥奪《はくだつ》されていない。

ということは、都にはこのように官位のある役人なのに、暴力組織をもっている者がウヨウヨいて、藤原道長のような大貴族の屋敷を襲ったりしていたようだ。道長も金二千両を奪われている。このように、晴明が活躍していた頃の京の都は、目に見えない鬼が漆黒《しっこく》の闇の中を往来していたばかりでなく、生きた鬼である中・下級貴族が白昼わがもの顔に跋扈《ばっこ》して、悪さを働いていたのである。

　これを取締まるのが検非違使である。これは現在ならば警察ということになるが、人員もそう多くなく、頻発する事件には対応できなかった。それならば武士ということになるが、武士もせいぜい摂関《せっかん》家や上級貴族の用心棒程度の数しかいないので、これもあまり役立たない。だから、晴明のような陰陽師の加持祈祷で、強盗をも調伏《ちょうぶく》しようとするのであり、晴明が多忙を極めたのは無理からぬことである。

王城の守護としての武士

　それしても、この当時の武士は何をしていたのだろうか。晴明が壮年に達してからの大事件といえば、安和《あんな》二(九六九)年の安和の変である。左大臣　源　高明《みなもとのたかあきら》を失脚させるために仕組まれた陰謀であったが、藤原道長の祖父師輔《もろすけ》がこの陰謀の主役だった。橘　繁延《たちばなのしげのぶ》、源　連《みなもとのむらじ》の二人が主謀し

▲今昔物語絵巻「鬼に瘤《こぶ》とらるる事」の図　しかし本当に恐ろしいのは、白昼に闊歩《かっぽ》する生きた鬼たちではないか。

て謀反しようとしていると密告があって、朝廷は大騒動となり、繁延、連の他一味は一網打尽《いちもうだじん》に捕らえられたが、この事件の背後には源高明がいるというので、かつての菅原道真《すがわらのみちざね》のように大宰権帥《だざいごんのそち》に左遷《させん》されてしまった。

これはほとんどでっち上げであるが、密告者は源満仲《みつなか》、藤原善時《よしとき》である。源満仲は清和《せいわ》天皇の孫源基《もと》経《つね》の子で、当時最も勢力をもった武士である。この密告によって彼は何を得たのか。それは藤原師輔に恩を売ったことである。師輔は摂政・関白にはならなかったが、摂関家の基礎を築いた人で、満仲はこの事件以降、摂関家の忠実な番犬となりながら、武士の統領としての地位を築いていった。

さらに満仲の嫡子頼光《らいこう》は、この父の路線を徹底させていく。頼光は、本当に伝説の如き雄士だったのかと疑いたくなるほどである。

▲盗賊の横行　盗賊が邸内の品物を運びだしている。袴《はかま》垂《だれ》はこうした盗賊の親分であったのか。『徒然草《つれづれぐさ》絵巻』より。

藤原道長の絶頂の頃のことである。道長が土御門邸を新築した時、頼光は伊予守《いよのかみ》であったが、新邸に必要な日用の調度品や装束《しょうぞく》のいっさいを献上して世間の人々をあっといわせた。厨子《ずし》、鏡、剣、銀器、琴、鞍、屏風二十帖、几帳《きちょう》二十基、唐櫃《からびつ》には夏冬の衣装をおさめ、皿小鉢から炭取、桶、箒《ほうき》に至るまで、善美が尽くされていた。多勢の人夫《にんぷ》にこれをかつがせ、行列を作ってぞくぞくと新邸に運び入れた。この大デモンストレーションを道長が喜んだのはいうまでもない。彼がこのようなことが出来たのも、備前守、伊予守と実入りのいい国司を勤めて、財を蓄えていたからに他ならない。

これが当時最高の武士の実体であって、寛仁《かんにん》三（一〇一九）年、北九州や壱岐《いき》、対馬《つしま》を襲われ二千人近くが殺害されたり連れ去られた刀伊《とい》（女真《じょしん》後の満州族）の乱に、頼光や源氏軍が出動した気配はまったくない。ただひたすら摂関家の御機嫌とりをしていたに過ぎないようだ。

▲安倍泰邦《たいほう》墓（京都市下京区梅小路）　江戸時代の土御門家の菩提所とされる梅林寺《ばいりんじ》には同家の江戸時代の墓碑が24墓ある。このうち、安倍泰邦は寛延4（1751）年に晴明につながる天文台石をつくったことで有名である（⇨P.54）。

三　戻橋にさらされた利休の首

利休と晴明

一条戻橋は晴明の屋敷の向かいにあったが、晴明よりずっと後の世、千利休《せんのりきゅう》は豊臣秀吉に死罪を言い渡され、一条戻橋で首をさらされている。秀吉が何故ここで利休の首をさらしたのかはわからないが、この頃、一条戻橋は首のさらし場所だったのか。

しかし聚楽第《じゅらくだい》の目と鼻の先のこの橋が、首のさらし場所であったとはとうてい思えない。秀吉はこの橋の由来を知っていて、利休の首を特別にここにさらしたとしか考えられない。それでは、秀吉にとって利休とはどのような存在であったのか。もし晴明が織田信長時代に生存していたら、千利休のような存在になったのではないかと述べた(⇩P.30)。それは具体的にどのようなことなのか。

それを探るには、まず織田信長の「茶の湯政道」から見る必要がある。信長は功のあった武将を賞するのに、茶会を主催することを許すことで済ますことが多かった。これを茶の湯免許といった。全国を統一していたわけではなかったので、領地を与えたくても出来なかったということもあるが、本来彼はけちだったともよくいわれる。しかし、単にそれだけで「茶の湯政道」を行ったのであろうか。超合理主義者信長にとっては、権威は存在しないし、もちろん信仰の対象もない。信長は晩年、自らを神となし、家臣には自分を崇《あが》めよと強要したくらいである。天皇の存在すら邪魔で、天皇及び朝廷を廃止して

▲聚楽第図屏風　秀吉が京都に造営した聚楽第は、東は大宮通、西は浄福寺通、北は一条通、南は出水通という壮大なもの。一条戻橋のある堀川通とは、目と鼻の先である。

しまおうと思っており、それが本能寺《ほんのうじ》の変の本当の原因だったと思える節すらある。

信長には五人の茶頭《さどう》がいた。股肱《ここう》の臣で代官松井友閑《ゆうかん》、京の不住庵梅雪《ばいせつ》、堺《さかい》（大阪府）の町衆千宗易《せんのそうえき》（利休）、今井宗久《そうきゅう》、津田宗及《そうぎゅう》の五人であった。堺の三人の商人の中では、利休は中級の商人で、宗久と宗及は豪商であり、信長にはそれが魅力でもあった。利休こそは、茶の湯の実力がかわれていたことになる。

とはいっても「茶の湯政道」は、武将の恩賞として免許を与えるためのものであるから、免許授与者である信長は宗匠である。いわば「茶の湯政道」とは、彼の家臣からすれば信長教であり、茶頭はさしずめ司祭であろうか。

五人の茶頭の中で、最も司祭らしいのが利休だったというわけである。信長が尾張《おわり》（愛知県）、美濃《みの》（岐阜県）の大名に過ぎなかった頃には、茶の湯もまだ信長教というほどにはなっていなかっただろう。しかし、天下統一が目前に迫っていた晩年には、この信長教は効果絶大であった。この当時までの利休は、信長には茶頭であっても、やはり堺の商人としての役割も果たさなければならず、鉄砲などの武器の調達を命じられたりしている。ところが、天正十（一五八二）年に本能寺の変で、信長はあえなく討死してしまった。

これ以後、利休は秀吉の茶頭となった。何事も信長を模倣してやまない秀吉は、茶の湯を盛んに行う。利休は先君の茶頭であって、信長教の優秀な司祭として秀吉さえも頭を下げなければならない存在だったから、彼の茶会では利休はカリスマとなりかねなかった。たとえカリスマとはいわなくても、平安中期の晴明のような役割を果たすようになっていた。

もちろん利休は呪術者ではない。秀吉も信長譲りの合理主義者であるから、武田信玄のように高僧を侍《はべ》らせてその呪術力を活用するなどということはしなかった。武田家が滅びる時、武田の領地から集められた高僧は雪岑《せきしん》、藍田《らんでん》、快川《かいせん》らの長老であり、これが甲斐《かい》（山梨県）の恵林寺《えりんじ》に押し込められて焼き殺されたが、彼らはもちろん優れた呪術者であった。信玄はこの呪術者たちを諸国に外交僧として派遣し、信長包囲網を形成したので、これを憎悪した信長が焼き殺したのだ。秀吉もこれを熟知していたから、決して呪術者を側に用いる気はなかった。晴明は藤原道長に親近したが、これほどの呪術者を侍らせていたから、人々はそのことでも道長を畏怖《いふ》したのだろう。

権力者には、このように人を畏怖させる何事かが必要だ。

超人になりそこねた利休

秀吉は、信長のようなカリスマ的素質に恵まれていなかった。同じ茶の湯でも、秀吉は諸大名との外交にこれを活用した。利休を超達人として諸大名に売り込み、これを側近に用いることで彼は権威を誇示しようとした。茶の湯には神秘性はまったくない。しかし、利休の像を必要以上に大きくさせることで、うまい具合にこの道にもそれなりの神秘感を漂わせることができた。利休の侘《わ》び茶は、禅臭さをおびさせることで秀吉の期待にこたえたともいえる。華やかな大名茶だけでは茶頭は目立たないし、神秘化もされない。大名茶では財力のあるパトロン、秀吉が目立つだけだからだ。万事派手好きな秀吉が利休の侘び茶を我慢してたしなんだのも、利休を神秘化しようというもくろみからであった。それは成功した。ここで利休は、道長にとっての晴明のような存在となった。しかし、それは見かけだけのことであった。というのも、利休に茶の湯以外にこれといった能力があったわけではないからである。

秀吉の弟豊臣秀長《ひでなが》は、兄を助けついには天下を取らせるまでに至る。この秀長は秀吉とは異父兄弟であり、彼の父は山窩《さんか》の頭領だった可能性が高い。山窩は表向きは箕《み》作りであるが、スパイ活動などを専門とする特殊技術者で、忍者を輩出するのも彼らだったといわれている。秀吉は情報収集に優れていて、信長は秀吉のその能力を大きくかっていた。秀吉の情報網は弟秀長が作り上げたもので、彼の陰働きがあったればこそ秀吉が本能寺の変をいち早く知り、的確な対応策で見事に天下取りが出来たのだ。

利休の祖父は千阿弥《せんのあみ》というが、彼にも特殊技術者集団との繋《つな》がりが匂う。利休と秀長は親しく、当時の大名たちは表のことは秀長に、内向きのことは利休に相談せよと秀吉にいわれていたほどだ。秀吉政権にとって秀長、利休は車の両輪であった。これも秀吉が仕向けたことだが、特殊技術者集団との繋がりを軸に、秀長と利休は信長時代から連携していたとも思えるほどに、二人は互いを必要ともしていた。ところが利休は天正十九(一五九一)年、秀長死去後、間もなく秀吉に死罪を命じられた。

利休は、秀吉によって自分が偶像化されていたことに気付かなかった。利休は茶の湯の大宗匠《だいそうしょう》として神格化して自分をとらえていた。しかし、これは秀吉が故意に作り上げた虚像なのだ。それだけでなく、利休には政治的野心もあったのだろう。徳川家康や伊達《だて》政宗《まさむね》などと交流し、石田三成《みつなり》に対抗した派閥を形成しようとしていた様子もうかがえる。ともかく利休は切腹して果てた。彼の死体は最下級の罪人と同様に扱われた。すでに利休の死の直前に、一条戻橋には利休が自ら作らせて、大徳寺山門に納めた木像が引っぱり出されてはりつけになっていた。利休の切腹を知らせて来た蒔田《まきた》淡路守《あわじのかみ》に秀吉は、「首実検《じっけん》無用、首は戻橋、戻橋」といって座を立ってしまった。一条戻橋は異界への入口、また人が蘇生する場所でもある。もちろん秀吉は利休に蘇生を求めたのではないが、冥府《めいふ》へ急がせるわけでもなく、異界への入口、戻橋でしばし足を止めよとでも語りたかったのか。

秀吉は無意識ではあったにしても、晴明になりそこねた利休を戻橋にさらして、利休を晴明があの世で迎えてくれることを期待したのかもしれない。そうでない限り、聚楽第《じゅらくだい》と至近にある戻橋に首をさらした意味が解けない。派手好みな秀吉が侘び茶を嫌ったことが、利休を殺した理由だとよくいわれるが、それは野上弥生子《のがみやえこ》の『秀吉と利休』の中でのフィクションに過ぎない。実際に利休の死後、秀吉は利休を偲《しの》んで侘び茶をよくたしなんだ。利休が晴明になりそこねたことが、悔やまれたのかもしれない。

第十章　唐土の神を呼び込む

一　『今昔物語集』にみる医師と陰陽師たち

寿命の操作

安倍晴明は泰山府君祭《たいざんふくんさい》をさかんに行った。藤巻一保は、泰山府君を次のように説明する（『安倍晴明』学習研究社、一九九七年）。

「泰山府君とは中国古代に崇拝された東西南北、中央の五霊山のうち東獄泰山の主神で、後に仏教の閻魔《えんま》大王と習合《しゅうごう》し、人間の寿命と福禄《ふくろく》を支配する冥府《めいふ》の神となった。すべての人間は冥府の戸籍に登録されていて、それに記載された寿命が尽きると冥府に召還される。ただし、泰山府君のみは戸籍の年齢を書き換える権能を持つと信じられたので、この神を祀って寿命の延長と福禄を祈った。これが泰山府君の祭りである。壇を設けて天地陰陽五行の行事をし、千寿万歳を祈祷して祭文《さいもん》を唱え、秘府、霊章、鎮札を取り扱う秘宝の儀式といわれている」

以下は、『今昔物語集』十九巻二十四話の概略である。

ある名僧が重病に陥り、祈祷などいろいろな手を尽くしても治らないので、弟子たちは晴明を呼び泰山府君の祭りを依頼した。晴明は「もはや泰山府君の祭りをしても治らないが、誰か一人身代わりを立て、その人の名を祭りの都状《とじょう》に記すと、その身代わりは死ぬがこの僧は助かるだろう」と言った。しかし、身代わりになろうとする弟子はいなかった。そこへ、普段は目立たず師からも目をかけられていないために粗末な小屋住みを余儀なくされていた一人の弟子が、それならば私が身代わりになろうと申し出た。晴明がその弟子の名を都状に書き、丁重《ていちょう》に祭りを行うと、師の病気は急激に快方に向かった。

一方、身代わりの弟子は死穢《しあい》に触れても差し支えない部屋に移って、ただ一心に祈り続けた。その声は外にも聞こえていた。もう死んでいるだろうと他の弟子たちも思うのだが、どうも死んだ気配がない。そのうちに夜も明けた。そこに晴明がやって来て「和尚様は心配ない。身代わりの弟子もだいじょうぶで、二人とも命を全《まっと》う出来た」と言って帰った。

▲人間の寿命を司る神、泰山府君　陰陽師は泰山府君の法によって人の生命を甦らせた。

身代わりの弟子の至誠の心情を、泰山府君が哀れと思い救ったのに違いない。この後、師はこの身代わりの弟子を重用するようになった。

近江(滋賀県)の三井寺《みいでら》(園城寺《おんじょうじ》)に関わる往生伝《おうじょうでん》の『三井往生伝』に同じ話が載っているが、名僧とは三井寺の智興《ちこう》で、身代わりは証空《しょうくう》なのだという。さらに鎌倉時代に原型が成立した軍記物の『曽我《そが》物語』第七巻にも同種の話があり、ここでは晴明の祈祷の様子を詳細に記している。「七尺四方に床を区画して、五色の幣《へい》を立て並べて、金銭をまき、数々のお供道具、菓子を盛り立て、証空を中に据《す》えて晴明は礼拝《らいはい》恭敬《くぎょう》して数珠《じゅず》をさらさらと押しもみ、上は梵天帝釈《ぼんてんたいしゃく》、四大天王、下は堅牢地神《けんろうちじん》、八大龍王まで勧請して祭文を読む」とある。

神社の神官と寺の和尚《おしょう》のやることを一緒くたにしてやっているような感じである。というよりも、修験道者の礼拝に酷似《こくじ》している。

いずれにしても晴明は泰山府君の祭りをすることで、人の寿命を自由自在に操作することが出来た、と当時の人々には信じられていた。『三井往生伝』には「晴明といっていいような陰陽頭」と書かれている。陰陽師の晴明は、医師のように病人の身体に触るでもなければ、顔色を見て病種を見立てるわけでもない。薬も使わなかったであろうに、よくも人々の生命を延ばしたり、縮めたり自由に操作出来たものである。確かに晴明は「神が如き存在」に違いなかった。

医師たちの活躍

それでは、この当時の人々の病を直接治療したであろう医師は、どのようなことをしていたのだろうか。『今昔物語集』二十四巻の七話から十二話までが医師のことである。このすぐ後に続くのが陰陽師の数々の説話であるから、この書が成立した平安末期の人々には、医師と陰陽師は似た術者として考えられていたのであろう。この書の二十四巻は様々な術者、碁《ご》打ちとか人相見《にんそうみ》の得意な僧の話などが書かれていることから、医師も陰陽師も術者の仲間であったと思われる。

『今昔物語集』二十四巻の七話は、回虫《かいちゅう》、条虫《さなだむし》のために顔がむくんだ女の話である。五十歳くらいの女が医師たちの宴会に突然やって来て「これだけの名医が一堂に会しているのだから、私の病気を見立て、治療法を教えてくれ」と言う。何ともかしこい女だと医師たちは感心して診断してやる。顔が水ぶくれして鼻の位置もわからなくなっている。医師は条虫のせいだと、尻からそれを抜いてやると、この女の顔はもとどおりになったとある。

回虫とは現在では見られなくなったが、私が子供の頃は大勢の人の腹の中にいて、ひどい時にはこれが腸を喰い破り、それがもとで死亡する例もあった。特にサナダムシは強力で、二〜三メートルの長さがあった。これを途中で切れないように尻から抜き取るのはそれなりに難しかった。回虫はたいてい肥料である人糞《じんぷん》にハエのような虫が卵を産み落とし、それが野菜について人の口の中に入り、卵がかえり幼虫となる。要は寄生虫である。

八話は、美人の陰部に出来た命に関わる程の大きなできものを、好色老医師が治療し完治させてやっ

▲看病する典薬頭(医師)
(『今昔物語』挿し絵、国立国会図書館蔵)

たのに、結局はこの女に逃げられて惜やし涙にくれる話である。これも美人の陰部の毛をかきわけかきわけ、できもののところを冷やしたり薬を塗ったりして、懇切丁寧《こんせつていねい》に治療している。

九話は、桑の木に登っていた娘が蛇に狙われ交接してしまい、そのままの状態で桑の根元で意識不明になり昏倒《こんとう》してしまう。名医が駆けつけ、いろいろ調合した薬の汁を陰部に注ぎ込むと、ようやく蛇は抜け、娘は正気にもどった。ところが、この娘はまた蛇に交接されたが、今度はもう誰も助けにこなかったので死んでしまったとある。それでも、医師は薬を調合して娘の昏倒の原因を除去してやっている。

十話は、中国では貴重な薬であるのに、日本人はそのことを知らずにいたため、中国人医師が教えてくれたという薬の知識のことである。

十一話は、落雷を見て急に身体の力をなくして床についた男を、医師が灰の中に埋め、顔だけ出させて正常に戻すという話である。男は「金の手を見て力を失った」と言うが、医師は「龍を見たのだ、龍を見たものはこうするといい」と言って正常に戻したのだが、ここで灰を用いているのがミソだ。

十二話は、雅忠《まさただ》という人がある人の家を見て、かさの病がその家にあることを見事に当てたという話であるが、内容は欠落している。

十二話は別として以上のことから見ても、医師たちは治療に際して少なくとも薬を使用していて、晴明のやりかたとは違う。さらに、医師は患者の身体にも直接触れて、患部に薬を塗るなどして治療している。こうしてみてくると医師の方はすることが具体的であったので、一般の人々にも彼らのすることはよく理解出来たに違いない。ところが晴明のすることは具体性には欠けるのに、病が治ったり寿命が延びたりするのである。これは当時の人々にとって不思議だったであろう。もちろん、科学万能の現代ならば、このような超能力は平安時代よりもっと不思議がられるに違いない。

このいくつかの説話からすれば、医術も極めて素朴であるが、具体性がある分、科学の匂いはする。平安時代の人々といえども、具体性に富む医師の方が、陰陽師に比べてはるかに理解しやすかったであろうし、確かに病も治療できると信じていたのは間違いない。ただ、難病が問題であった。これは医師の力ではどうにもならない。ここに、晴明のような呪術力の優れた陰陽師の存在する意義があったのだ。寿命操作をすることは、現代医学ならあたりまえだが、当時は陰陽師にしか出来なかった。

陰陽師の出番

陰陽師と医師の違いはほぼわかったと思うが、それでは陰陽師はまったく医学と無関係だったのかといえばそうではなかったらしい。晴明の著書である『占事略決《せんじりゃくけつ》』は占事、すなわち占いのことが書かれているに違いないが、晴明は他人様《ひとさま》の寿命を操作するくらいだから、病気も支配していたことがこの書からもよくわかる。この書には陰陽五行の理論や天変地異や吉凶《きっきょう》の占い以外にも、直接病気と関わる項目もいくつか挙げられている。たとえば、(イ)病気の原因となる鬼の祟《たた》りを判断するための『占病祟法』、(ロ)病の消長を占う『占病死生法』、(ハ)出産期を占う『占産期法』、(ニ)新生児の性別を占う『占産男女法』などは医師の世界に近いのではないか。もちろん、占いであるから診断したり薬を処方するわけではないが、特に(ロ)の『占病死生法』などは医師のすることに重なっている。

晴明は生存中当代一の陰陽師であったが、彼以外の陰陽師のことは『今昔物語集』の随所に記されている。ただし、晴明や晴明の師の賀茂忠行《かものただゆき》、保憲《やすのり》親子のように高名ではなかったのか名は記されていないことが多い。そこで、これまで挙げたものの他に、代表的な例を二、三みてみよう。

ある男が長年連れ添った女房と離別したら、女房はそれを恨み死んでしまった。女房には父母もいなかったので、死体は家の中にそのままになっていた。髪もあり骨もバラバラになることはなく、家の中には真青の光が発し、家はガタガタと振動し家鳴りもするので、隣の人は逃げ惑った。

この話を聞いた夫である男は、自分はいずれこの死霊《しりょう》にとり殺されるだろうと恐れ、陰陽師に相談した。陰陽師は「それを逃れるには非常に恐ろしいことになるが」といいながらも、女房の家に男を連れて行った。陰陽師は男を死体の背に馬乗りにさせ、髪の毛をつかませ「再び、自分が来るまでこのままでいなさい、髪の毛を絶対に放すな」と言ってから、呪文《じゅもん》を唱え祈祷《きとう》して帰って行った。

真夜中になると死人は「ああ重たい、あいつを探して来よう」と立ち上がりはるか遠くに出かけたが、男は髪の毛をつかんだまま死体の背にぶら下がっていた。そのうち、死体は家に帰り横たわった。男は依然として髪の毛をつかみ死体の背にまたがっていたが、やがて鶏が鳴くと死体は静かになった。夜が明け陰陽師がやって来て「恐かったであろうが髪の毛を放さなかったか」と聞くので「放さなかった」と男が答えると、死人に向かって呪文を唱え祈祷してから「もうこれから恐れる必要はない」と言って男を連れて家に帰った。これ以後、この男は長生きをした。これは二十四巻の二十話である。

この陰陽師は客の恐怖をやわらげてやったのだが、一方、一晩中死体と一緒にさせて、女房を捨てた彼の無情を反省させている、と現代の私なら思うところである。

▲出産に立ちあう陰陽師　平安時代は、陰陽師にはさまざまな活躍の場があった。図は出産の際、陰陽師が外で魔除けの鳴弦（弦打ち）をしているところ。（『北野天神縁起絵巻』）

次の話に移る。式部卿《しきぶきょう》の親王が、南の山を身丈《みのたけ》三尺《しゃく》（九十センチ）の太った五位がたびたび歩いているのを見て怪しみ、陰陽師に「これは誰かの祟《たた》りか」と聞くと、陰陽師は「銅器の祟りであり、御殿《ごてん》の東西の隅の中にそれはある」と答えた。それでそこを掘らせたが何も出て来なかったので、陰陽師はもう一度占って、もう二、三尺（六十〜九十センチ）深く掘れという。そうしたら、今度こそ銅のバケツが出て来た。これ以後、五位は歩かなくなった。銅のバケツが人間になって歩いていたのだ。これは現代では理解しがたい現象だが、親王は、小さな五位の白昼夢を見ていたのだろうか。

さらに、播磨国《はりまのくに》(兵庫県)のある人が死んだので、穢《けが》れ祓《はら》いをさせようと、陰陽師を呼ぶと、「某日鬼が来るから、軽く物忌《ものい》みせよ」と言うから、当日はその通りにした。「鬼は何処から来るのか」と陰陽師に聞くと「門からやって来る」と言う。やがて、門から見知らぬ男がやって来てかまどの所に立った。家人はそれは鬼だと肝《きも》を冷やした。この家の子が男に喰われて死ぬくらいならと思って、この見知らぬ男に矢を射った。矢は彼の胸の真ん中に当たったが、矢は刺さらずはね返ってきた。すると、その男は立ち上がり走り出したかと思うとふっとかき消えた。鬼を射ったはずなのに、その後もこの家には、鬼の報復もなく、なにも起きなかった。それでは、鬼のことは陰陽師のデッチあげかとも思うが、矢がはね返って来たからやはり鬼だったのか。こんなふうに陰陽師が疑われている。以上二話は二十七巻にある。

次は、陰陽師ではないが予知能力に優れた僧の話を紹介しよう。先ほどの元女房の死体の髪の毛をつかんで放さないようにさせられた男の話に続くものである。この配列からも、この僧の能力は陰陽師に近いことを示している(二十四巻二十一話)。

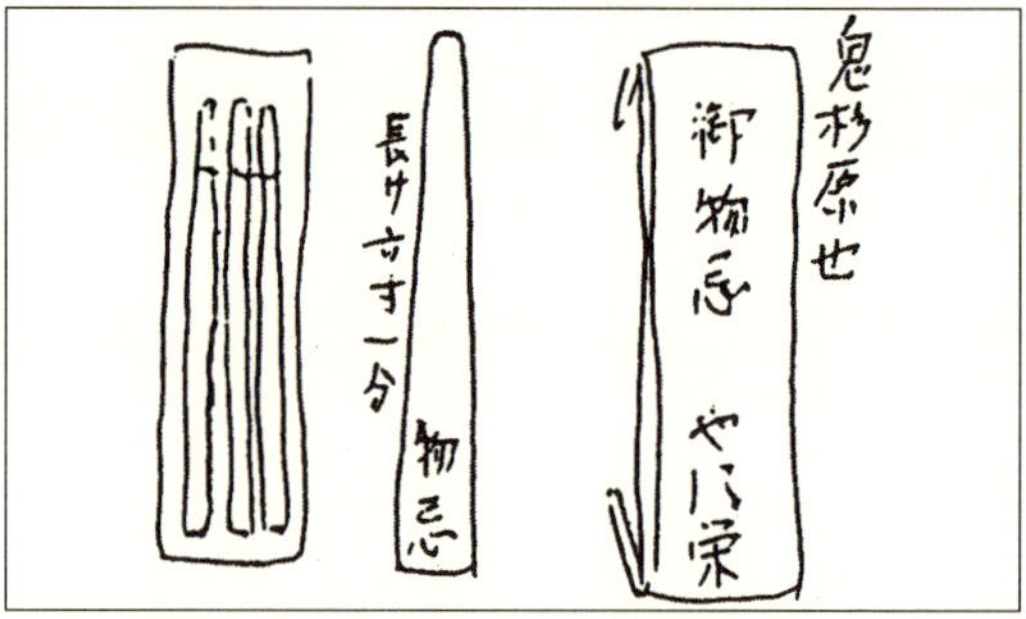

▲物忌みの札　物忌みはある期間、飲食や行為をつつしみ、身体を浄め、不浄を避けることだが、その間は柳の木を3分ほどの長さに削り、そこに「物忌」と書いて冠や簾《す》にかけた(図は遠藤克巳『近世陰陽道史の研究』より)。

登照《とうしょう》という僧が朱雀門《すざくもん》の前を通ると、大勢の老若男女がその門の下で腰を下ろして休んでいる。みると全員に死相が出ている。一人や二人が死ぬというならわかるが、全員とはおかしい。登照は、そうか門が倒れるのだな、そうなると一瞬のうちにみんな死んでしまうに違いない、と気がついた。

登照は彼らに「門が倒れるぞ、早く出てこい」と叫ぶと、これを聞いたものは慌《あわ》てて門の下から出て来た。登照は遠く離れて立っていたが、風も吹かず地震もおこらず門にほんの少しの歪みもないのに、にわかに門が傾いて地響きをたてて倒れてしまった。大急ぎで避難した者は助かったが、そ知らぬ風でなかなか出て来なかった何人かは押し潰《つぶ》されて死んでしまった。

さらにこの登照は別のある夜、外を笛を吹いて行く者の笛の音で、その者が短命であることを知り、弟子を呼んで笛の音の主に注意させようとした。しかし、その者は、豪雨の中をすたすた遠ざかってしまってそれが出来なかった。ところがそれから数日後、また同じ笛を聞いたが、今度は寿命が延びている。不思議に思った登照は、弟子にいいつけて笛の男を家に呼び入れ、わけを話して「なぜ、寿命が延びたか、何かしたのか」と聞くと、男は「今夜一晩中、ある僧の普賢講《ふげんこう》の伽陀《かだ》に合わせて笛を吹いていただけだ」と答えた。

ここでは笛の男が仏縁によって助かったが、それを登照が、笛の音を聞いただけで寿命の伸縮を判断したということを強調している。登照は人相や笛の音相によって、人の生死や寿命の短長が瞬時に予測出来たということである。

二　唐土の神、泰山府君

泰山府君の伝説

さて、先の僧登照の例も含めて、晴明は間違いなくここで示されている陰陽師の能力をすべて備えていたはずである。それに加えて、晴明は泰山府君《たいざんふくん》の祭によって人の寿命を操作することも出来た。晴明の陰陽道にとってこのことが重大だ。この泰山府君について、志村有弘も『陰陽師安倍晴明』(角川文庫、一九九九年)で引用例を紹介しているので、簡単に要約しておきたい。

中国の隋《ずい》の大業《たいぎょう》時代(六〇五～六一六年)に一人の僧がいた。泰山(中国・山東省)の廟堂《びょうどう》に行き宿泊しようとすると、廟の役人は「ここに宿泊して無事に帰った人はいない。必ず死ぬからやめた方がいい」と助言した。しかし、僧は「人間、一度は死ぬから」とかまわず泊まった。夜になって、僧が静かに座って読経《どきょう》していると高貴な尊者《そんじゃ》が、玉飾りの音とともに現れた。僧は尊者に「泰山府君は人を殺すのですか」と聞くと、その尊者は「いやそうではない。ここに泊まった者は皆、私の音に恐れをなして勝手に死んでいるだけだ、恐れることはない」と答えた。そこで、僧が「泰山府君が人の魂を治める神ならば、かつて私が共に学んだ二人の僧の、死後のことを知りたい」と言うと、尊者は「一人は人間界に生まれ変わり、もう一人は地獄にいる」と答えて、地獄に案内してくれた。

見ると、地獄の火の中でひたすら叫んでいるのが友人であった。尊者と僧はともかく現世に戻ったが、僧が「あの友人を救いたい」と言うと、尊者に「法華経《ほけきょう》を書写するとよい」と教えられる。僧はもとの棲家《すみか》に帰って法華経を書写し、友人のために供養した後、その経をもって再び泰山の廟に出かけた。尊者を訪れると「あなたの法華経のおかげで友人はもはや苦界から逃れ、生まれ変わることが出来た」と教えてくれた。それならばと、僧が「経をこの廟に安置したい」と言うと、尊者は「ここは清浄な所ではないから、持って帰って寺に納めよ」と言った。この尊者こそ泰山府君である。志村は泰山の神が「此の所、浄き所に非ず」と言っていることから、泰山は必ずしも清浄な所ではなく死霊も集まるのだ、とも指摘している。

▲泰山（中国・山東省）　標高1540メートル。死者の霊魂が帰ってゆく山とされ、秦《しん》の始皇帝《しこうてい》をはじめ歴代の皇帝が、封禅《ほうぜん》（帝位安泰と天帝の加護を祈るための祭り）を行った。

もう一つ、中国の『捜神記《そうしんき》』にも泰山府君の伝説がある。胡母班《こぼはん》という者が泰山に行ったとき、泰山府君から婿《むこ》の河伯《かはく》（河の神）への手紙を頼まれた。手紙を河伯に渡し、今度は返事をもらって泰山を訪れた。泰山府君に返事を差し出してから、胡母班が厠《かわや》に行くと、数百人の者と一緒に父が刑具をつけて苦役に苦しんでいるのが見えた。父に問うと「死んでから三年間、刑でこうして苦しんでいる。救ってくれ。故郷の土地の神にでもなりたい」と頼まれた。さっそく胡母班が、泰山府君に願い出ると、「生者と死者の世界は違うから、近寄ってはならない。危険だ」と注意された。

しかし、なおも頼むと、泰山府君も承知したので、胡母班は故郷に帰った。ところが一年以内に子供たちが次々と死んでしまった。恐れて胡母班が、その苦情を泰山府君に訴えると「だから危険だと言ったのだ」と言って、父を召し出した。父が言うには、「故郷の土地の神になったが、孫可愛さの余り、手元に呼び寄せてしまった」らしい。そこで、泰山府君は土地の神を交代させ、子供たちを現世に戻してくれた。その後、胡母班の子供たちはつつがなかった。

泰山府君は寿命を預かる神であることが、この話からもうかがえる。

唐土から呼び寄せられた泰山府君

泰山府君祭は、晴明の専売特許の観がある。晴明はこれを何処《どこ》でいつ、身につけたのか。伝説では晴明は渡唐したことになっているが、当時は国風化の時代だから、本当に中国に渡ったかどうかはわからない。『簠簋《ほき》抄《しょう》』では大唐《だいとう》から伯道《はくどう》上人がやって来て、晴明を蘇生させてくれる。この伯道のように、晴明には泰山府君祭を教授してくれるような大唐の仙人でもいたのだろうか。晴明と同一時代の人で、九州大宰府《だざいふ》の長官であった藤原在国《ありくに》は、若い頃筑紫《つくし》(九州地方)にいたとき、父が急病で死んだので泰山府君の祭をして父を蘇生させた。しかし、これは素人の行うことでないと冥府《めいふ》の役人に言われたというから、在国は身代わりに一度あの世にいって来たのか。ともかく、許されてこの世に戻っている。こうなると、泰山府君祭が晴明の専売特許とばかりは言えないが、記録でも晴明がこれを行った回数が圧倒的に多いのは間違いない事実である。

いずれにしても、泰山府君祭は蘇生と関係があるから、伝説のように伯道上人のような人が日本に存在していたのだろうか。土御門《つちみかど》家の家伝である『安倍仲磨生死流傳輪廻《りんね》物語』にも伯道上人は出てくるから、この伝説は単なる絵空事ではないのかもしれない。しかし私は先に、伯道上人は役小角《えんのおづぬ》をモデルにしているに違いないと書いた。もし、伯道上人のような本場中国、大唐の仙人が日本に渡って来たとしたら、しかも京都に姿を現していたのなら、晴明だけと繋《つな》がりをもつというわけにはいかなかったはずだ。

とはいえ、伝説のように晴明が唐に渡って修行したという可能性はまったくないのであろうか。このあたりのことを、もう一度検証しておかなければならない。

国風化の状態にあった平安中期までは、少なくとも官人は海外に出ることを禁じられていた。晴明は若い時に賀茂忠行《かものただゆき》の弟子となったが、どういうわけか四歳しか年長でない忠行の子、保憲《やすのり》の弟子ともなっている。これはどうも合点《がてん》がいかない。晴明の足跡がはっきりするのは、天元《てんげん》元（九七八）年で、師保憲死去直後からであり、それまでのことはよくわからない。晴明が賀茂親子二代の弟子となっているのは、たとえば、忠行のもとを一時去って相当長い間、何処かで秘かに修行していて、帰って来た時には保憲が陰陽道の後を継いでいた。そこで晴明が陰陽師として世に出るためには、陰陽道の総元締《もとじ》めである保憲の弟子になっておかなければならなかった、という事情でもあったのではないか。この可能性ならば大いにあり得る。

応仁《おうにん》元（一四六七）年、臥雲《がうん》という僧の日記に、晴明の伝説を語っているくだりがある。そこには、二羽のカラスの会話のこと、晴明には父母がなく化生《けしょう》の者であって、その墓は奥州《おうしゅう》（陸奥《むつ》国のこと、今の福島、宮城、岩手、青森地方）にある、としている。室町中期まで、晴明の墓といわれるものが奥州にあったのだ。『簠簋抄《ほきしょう》』ではほぼ十年、晴明は家を空けていて中国で修行していたことになっている。しかも、その修行の時期は、晴明が都に出て有名となり、道満《どうまん》と技比べした後となっている。

この前後関係が何事かを伝えているのだとしたら、晴明は師、忠行のもとを離れて何処かに行ったことになりそうである。それが陸奥国だったのではないか。たとえば、それが晴明が三十歳前後の年齢の時のことだったとしたら、天暦四（九五〇）年あたりのことになり、当時の陸奥六郡の支配者は安倍《あべ》氏だった（⇩P.166）。安倍氏はこの時より百年後に、前九年《ぜんくねん》の役《えき》（一〇五一～六二年）とよばれる死闘を朝廷軍と演じることになる。つまり、それほどの財力を有していたのだ。九五〇年あたりでも蝦夷《えぞ》の長であって、背後に北東北や北海道を控えていて、勢力を誇っていた。また、それだけではなく大陸との交流も頻繁に行っていたようである。

『宇治拾遺物語《うじしゅういものがたり》』巻十五の二話にこのような話がある。

前九年の役の直前のことのようである。安部頼時《あべのよりとき》は朝廷と戦う決心をしたときに、万が一のことを心配して住む所を探すため、息子の貞任《さだとう》、宗任《むねとう》と従者二十人ほどを引き連れて、食料、酒などたっぷり船に積み込み海に出た。陸地に着くとそこは大河の河口であった。それから川を遡《さかのぼ》って七日間も行ったが、人のいる気配もない。さらに三十日ほど上った時に、地響きするような音がしたので、何事だろうかと思い、恐る恐る葦《あし》原に隠れて音のする方を覗《のぞ》いてみると、絵に描かれた胡人《こじん》の姿をした者が、赤い物で頭を結び、幾人も馬に乗って続いてやって来た。見ているうちに、次から次へ数も知らずやってきて、騎馬《きば》は千騎にもなり、それぞれ徒歩の従者を側に引き連れて、大河を渡っていた。彼らのしゃべる言葉は何処の言葉かさっぱり理解出来なかった。三十日も上っても浅瀬は一か所もなかったのに、その場所だけが浅瀬なのかと、彼らが去った後に調べてみると、そこはやはり深い渕であった。馬筏《いかだ》を作って泳がせて河を渡ったことを知って、頼時の一行は恐ろしくなって帰ったという。

晴明は渡唐したのか

この話に出て来る胡国《ここく》を、定説では北海道らしいというが、北海道には三十日も大船で遡れる大河はない。これは明らかに大陸である。蝦夷は常時、大陸と交通していたから頼時もこのようなことが出来たのであろう。ただしこの時は、万が一の時の非難場所探しが目的であり、さし迫った決戦であわただしかったこともあろう。案内人をつけられなかったためにむなしく帰国したのだ。

この話は、乱後に朝廷軍に捕らえられ、九州に流された宗任が語ったことで、信憑性《しんぴょうせい》は極めて高い。宗任は、胡国が陸奥から見渡せるように語ったので、聞いた九州の人々は、胡国とは唐よりも遥か北にあると聞いたのに、日本の東の奥の地とは向き合っているのかと思ったようである。本当は宗任たちは樺太《からふと》まで渡って、そこから渡海したのだ。樺太も蝦夷の地であり、宗任には樺太も陸奥国だった。そのことが当時の日本人には、理解出来なかったらしい。

安倍氏は単なる勇猛果敢《ゆうもうかかん》な蛮族《ばんぞく》ではなく、極めて高い教養も身につけていた。敗走する貞任を追って源義家《みなもとのよしいえ》が弓矢をつがえて「引き返せ、物いわん」と呼び止めたところ、貞任は振り向いたので、「衣のたてはほころびにけり」と歌いかけると、貞任は即座に「年をへし糸のみだれの苦しさに」と上句をつけた。義家は感心して矢をはずして引き上げた（『古今著聞集《ここんちょもんじゅう》』）。

宗任が捕らえられて都に連れて来られたとき、都人が梅の花をさして、これは何かとからかうと、「わが国の梅の花とは見たれども　おほみや人は何と云《い》ふらん」と朗詠《ろうえい》した。都人を顔色なからしめたという（『平家物語』）。

この場合の胡国とは北東ユーラシア、かつての満州《まんしゅう》、沿海州《えんかいしゅう》あたりのことであり、安倍氏や蝦夷は奈良朝以前から濃密な交通を胡国と結んでいた。蘇我氏が北海道から北東北に来て、その後、蝦夷と連合して南下し大和に入ったと思えるのも、この交通ルートがあったからこそ可能だったのだ。陸奥安倍氏は、単に大和安倍氏と同じアベ姓をもつということにとどまらない。安倍氏も蘇我氏、秦《はた》氏とともに大陸から北海道、北東北にやって来て大和に入ると考えられるが、その時に、北海道、東北の固めとして残しておいた軍人たちの子孫が陸奥安倍氏ではないだろうか。アベ氏は蘇我氏勢力では秦氏とともに二大支柱であり、特に軍事担当であった。

晴明が奥州に住んでいた可能性があるというのも、この安倍氏を頼ったことを示しているのだろう。この時の安倍氏の主は、頼時の祖父あたりの時代であろう。安倍氏は天慶《てんぎょう》年間（九三八〜九四六年）には陸奥六郡を完全支配していたようであるから、九五〇年前後には安定した蝦夷支配を確立していたはずである。そうすると、晴明は陸奥安倍氏の海外ネットワークを頼りに、大陸に渡り、唐に至った可能性もなくはない。しかも、想像をたくましくすれば、道教《どうきょう》のメッカ、山東半島の泰山に行って修行したのではないだろうか。それは、アベ氏である晴明には可能だったはずである。もしそうなら、晴明の泰山府君祭は本場仕込みであったことになる。

帰国し、保憲に認められ独立した陰陽師となった晴明は、式神《しきがみ》として陸奥安倍氏の郎党《ろうとう》を使役したとも考えられる。また、晴明にとって何かにつけて陸奥安倍氏は重要な存在だった。陸奥安倍氏の教養も晴明と関係があるのかもしれない。壮年《そうねん》に達していたであろう奥州住まいの間に、都での振るまいや教養を彼らに教授したのかもしれない。安倍氏の起こした前九年の役から二十年後、後三年の役（一〇八三～八七年）という乱をひき起こした安倍氏の後の蝦夷の支配者清原《きよはら》氏は、どちらかといえば粗野《そや》で安倍氏ほどの教養はなかったらしい。

このことからしても、陸奥安倍氏と晴明の関係がうかがわれまいか。ともあれ、晴明は唐土《とうど》の神をこの日本に呼び込み、大流行させた首魁《しゅかい》には違いない。

▲晴明の使った式神（『降魔調伏の図』、部分）　阿倍王子神社蔵

三　泰山府君が牛頭天王になる

『牛頭天王縁起』から探る

晴明は泰山府君という唐土の神を呼び込み、日本古来の自然信仰とはまったく相反するような寿命操作などの異教的呪術を持ち込んだ(もちろん確定は出来ないが)。そして陰陽道の第一人者となり、神のように崇《あが》められた。だがしかし、泰山府君という神の実像がどうもはっきりしない。寿命を司《つかさど》ることはわかるのだが、志村有弘の適切な説明でも、やはりまだはっきりしない。同じ海外の神でも、仏教の神なら、わが国に伝えられて、千五百年も私たち日本人が慣れ親しんできたためか、イメージしやすいが、中国、道教の神はそうはならない。

晴明の後、晴明流陰陽道は隆盛を極め、賀茂陰陽道を圧倒しこれを消滅させてしまう。その原動力は下級陰陽師たちの活躍だった。彼らが泰山府君の難解さを嫌ったのか、泰山府君をいつの間にか、仏教的な牛頭天王《ごずてんのう》へと転化してしまった気配がある。室町初期に成立した『簠簋内伝《ほきないでん》』の冒頭が『牛頭天王縁起《えんぎ》』である。先述のように、『備前風土記《びぜんふどき》』にも蘇民将来《そみんしょうらい》のことが書かれているが(⇩P.185)、これを陰陽師が当時の人々に興味を抱かせるように脚色しているので、この『牛頭天王縁起』を原話と比較すると、晴明流陰陽道の主神の特徴が見えてくるだろう。さらにそれと泰山府君がどう繋《つな》がるかをみれば、平安中期における晴明の異教性がみえてくるのではないだろうか。

北天竺《きたてんじく》に商貴帝《しょうきてい》といって、人々が輪廻転生《りんねてんしょう》して生死を繰り返す、三世界（欲界《よくかい》、色界《しきかい》、無色界《むしきかい》）を自在に出入りして見廻る役割の王がいた。この王は、天界の諸星の監視者でもあったから「天刑星《てんぎょうしょう》」ともいい、これが人間界に転生して牛頭天王と改めた。鋭くとがった二本の角《つの》が生えた牛面王で、姿が醜いため后《きさき》がなかった。しかしこの王は慈愛にとむ大いなる名君であったから、人民は后がなく子がないことを悲しんだ。こうした時に、瑠璃鳥《るりちょう》という青い鳥が一羽飛んで来て、「自分は天界では牛頭天王と一心同体と思われるほど仲が良い同僚であった毗首羅《びしゅら》天子であり、あなたに、后となるべき女性であるハリ采女《さいじょ》のありかを教えよ、と天帝から遣わされた」と牛頭天王に話しかけた。毗首羅天子は「彼女は南の海の向こうのシャカラという龍宮にいる。早速そこへ向かいなさい」と言った。

そこで牛頭天王は、三日間物忌《ものい》みし、身を浄めてから眷族《けんぞく》を従えて馬車に乗り、南海に出かけた。龍宮までは八万里だが、三万里来て夜叉国《やしゃこく》周辺で人馬ともに疲れはててしまった。夜叉国は巨旦《こたん》大王という鬼王が治めている国であった。牛頭天王はここで一夜の宿と思ったが、巨旦は牛頭天王を激しくののしるだけで、宿は貸してくれなかった。

原話では、北海に住む無塔《むとう》の神が南海の神の娘に求婚に行くが日が暮れ、そこで富裕な将来《しょうらい》という者に宿を頼んだが断わられる、となっている。この無塔の神を「武闘の神」と解釈している研究者もいるが、この縁起の作者もそう解釈しているようである。

夜叉国の王城を去ってさらに東に行くと、貧しい女に会う。「しばし休ませてくれ」と言うと、女は「自分は巨旦大王の奴隷《どれい》であってそれは出来ないが、一里ばかりむこうに蘇民将来《そみんしょうらい》という、貧者ではあるが優しい老翁がいるからそこに行け」と教える。訪ねて行くと老翁はあたたかく迎え入れ、なけなしの粗末な食料も与えてくれる。不思議なことに、少ししかない食料が、どうしたわけか多勢の人々の腹の足しになるほどに増えるのだった。

原話でも、兄の蘇民将来は貧しいが、神に喜んで宿を貸し食事を与える。富んだ弟は、単に将来だけの名だが、『牛頭天王縁起』では巨旦となっている。ただし、『牛頭天王縁起』では二人の将来は兄弟ではない。

牛頭天王は蘇民将来に龍宮までの道のりを聞き、それがあまりに遠いので諦《あきら》めかけると、蘇民将来は瞬時のうちに数万里進む宝船を貸してくれる。これは原話にはない。この宝船のおかげで龍宮についた牛頭天王は、龍宮で大歓迎を受け、無事ハリ采女と結ばれる。

その後二十一年の歳月が流れ、二人の間には八人の王子が生まれ育った。牛頭天王は八人の王子に、かつて龍宮へ行く途中で、自分を弾き出した巨旦大王を滅ぼしてしまいたい、と言う。八人の王子は軍団を組織して牛頭天王とともに迫ると、巨旦に鬼の相(死相)が現れた。巨旦は呼吸が苦しくなったので、陰陽博士に占わせると「牛頭天王が攻めて来て、逃れることは出来ません」と答えた。「何か方法はないか」と巨旦が言うと、陰陽博士は「一千人の僧侶を供養するなら、この禍《わざわい》を祓《はら》うことができましょう。彼らに泰山府君の法を行じさせるのです。そうすれば、解除の霊験《れいげん》は必ずやあらたかなものとなるはずです」と答えた。直ちに巨旦はこれを実行した。

巨旦と蘇民将来の結末

『牛頭天王縁起』は、陰陽家の家伝書とはいえ仏教説話なので、延命を呪するのは陰陽師ではなく僧になっている。しかし、僧が泰山府君の法を行うというのも奇妙な話だ。

原話では、年が経って無塔の神が八柱《やつはしら》の子をひきいて蘇民将来の所に来ることになっていて、巨旦に当る弟の将来のことは語られていない。

さて、牛頭天王が巨旦の居城をながめてみても、いかにも堅城鉄壁《けんじょうてっぺき》で攻めることができそうにもない。そこで、二人の鬼に偵察《ていさつ》に行かせた。鬼は帰ってきて、「行中の僧は居眠っている者もいて、呪文はいい加減で、そのうえ窓に大穴があいている」と報告した。そこで、牛頭天王は神力の翼で眷族《けんぞく》とともに巨旦の城に入り、巨旦一族を滅ぼした。しかし、巨旦の奴隷女のことを思いだし「急急如律令《きゅうきゅうにょりつりょう》」の札を作り、指で弾き飛ばすと女の袂《たもと》に入り、女だけが助けられた。その後、牛頭天王は巨旦の死

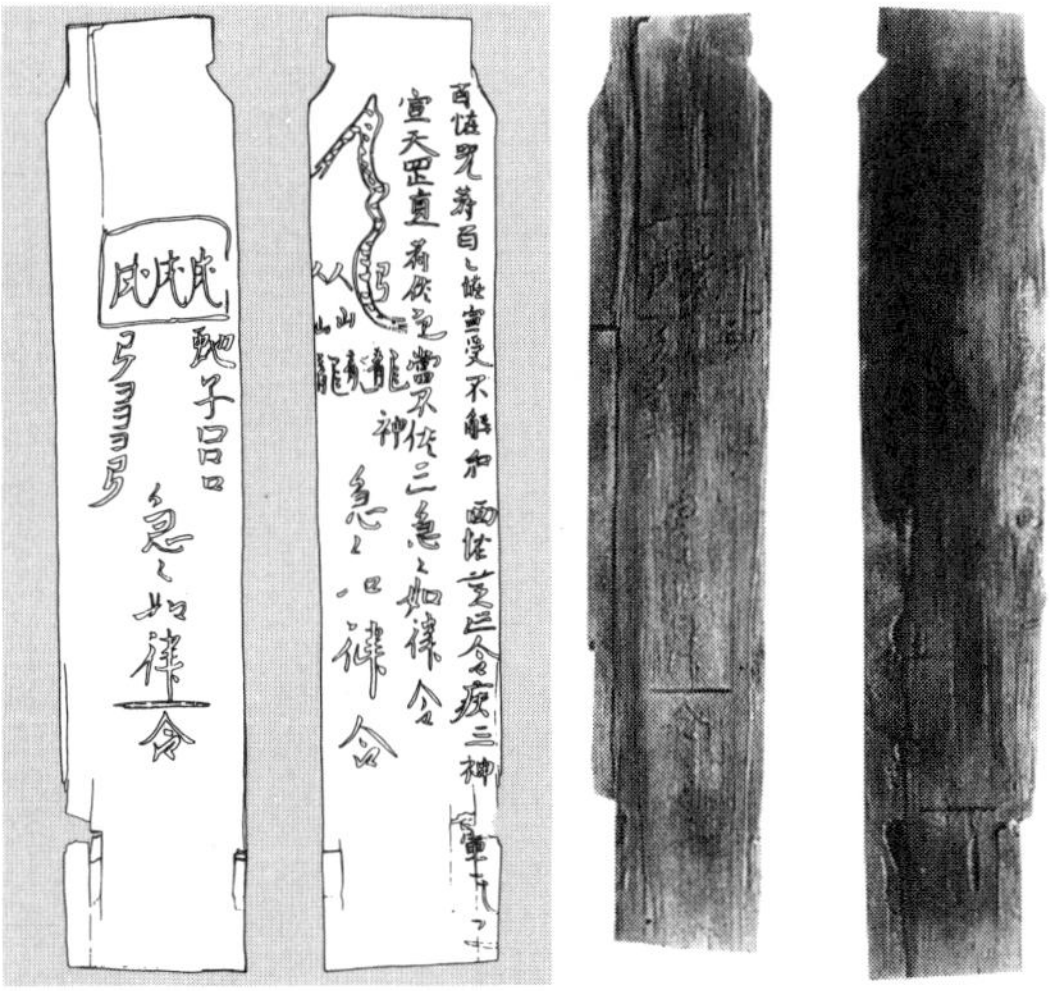

▲「急急如律令」の呪符木簡《じゅふもっかん》　日本でも各地の遺跡から出土する。「急急如律令」(法令どおりに急いできびしく実行せよ)の文字がみえる。左は文字を復元したもの。(静岡県浜松《はままつ》市伊場《いば》遺跡出土、8～10世紀、浜松市博物館提供)

骸を五つに分断して、五節句《せっく》に配当し、おごそかに鬼王調伏《ちょうぶく》の祭儀《さいぎ》を行った。

帰り道、蘇民将来の所に寄ると、彼は長者になっていて、五つの宮と八つの御殿を造営し、牛頭天王と八王子の帰途を待ち受けていた。牛頭天王はそこで歓待を受け、夜叉国《やしゃこく》を蘇民将来に与えた。さらに、「後に私は疫病神《えきびょうしん》になる。もし八王子がお前の諸国に乱入してくることがあっても、お前の子孫が自分たちは蘇民将来の子孫であると言えば、その者らを苦しめることはしない」と約束した。さらに牛頭天王は「寒冷と懊熱《おうねつ》の病は、牛頭天王と眷族の所行からくる病であるから、五節句の祭礼を正しく行い、二十六の秘文を守るように」とも言った。さらに、一月一日の紅白の鏡餅《かがみもち》は巨旦の骨肉というように、五節句の供物はすべて巨旦の体の部分、五節句の祭礼は巨旦調伏の儀式であると教えた。

原話では、八人の子を連れて蘇民将来を訪れた無塔の神は「将来(この場合は未来)、お前の恩に報いたいが子孫がいるのか」と問うので「娘一人」と答えると「茅の輪《ちわ》を腰につけよ」と言う。この娘がそうすると、この娘を残してすべて殺してしまい「自分は素戔嗚命《すさのおのみこと》の神である、のちの世に疫病があったら、蘇民将来の子孫と言って茅の輪を腰につけていたら助かるであろう」と言ったとある。

いずれにしても、弟の将来についてはまったくなく、当然、報復したようなことも一切書かれていない。『牛頭天王縁起』では、原話で、無塔の神に宿を貸さなかったとあるだけの弟の将来に、巨旦という名がつけられ、鬼王としている。無塔の神は牛頭天王となってこの鬼王、すなわち「死」を退治しているから、牛頭天王は間違いなく泰山府君のように、人の寿命を左右する神である。

それでもこの『牛頭天王縁起』では、巨旦大王が延命のために泰山府君祭を行っているから、泰山府君も矮小《わいしょう》化されたものである。また、牛頭天王は巨旦の女奴隷に「急急如律令」の札を与えて助けているから、殺すものと助けるものを区別している。まずは、泰山府君同様の役割を果たしているといえよう。ただし「急急如律令」というのは漢代の役人が公文書の末筆に、「法令に従ってすみやかにせよ」と加えたものであったのに、これが道教《どうきょう》の呪文に使われるようになったというから、中国渡りということだ。

原話に合わせたのか、牛頭天王は結局疫病神となっていて、蘇民将来の子孫だけが、自称すれば助けられることになってしまった。わが国でも「急急如律令」の護符《ごふ》は、平安時代から使用され鎌倉時代になって急増したという。晴明流陰陽道の隆盛と軌《き》を一《いつ》にしている。

また、現在では「急急如律令」の護符は万能の悪魔祓いとして何にでも使用されている。いずれにしても、晴明流陰陽道は中国渡りの神、泰山府君よりは仏教臭の強い牛頭天王になって、仏教説話に転換してしまう方が、一般の人々にわかりやすいと考えたのであろう。牛頭天王は京都・祇園社《ぎおんしゃ》(八坂神社)の主神であり、伝えたのは吉備真備《きびのまきび》というから、実際には秦《はた》氏のことであろう。ここでもまた、真備、アベ氏、秦氏の影が色濃く写し出されている。

第十一章　権力の裏操作

一　権力の座をめぐる一族の争い

兼通・兼家、兄弟の争い

藤原道長《ふじわらのみちなが》が兄の道隆《みちたか》の死によって、朝廷の最高権力者の次位である右大臣《うだいじん》に昇進したのが長徳《ちょうとく》元(九九五)年であるが、晴明が歴史的な記録にはじめて登場するのが、天元《てんげん》元(九七八)年である。「陰陽《おんみょう》博士《はかせ》、出雲清明《いずもせいめい》宅に雷が落ち家が破損した」というのであるから、陰陽師としては不名誉なことである。自分の家に落雷があることを予知出来なかったわけである。ただし、陰陽博士、出雲清明というのは安倍晴明とは別人ではないかとする学者もいるが、多分これは晴明自身である。

晴明が出雲の役人としての官名を賜ったことはなさそうであるが、出雲大社(島根県簸川《ひかわ》郡)の主神大《おお》国主《くにぬしの》命《みこと》には蘇我蝦夷《そがのえみし》が投影されているのではないかと思う。また、蘇我氏とアベ氏は切っても切れない因縁《いんねん》で結ばれているのは確実である。晴明には「出雲」と名のる何らかの理由があったに違いない。

すでに述べたように、道長の父、兼家《かねいえ》は花山《かざん》天皇を騙《だま》して退位させることで権力を握った。晴明は退位後の花山天皇とも親しかったようであるが、兼家から子の道兼《みちかね》、道隆、さらには道長と続く摂関家とも深く繋《つな》がっていたはずである。道長との関係は鎌倉前期の説話集『宇治拾遺物語《うじしゅういものがたり》』などにも記されているが、それ以前の摂関家とも繋がっていたであろう。

晴明が記録に名を現す天元元年の前の年貞元《じょうげん》二(九七七)年には、道長の父の兼家と、伯父であり兼家の兄である兼通《かねみち》は凄絶《そうぜつ》な兄弟げんかを演じている。兼通、兼家は藤原師輔《もろすけ》の子である。兼通、兼家はその兄、伊尹《これただ》とともに同母兄弟である。長兄、伊尹が父の後を継いで右大臣となり、円融《えんゆう》天皇の摂政ともなった。伊尹のもとで兼通、兼家は熾烈《しれつ》な出世競争を演じたが、はじめは四歳年長の兼通よりも兼家の方が出世が早かった。兄が最下位の公卿《くぎょう》である参議《さんぎ》に就任した時には、弟はそれよりも二段階も上の正三位中納言《ちゅうなごん》になっていた。兄は悔しかったことだろう。伊尹が重病に陥ったとき、奥の手を使って弟を追い越してしまう。円融天皇の母は、兼通、兼家の同母妹でもある村上天皇の皇后安子《あんし》である。

この安子から在世中に「摂政関白は兄弟順に選ぶように」という一札をひそかにもらって秘蔵していた。兄、伊尹の命がいよいよ危ないと知ると、参内して円融天皇に十年以上前に安子からもらったこの一札を見せた。多分、兼家の方が要領も良く優秀で、この時にも兄、兼通は権《ごん》中納言にやっと上がったばかりなのに、弟の兼家はすでに兄よりも二段階も上の大納言になっていた。兼通は弟の兼家に先を越される心配を最初から抱いていたのだろう。母の筆跡とわかって天皇は、遺言通りに兼通を摂政関白とする。大逆転が成功したというわけである。これは天禄《てんろく》三(九七二)年のことである。

それから五年後、兼通は病にかかりもはや最後も近いと思われた。ここぞとばかり兼家は、兄亡き後、関白を天皇に任命してもらおうと行列を整えて参内した。内裏《だいり》に行くには兄の邸宅前を通ることになるので、兄、兼通はやはりもつべきものは兄弟、自分を見舞いに来てくれたのかと喜んで、弟を迎える準備を急がせたにもかかわらず、兼家の行列は通り過ぎてしまった。兼通は怒り心頭に発して、今尽きるかもしれない生命なのに、即座に正装し参内した。宮中の人々に支えられ、弟より早く天皇の御前に進み、最後の除目《じもく》を行うと、奏上《そうじょう》して関白は頼忠《よりただ》に譲るとした。また、兼家が大納言としてかねていた右大将という要職を奪う決定をしてしまった。これから一か月後に兼通は死去した。頼忠とは、伊尹、兼通、兼家の三兄弟の父で、師輔の兄である実頼《さねより》の嫡子《ちゃくし》である。兼通、兼家には従兄弟《いとこ》ということになる。兼通は弟憎さに、関白の地位をわざわざ従兄弟にやってしまったのである。

摂関政治は実頼・師輔の父、忠平からほとんどきれることなく道長の子頼通《よりみち》まで続く。しかし、忠平の長子、実頼の系統から、弟の師輔の系統に摂政関白が移ったのは、天皇の妃《きさき》とした実頼の娘に、皇子が生まれず、師輔の娘の安子には四人も皇子が生まれ、そのうち二人を天皇とすることが出来たからである。平安時代は男が女の家に通い、子供が産まれると女の家で子を育てた。

天皇といえども同じで、妃の家に通うわけではないが、子供は母の実家で生み育てられたから、祖父が圧倒的に影響力を持っていたのは言うまでもない。天皇の母方の親族を外戚《がいせき》というが、この外戚となったものが、わざと幼帝か若い天皇に即位させ、摂政となるのである。村上天皇のように、ある年齢になると自分で直接政治をした場合は、時の関白は摂政ではなくなる。

陰陽寮役人時代の晴明

頼忠の父、実頼の娘には皇子が生まれなかった。このため、村上天皇の死後即位したのが、兼通と兼家の妹安子の皇子の冷泉《れいぜい》天皇で、安子の父師輔が死去していたこともあり、実頼が摂政となっている。実頼は死ぬまで摂政関白であったが、それ以後は摂政関白の地位は外戚の伊尹に移る。いずれにしても、道長の父の兼通は摂政関白になれなかった。そこで、さきに触れた花山《かざん》天皇の出家退位の陰湿極まる策謀をし、即位した一条天皇が兼家の娘の子というわけである。兼家は、ようやく外祖父として摂政関白となることができた。寛和《かんわ》二(九八六)年のことである。

晴明が記録に現れるようになって、十年近くになっている。晴明はその二年前、永観《えいかん》二(九八四)年に円融《えんゆう》天皇が譲位《じょうい》するという日時を、一か月後の「来月二十八日」と答えている。また、譲位、立太子の勘文《かんもん》を藤原実資《さねすけ》のもとに持参している。実資は、兼家の伯父である実頼の孫、頼忠の甥《おい》である。晴明はこの実資と親しかったようである。実資の伯父、頼忠はこの頃、最高権力者の関白であったから兼家とはむしろ対立する側であったらしい。晴明は、翌寛和元(九八五)年には実資の夫人のお産のため、解《げ》除《じょ》を行っている。解除とは穢《けが》れを祓《はら》い清《きよ》めることである。

実資夫人のお産は、スムーズには進展しなかった。この当時のことだ。なかなか産気づかないのは当然物《もの》の怪《け》の仕業《しわざ》となり、七日間不動調伏《ちょうぶく》の修法を勝祚《しょうそ》という僧に行わせた。しかし、効果がなかったので、前日に賀茂光栄《かものみつよし》、次の日に晴明に解除を行わせたのである。これは効果があったのか、十日後には無事女の子が生まれた。また、この三年後には、この女の子と思われる実資の小児が病気になったので鬼気祭《ききさい》も行っている。実資夫人のお産の解除の時、兼家は摂政関白になっていないが、三年後には摂政関白となって二年も経っている。それでも、多分対立側である実資に頼まれても、喜んで加持祈祷《かじきとう》をしていた様子がうかがえる。これらのことは、実資の日記『小右記《しょうゆうき》』に記されている。

兼家が陰謀により摂政関白になる直前だから、関白は頼忠のときのことである。太政官の正庁の東の第二間の庇《ひさし》の内に蛇がいた。天文博士、正五位下の晴明が占う。「盗賊が現れるとか、兵事が起こるというのではないが、誰か公務で遠くに行くものが出る。以後三十日以内か、次の四月か七月、あるいは来年の四月である。ただし、蛇の出たところはお祓いすればさしたることはない」と出た。

それから十日後に、今度は鵄《こう》(鳩の一種)が太政官正庁の母屋《もや》内に入って兼家の椅子と机の前に集まり、西の方に歩み、母屋の第二戸から飛び去った。またも晴明が占う。「南西に戦闘が起こる。ただし、鵄

▲物の怪を退散させる出産のようす　産婦を苦しめる物の怪を「よりまし」(霊媒)に乗り移らせようとしているところ。手前で撒《ま》いているのは魔除《まよ》けの米である。(安田靫彦筆)

のいたところはお祓いすれば別状なし」ということであった(『本朝世紀』)。寛和二(九八六)年のこの頃は、大盗賊、藤原保輔《やすすけ》が活躍している最中であるから、晴明の予言は当たっているのかもしれない。保輔はしきりに都の西南に出没している。

いくら迷信に凝り固まった平安時代とはいえ、この程度の些細《ささい》なことに呼び出されては、六十五歳の晴明もたまらない。そこで、公務をさぼったらしいことが『小右記』にある。永延《えいえん》二(九八八)年のことであるから、兼家は摂政関白になっている。熒惑星《けいごくせい》が大地を犯すという天文上の異変が起こったので、朝廷では天台座主《てんだいざす》の尋禅《じんぜん》(師輔《もろすけ》の十男)に修法を行わせ、慈徳寺《じとく》で供養用の八万四千の泥の塔まで作らせた。天皇も堅く物忌《ものい》みしている。熒惑星祭を担当するのは天文道の最高の専門家、晴明のはずである。ところが彼はさぼったのである。実資の小児の病気を祓うための鬼気祭をする晴明が、兼家が統括《とうかつ》する朝廷の公式行事の、しかも最も重要な仕事の担当者なのにこのときの熒惑星祭をさぼったのである。どうやら、晴明は兼家を余り好きではなかったようである。

道長の栄華とともに

晴明がいくら関白兼家に好意をもっていないといっても、天皇や皇后の病気にかかわることには精を出さなければならない。永延三(九八九)年、一条天皇が病気になったときは、兼家の命令で占いをしている。同じ年、皇太后詮子《せんし》(兼家の娘)がにわかに病気になったときには、天台座主尋禅が尊勝《そんしょう》法、晴明が泰山府君祭《たいざんふくんさい》を行っている。しかし、道長が最高権力者となるまでに晴明の活動が記録に現れるのはこれだけであり、それ以外は道長時代になってからのものである。晴明は、寛弘《かんこう》二(一〇〇五)年に死去したから、道長時代が始まった長徳元《ちょうとく》(九九五)年からなら、十年間生存したに過ぎない。晴明の活動が記録に現れるようになってから、道長時代が始まるまで、ほぼ二十年もあるのに、晴明が記録されているのは道長が権力を握ってからのほうがはるかに多い。

ということは、道長時代になって晴明の出番が急激に増えたということである。道長は康保《こうほう》三(九六六)年の誕生だから、晴明は道長よりも四十五歳も年長で、父親以上の年の開きがある。それでも彼は道長の近くに侍《はべ》ったのだから、道長には好かれていたようだ。

晴明と道長の関係を物語る話は、たとえば、鎌倉中期の説話集『古今著聞集《ここんちょもんじゅう》』に記されている。御堂関白《みどうかんぱく》(道長)の物忌《ものい》み中に解脱寺《げだつじ》の僧正観修《そうじょうかんじゅ》、陰陽師の晴明、医師の忠明《ただあきら》、武士の義家《よしいえ》が同じ日に参籠《さんろう》して道長のもとにいた。五月一日、奈良の南都《なんと》より早瓜《はやうり》が献上されたが、道長は「物忌み中なので、何かにあたられては困る」と晴明に占わせた。晴明は、一つの瓜に毒気があると占って、瓜を一つ取り出し、「加持《かじ》をしたら毒気があらわれるでしょう」と言った。そこで僧正が加持し、念誦《ねんじゅ》していると、その瓜が動いた。そこで、忠明が道長に「毒気を治してみよ」と言われ、彼はその瓜を手にとり、くるくる回してみて二か所に針を刺したら動かなくなった。今度は義家が「瓜を割ってみよ」と言われたので、腰刀を抜いて割ったら、瓜の中には小蛇が入っていた。針が左右の目に刺さっていて義家が何気なく割ったようであったが首を切っていた。名人とはこのようなものである。大変すばらしいことである(『古今著聞集』一二九五)。

▲権力の絶頂にある藤原道長が、帝の行幸を間近にして、新造の舟を見ているところ　(『紫式部日記絵詞』より)

この話の題は「陰陽師晴明が早瓜の毒気を占うこと」である。だから、話者は、四人の名人の中でも、晴明が占いでたくさんの瓜の中から一つの瓜にあった毒気を当てたのが、やはり最もすばらしいことだと評価しているようだ。

先の『宇治拾遺物語《うじしゅういものがたり》』にも、次のような話がある。

御堂関白が東山に法成寺《ほうじょうじ》を建立してから、毎日御堂にやって来た。いつも白い犬を連れていたが、ある日門に入ろうとすると、その犬が立ち塞《ふさ》がり、吠え廻って関白を中に入れまいとする。それでも大したことはあるまいと、車から降りてなおも入ろうとすると、今度は衣の裾《すそ》にかみついて引き止める。関白は、これは何かあると思い直して、晴明を呼びにやった。晴明はすぐやって来て、「これは関白殿を呪《のろ》うための物を道に埋めてあるのです、それを踏み越えてはいけません」と言った。それでは「何処《どこ》に埋めてあるか」と問うと、晴明がしばらく占って、ここだという所を五尺(一・五メートル強)ほど掘らせると、土器を二つ合わせて黄色のこよりで十文字にからげてあるのが出てきた。中には何もなく、辰砂《しんしゃ》で一文字が書いてあるだけだった。晴明が言うには「この占いの法は私以外には知らないものです。もしかしたら、道摩《どうま》法師がした事かもしれないので、さっそく問いただしてみましょう」と、懐《ふところ》から紙を取り出し、鳥の姿に結び、呪文を唱えて空に投げあげると、紙がたちまち白鷺《しらさぎ》となって南に飛んでいった。この鳥の落ち着く先を見て来るようにと、召使いを走らせると、六条坊門万里小路《までのこうじ》辺りの両開きの戸のある古びた家に落ち込んだ。その家の主は老法師で、召使いはそれを捕らえてきた。呪いのわけを聞かれると、法師は「堀河《ほりかわ》左大臣、藤原顕光《あきみつ》に頼まれた」と言った。道長は、これは本当なら流罪にすべきだが、道摩の罪ではないと、道摩を本国播磨《はりま》(兵庫県)に追放した。この呪詛の首謀者の顕光は、死後怨《おん》霊《りょう》となって御堂殿に祟《たた》って、悪霊左府《あくりょうさふ》と呼ばれたらしい(『宇治拾遺物語』巻十四、十話)。

『古今著聞集』の瓜の話では道長が物忌み中にも、当代最高の僧、陰陽師、医師、武士を身近に侍らせ、ともに参籠して、退屈しのぎとしていたことがわかる。この物語に出てくる医師、忠明とは丹波忠明である。また、義家は源義家をさすのだろうが、彼は、晴明の死去した寛弘《かんこう》二(一〇〇五)年ですら、まだ生まれていない。これは、父の源頼義《よりよし》でもなく、祖父頼信《よりのぶ》の兄の頼光《よりみつ》のことであろう。

また『宇治拾遺物語』の題は「御堂関白の御犬晴明等が奇特のこと」であり、晴明の占見《せんけん》の妙《みょう》も犬なみに扱われている。道長の意識がそうであったのか、それとも話者が陰陽師の妙技も犬の「通力《つうりき》」と同等とみなしていたのか。法成寺《ほうじょうじ》の阿弥陀《あみだ》堂が完成したのが寛仁四(一〇二〇)年であって、晴明死後十五年も経っているから、この話の年代は合わないが、これに類することは何かあったに違いない。

二　道長を裏で支えた晴明

播磨国と陰陽師

『宇治拾遺物語』に、晴明が紙を鳥の形に結びそれを投げあげたら、白鷺となったとあるが、これは式神《しきがみ》のことである。このとき道長を呪詛《じゅそ》した老陰陽師、道摩《どうま》こそ後世の人々に晴明のライバルとされた播磨出身の芦屋道満《あしやどうまん》である。

『今昔物語集』に記されている智徳《ちとく》という陰陽師は、晴明を試そうとして逆に弟子となったが、彼も播磨出身であった。陰陽師は播磨に多かった。先述のように、それは聖徳太子と無関係ではないだろう。聖徳太子は播磨に広く荘園をもっていて、播磨にはゆかりの寺院も多い。聖徳太子には必ず秦《はた》氏が影のように付き添っているから、播磨の陰陽道も秦氏に繋《つな》がっているのであろう。播磨に秦氏の部民《べのたみ》が多数居住していたのは確実だから、これらの子孫で陰陽師になるものが多かったのではないか。

室町時代の地誌『峯相記《ほうそうき》』には、道満が京都で呪詛《じゅそ》事件を起こして播磨国佐用《さよう》郡（兵庫県）に流されて、結局は都に帰れずそこで死んだと伝えている。佐用郡佐用町には道満の塚があり、彼は播磨国印南《いんなみ》郡の出身で、そこには道満の封じた井戸もあると江戸時代の地誌『播磨鑑《はりまかがみ》』に記されている。

いずれにしても後世、晴明流陰陽師と道満流陰陽師が対立したが、晴明と道満が互いに争い両者ともに倒れた。その供養碑《くようひ》が佐用町大木谷に残る道満塚と晴明塚であり、両者は相対する丘の上にある。岡山県浅口《あさくち》郡金光《こんこう》町占見《うらみ》にも晴明塚と道満塚があることはすでに述べたが(⇩P.150・176)、ここでは晴明の遺跡の中に芦屋道満の話が入り込んでいる。岩に止まって動かない鳥から凶事《きょうじ》の起こるのを知り、岩を爆破させたら黒々とした血が流れ出たという。いずれにしても、播磨では芦屋道満は晴明と同等の力をもった大陰陽師として伝えられている。

この道満、すなわち道摩に呪詛を依頼した藤原顕光《あきみつ》とは、相当情けない無能な人物だったらしい。彼は兼家《かねいえ》の兄、兼通《かねみち》の長子であるから道長には従兄弟《いとこ》にあたる。道長が右大臣になった長徳《ちょうとく》元(九九五)年には三十一歳であったが、その時、道長の後を襲って左大臣に就任したのが五十三歳の顕光だった。自分よりも二十二歳も若い道長が、しかも自分の父(兼通)の弟(兼家)の四男坊が、どうして自分の上に立つのだろうか、それこそがおかしいではないかと、道長をひたすら憎んだのだろう。さらに、顕光に能力があれば、自分の才を生かす道に進んだのであろうが、彼にはそんなものは何処をひねり出しても出てこなかった。単に、名門出身ということで出世したに過ぎない。

▲道長の弓の競射　道長が「道長の家より帝・后がお立ちになるならば、この矢あたれ」「私が将来、摂政関白になるならば、この矢あたれ」と言って放った矢は、見事に命中する。『おおかゞみ絵詞』より。

後年のことだが、長和《ちょうわ》五(一〇一六)年、道長はようやく自分の娘が生んだ子が天皇(後一条)になったので、念願の摂政となった。摂政になりたいばかりに、その時の三条天皇に無理やり退位させて、後一条天皇に譲位《じょうい》するように仕向けたのだ。その時、内裏《だいり》を警備させるために固関使《こかんし》を衛府《えふ》に派遣する儀式が必要であった。それを固関、警固の儀というが、道長のこと、大々的に派手派手《はで》しくそれを挙行しようとしたので、人々の注目することとなった。普通、天皇の譲位の時には、固関には関のある三国(伊勢《いせ》、美濃《みの》、近江《おうみ》)の国司に関所を固めよという命令を出すだけの略式であるのに、この時は京都から固関使を派遣した。この時、固関、警固の式を行ったのが顕光である。顕光の申し出を道長はやんわりと断ったのに、顕光は自分からたっての希望を押し通したのだ。彼にはせっかく道長の晴れの式なのだから、左大臣である自分がこれを行えばもっと式が栄《は》えるだろうといって、好意を示したのだ。

ところが顕光は、「五位になって朝廷に出仕してから今日まで五十余年間、万人に嘲笑されどおしだ」(『小右記』)と実資《さねすけ》に感想を書かれるような人だった。そしてこの式で案の定そうなってしまった。ありとあらゆる失策を演じ、大切な式を滅茶苦茶《めちゃくちゃ》にされて、腹を立てた道長からは激しく罵倒《ばとう》された。それでもこれが道長呪詛の原因ではなく、その原因となる出来事はこの一年後に起こる。

道長に転がり込んだ権力の座

道長は康保《こうほう》三(九六六)年の生まれである。兼家の四男として生まれた道長の同腹の兄に道隆《みちたか》、道兼《みちかね》がいた。この道隆、道兼は、父の兼家の詐術《さじゅつ》によって花山天皇を退位に追い込んだ時、父に協力し大いに働いた。正暦元《しょうりゃく》(九九〇)年、兼家が死去してその後を継いだのは道隆である。長徳元《ちょうとく》(九九五)年、その道隆が四十三歳で病死する。彼は大酒飲みで、どうやら今でいう糖尿病で生命を縮めてしまったらしい。そこで道兼が関白となるが、その時猛威《もうい》をふるっていた疫病《えきびょう》に感染し、関白宣旨《せんじ》のたった七日後に、道兼もまたあっけなく死去してしまった。二人の兄の相継ぐ死によって、道長は労せずして内覧《ないらん》という関白に準ずる地位となり、さらに右大臣となり権力の座につくのである。まだ満年齢なら二十九歳の若者である。これは恐ろしいほどの幸運というべきであろう。

しかし、道長にライバルがいなかったわけではない。道兼死去の時点、道長は大納言であったのに甥《おい》の伊周《これちか》は内大臣だった。伊周は道長の長兄、道隆の長子である。この二人の確執《かくしつ》はすさまじく、二人が内裏でつかみ合いの喧嘩《けんか》になりかねない大口論をしたり、道長の従者と伊周の弟隆家の従者が七条大路で衝突して矢を射合ったりして、まさに一触即発《いっしょくそくはつ》の状態が続いていた。道長の呪詛を祈祷《きとう》する僧侶が伊周の外祖父、高階成忠《たかしなのなりただ》の邸《やしき》にいるとか、これは伊周のさしがねらしいとかという噂《うわさ》が流れたりもする。この時に晴明の呪詛返《じゅそがえ》しがあっても不思議ではないが、それがあったかどうかはわからない。

長徳元年はこうして過ぎ、事件は翌長徳二(九九六)年に起こる。伊周は花山法皇に自分が通っている女を横取りされたのではないかと心配し、弟の隆家に相談すると「自分に任せておけ」と言う。そして、その女のもとに通って来る花山法皇に、隆家が威嚇《いかく》のつもりで従者に矢を射らせたのだが、なんとその矢が法皇の袖《そで》を射抜いてしまった。花山法皇は女のことなので沈黙していたが、世間にこのことが広まり、伊周も隆家も窮地におちいってしまう。二人の罪状がなかなか決まらないうち、東三条院詮子《ひがしさんじょういんせんし》

（道長の妹、一条天皇の母）がにわかに重病となった。この病は呪詛によるものであり、女院の住む寝殿の床下からまじない物が掘り出されたという噂が流れた。それから五～六日後に法琳《ほうりん》寺から尹周が大元《だいげん》帥法《すいほう》を行わせているとの密告があった。大元帥法とは、密教の修法で、臣下《しんか》がこれを行うことは絶対に許されないといういかめしいものである。

　尹周は大宰府《だざいふ》に、隆家は出雲に流されることになった。罪状は、花山法皇を射ったこと、東三条院を呪詛したこと、大元帥法を行ったことである。東三条院は、道長が権力を獲得するためなら最大限の助力を惜しまなかった人であり、尹周には憎むべき敵であった。呪詛はでっちあげとも思えるが、公式の罪状となっているのだから、実際に尹周が画策したのかもしれない。この呪詛をしたのは陰陽師ではなく僧だったが、晴明を使いたくても、彼が道長側についていてそれが出来なかったのか。尹周には僧の呪詛の方が効果があると思われたのだろうか。この事件からしても、権力闘争に呪詛が容易に使われていることがうかがわれる。晴明も呪詛は行っただろうが、陰陽寮《おんみょうりょう》の役人である彼の記録としてはそのようなことは残らない。呪詛はあくまでも私的な依頼である。

▲彰子（左）に『白氏文集《はくしもんじゅう》』の「楽府《がふ》」を講じる紫式部（右）　『紫式部日記絵詞』より。

　道長の栄華のきっかけは彼の十二歳の長女、彰子《しょうし》が一条天皇の皇后となり、後一条《ごいちじょう》天皇、後朱雀《ごすざく》天皇の母となったことにある。これによって道長は、天皇の外祖父《がいそふ》として思い通りの政治を行うわけであるが、ともかく彰子の立后こそがきっかけであった。しかし、一条天皇には彰子の前に定子《ていし》というれっきとした皇后がいた。定子は道長の長兄、道隆《みちたか》の娘である。道隆が長生きしていたら、この定子の生んだ皇子敦康《あつやす》親王が天皇になったであろう。長保《ちょうほう》元(九九九)年十一月、彰子はまず女御《にょうご》となる。それから二か月余りで彰子の立后は決まるのであるが、定子も皇后のままであったから、二人の皇后が出現したわけである。もちろん、道長の強引な横車《よこぐるま》である。

それぞれ女房として、一条天皇の皇后定子に清少納言《せいしょうなごん》、彰子に紫式部《むらさきしきぶ》が仕えている。ただし、二人が同時にライバルの皇后に仕えていたことはなく、紫式部が彰子に仕えはじめた頃は、定子はすでに死去していた。彰子が立后して一年も経たず、定子は女児を出産してすぐ二十五歳で死去している。叔父《おじ》の道長の横車が相当こたえたに違いない。

権力の裏操作に荷担した晴明

長保二(一〇〇〇)年正月に、晴明は彰子立后の日取りを勘申《かんじん》するように命じられている。ただし、厳密には定子は皇后、彰子は中宮《ちゅうぐう》(といっても皇后と何ら変わらない)である。そして日取りは二月二十五日と決定しているから、たぶん晴明がそう占ったのであろう。

また、この長保二年には新内裏が造営されていて、ここに一条天皇が移るというので晴明が反閇《へんばい》を行っている。反閇というのは外出や旅の安全を祈願するためのもので、行きつ戻りつしながら足を引きず

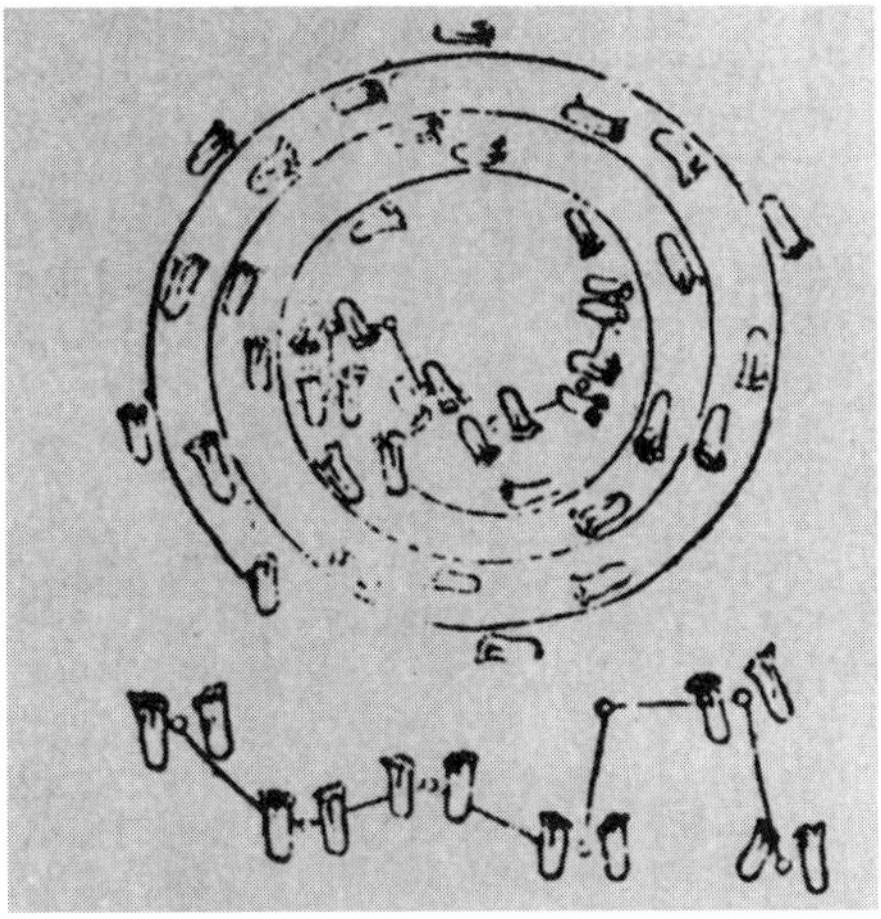

▲反閇のステップは北斗九星をかたどる

って独特のステップを踏む呪術的歩行法であり、鬼神や神霊を招く際にも行われる。このステップは北斗九星(七星にさらに二星を加えたもの)の形を踏むというから横揺れもするだろうし、それが行きつ戻りつ足を引きずるので、酔っぱらいの千鳥足《ちどりあし》にも近く、随分奇妙な恰好《かっこう》であったようだ。

翌、長保三(一〇〇一)年には、重病であった東三条院が藤原行成《ゆきなり》の邸に移った。行成邸に移れば方角《ほうがく》がいいので治ると思ったらしいが、晴明と賀茂光栄《みつよし》が占ってみると、ともに邸を移るのは良くないと出たので、もう一度戻っている。重病人をこうして動かすのである。現代人には信じられない愚行《ぐこう》でも、当時の人々にとっては方角による吉凶《きっきょう》や占いは、何よりも重要であった。東三条院はもう一度行成の邸に移ったらしく、そこで死去している。晴明と光栄が占って帰し、また移ってのことであり、その間たったの五日間である。行成とは道長の伯父、伊尹の孫である。東三条院は行成の大叔母である。行成は、彰子立后に力を尽くして道長にひどく信用されていたのだろう。

晴明は、寛弘《かんこう》二(一〇〇五)年に死去するまで、忙しく陰陽寮の役人として勤めを果たしているが、ほとんどが天皇の外出、旅行の安全祈願や病人の居場所を占うことなど、皇族の日常生活に関わることである。これだけを見ても、希代《きだい》の大陰陽師、晴明が権力を裏から操作しているようには見えない。もちろん、晴明自身には権力を裏から操作しようなどという、大それた意識はなかったであろう。

それでも東三条院の治療場所の占いでもわかるように、人の生死を支配出来る立場にあった。道長の側近《そば》くに侍っていて、彼の行動を左右することも一度や二度ではなかったであろう。しかも政敵は呪詛《じゅそ》してまで道長を倒そうとしている。道長が権力を強化すればするほど、政敵の呪詛の数も多くなったであろう。これを守護するのが晴明の私的な役割であったはずである。皇室に対する勤めよりも、道長に対する私的な勤めの方が重大であったはずだ。『古今著聞集』や『宇治拾遺物語』の説話は、そのことを如実《にょじつ》に物語っている。

平安時代の貴族は、用事で行く時、方角が悪いからとわざわざ良い方角に行って、そこで一日宿泊してから目的の場所に行くなどと、現代からすれば無駄な時間とエネルギーを使っていた(⇩P.105)。また、何日、何十日の物忌《ものい》みをして、その間、家でじっとしていなければならない(⇩P.222)。さらに、行動にしてもがんじがらめの禁忌《きんき》が身を縛りつけている。これを解くのも陰陽師である。

こんな生活を繰り返していたのだから、彼らの四六時中ほとんどすべてが、陰陽師の術中にあったと言っても過言ではない。これでは晴明にその気がなくても、結果的には権力の裏操作になっていたに違いない。そのうえ、この当時、事件らしい事件が起きていない。だからこそ、日常生活の決まりが煩雑になり陰陽師の活躍を助長したのだ。

三　迷信を拒絶した信長

晴明の呪縛

晴明は、寛弘二(一〇〇五)年、八十五歳で死去する。死の半年前まで仕事をしていたらしく、中宮彰子《しょうし》が洛西の大原野《おおはらの》神社に参詣《さんけい》するというので反閇《へんぱい》を行っている。八十五歳で奇妙なステップを踏む呪術を行っていたというから、それだけの体力と気力が残っていたのだろう。当時の平均寿命は四十歳くらいだったようで、晴明は人の倍も生き、しかもこの気力、体力である。この壮健さには目を見張る。

彼の死後も、晴明流陰陽道は隆盛を誇り、それが驚くほど長続きして近世にまで至った。しかし、晴明流陰陽師が中世、近世に残していったものは、驚くほど精密で強固な迷信の網であった。人々の日常生活は、この迷信の網をすっぽりとかぶり、これに左右されていた。

この迷信は、二十世紀になっても、まだまだ東京の庶民《しょみん》の日常生活に影響を及ぼしていた。昭和八(一九三三)年頃にも「鳥が低い所に巣を作るのは大風の兆《きざし》」「カボチャの蔓《つる》の多い年は大風がある」「寒《かん》九《く》の雨(寒の入りから九日目の雨)あれば豊作」「流星多きは動乱の兆」「鬼門に便所は不吉」「鳥影がさすと人が来る」「家族に虎歳《とらどし》の人が三人いるとその家は栄える」「扇の夢は全て大吉」「葬式の列がきれると次の葬式が早くなる」「縮れ毛の女は多情」などなどが日常的に言われた。このような迷信というほかないような確信が、一九三〇年代までの首都・東京の庶民の日常生活を左右していたのである。

そうなると、未だ平安の迷妄《めいもう》からさめやらない、今から四百年以上前の織田信長の時代などは、どうであったか。想像するだけで迷信の網の強固さがわかるであろう。信長一人だけがそこから完全に抜け出していたが、当時の人々からすればそのような信長は当然異類《いるい》、鬼である。彼は考えようによっては、晴明の亡霊《ぼうれい》との戦《いくさ》を戦いぬいたともいえる。晴明流陰陽師や呪術僧とも死闘を繰り返していた信長はバテレン、宣教師《せんきょうし》を近くに呼び、異国の神を招来《しょうらい》させて陰陽師や僧の頑迷《がんめい》を打開しようとした。

晴明が活躍した平安中期は、紫式部や清少納言、和泉式部《いずみしきぶ》など女流作家をぞくぞくと輩出した、まさに女性の時代であった。夜の都の漆黒《しっこく》の闇《やみ》にうごめく鬼たちは、目に見えるわけではないが、しかし人々に害をなす。また、貴族たちの禁忌にしばられた生活も、目に見えない鬼の害をさけるために実行を迫られる。要は現実ではない仮象が現実となってしまった世界、それが平安中期である。

十九世紀末の哲学者、ニーチェは嘘こそ真実だといった。科学的真理といわれていることでも、それが真理と信じられるから真理となるのであって、本当にそれが真かどうかわからない。科学者の信念が真実を作り出しているのであって、それは嘘であるかもしれない。しかし、この嘘こそが真実なのだとニーチェは言う。「女の嘘こそが美しい。化粧もせず、いかにも真実らしい愛を演じることの出来ない女はこの世に存在する価値はない。女の嘘、このフィクションこそ仮想現実世界の真実なのだ」とニーチェは力説する。ニーチェに従えば、社会全体が仮想現実の中に生存していた平安朝貴族にあっては、女性こそ真実の象徴であったであろう。女の嘘の美しさがこの社会の価値となり得た。

紫式部の『源氏《げんじ》物語』などは、そのような社会だからこそ生み出されたのだ。晴明ら陰陽師や呪術僧の存在とそれは不即不離《ふそくふり》の関係にあった。晴明こそは、未来の予見や呪縛など、稀有の超常《ちょうじょう》能力を有していたが、彼の後の陰陽師や呪術僧にそれほどの力量はなかった。無能なればこそ、陰陽師たちは組織化して迷信を全国にばらまいて歩いた。そのことは修験道者《しゅげんどう》も同様であったが、彼らは荒行《あらぎょう》をしたから、まだいくらかの超常能力を発揮出来た。しかし、占《うらな》いや祈祷《きとう》だけの芸能者と化した下級陰陽師、唱聞師《しょうもんじ》にはそのような超常能力はなかったし、形骸《けいがい》化した僧にもかつての呪術力はない。それなのに迷信だけは幅をきかす。こんな時代に戒律《かいりつ》の厳しいカトリックの宣教師が日本にやって来たのだ。

前時代の垢を落としたかった信長

信長との交流が最も密だったのはルイス・フロイスである。彼は修験道、すなわち山伏《やまぶし》についての感想を本国に書き送っている。「彼ら山伏は直接悪魔に仕える残忍な詐欺漢《さぎかん》、欺瞞者《ぎまん》、魔術師である。そして絶えずバテレンを恐ろしい刺々《とげとげ》しい、血に飢えたような厭《いと》うべき眼つきをもって睨《にら》みつけ、交際する値もない汚らわしいものであるかのように、唾《つば》を吐きかけながら責めたり嚇《おどか》したりした」（柳谷武夫訳『日本史』平凡社東洋文庫、一九七八年）とある。頭巾《ずきん》をかぶって結袈裟《ゆいげさ》に巨大な念珠《ねんじゅ》を手にもって、法螺貝《ほらがい》を吹き、錫杖《しゃくじょう》を打ち鳴らし、笈《おい》箱を背負った山伏の異様な風体《ふうてい》には、西欧人が悪魔を感じても無理はない。しかも彼らは、嚇しのエネルギーで悪魔を調伏《ちょうぶく》するのが本来の姿であるから、そこから凄《すさ》まじい悪霊を放射させているように見えたに違いない。しかし、この感想はキリスト教宣教師だから抱くものであって、一般の日本人には必ずしもそうはうつっていなかったであろう。

ところが、信長だけはキリスト教宣教師に近い眼で山伏や仏僧を眺めていた。彼は法華宗《ほっけしゅう》の僧日乗《にちじょう》上人と、フロイス、ローレンソ修道士(フロイス側近の日本人)を宗論させている。「仏僧が何故バテレンを嫌悪するのか」との信長の問いに、フロイスは「自分と仏僧は寒と熱、徳と不徳ほどに違っているからだ」と答えている。フロイスも仏僧を嫌悪しているのである。日乗がバテレンの説く教法を承りたいと言ったので、信長はローレンソに法を説くよう命じる。彼は、冷静沈着慇懃《いんぎん》にキリスト教特有の霊《れい》魂不滅《こんふめつ》を説く。これに日乗は怒り狂い、信長の横の部屋にあった刀を鞘《さや》から抜いてローレンソに切ってかかった。信長は「貴様《きさま》のしたことは悪業、仏僧は武器を取るのではなく、根拠をあげて教法を弁ずるのが勤めではないか」と怒った。この時、日乗は朝廷と組んでフロイス追放に動いていた。それなのに、バテレンを信長が許していることに腹を立てていたのである。信長は日乗には何の同情も示していない。明らかにフロイス側に立って日乗をながめている。時は永禄《えいろく》十二(一五六九)年であった。

それから十年も経った天正《てんしょう》七(一五七九)年、安土《あづち》(滋賀県蒲生《がもう》郡)で浄土宗《じょうどしゅう》の僧と法華宗(日蓮宗《にちれんしゅう》)の僧で宗論をさせている。この時の様子は、簡潔な記述の多い『信長公記』にしては珍しく詳細に書かれている。浄土宗の長老霊誉《れいよ》が関東から安土にやって来て法談していた時、法華宗の信徒《しんと》二人が問答を仕掛けたが、霊誉に「素人《しろうと》では問題にならない。法華宗の僧を呼べ」と言われ、両宗の僧による宗論をすることになった。このことを聞いた信長は、角《かど》が立つからと両宗に中止するよう使者を出すが、法華宗がこれをきかず宗論を行うことになる。結果は有力僧を四人も呼び集めたのに、法華宗が「妙」という概念を知らずに敗北してしまう。信長が中止を仲介したのに、強行した法華宗は面目まるつぶれとなり、宗論を仕掛けた二人の信徒は斬首《ざんしゅ》となる。信長にしてみれば、僧が修行や勉学せずに政治行動に走ったり勢力分野の拡大などの俗事にかまけているとは何事だ、ということである。この時はフロイスも安土にいて、宗論事件について、信長の処置に大賛成している。

とはいえ、信長はフロイスのキリスト教を信じていたわけではない。彼は海外知識を得たかっただけなのだ。信長は、地球儀《ぎ》をオルガンチノからもらい、地球は丸いという説を聞いて即座に理解し、オルガンチノを喜ばせている。ところがこれより三十年後に儒学者《じゅがくしゃ》、林羅山《はやしらざん》は当時のキリシタン佐久間正勝《さくままさかつ》から、地球は丸いということやその理由を説明されたのに理解出来なかった。信長は世界で最初に大砲《たいほう》装備の鉄張軍艦《ぐんかん》を七艘《そう》も一挙に建造し、当時日本一といわれた毛利《もうり》水軍を大阪湾で粉砕《ふんさい》した超合理主義の天才である。仏僧の説く不合理な教理など、まったく興味はなかっただろう。彼はヨーロッパの異教を広めさせることで、仏教以下の不合理思想を打開してしまおうと思ったに違いない。

しかし信長、秀吉後の天下人《てんかびと》、家康《いえやす》はこともあろうか陰陽道を保護したばかりではなく、自分もそれを信じた。その上、庶民に迷信をさらに叩《たた》き込み愚民《ぐみん》化させようとし、土御門《つちみかど》家の興隆に色々手を貸している。信長は晩年、土御門家の専売特許であるはずの暦を廃止し、別の暦を作って全国に流布《るふ》させようとした。朝廷の抵抗にあい、成功しなかったが、目に見えない鬼や怨霊《おんりょう》に振り廻される仮想現実を拒絶して、目に見える世界しか信じない超合理主義の信長も、この時代では異端者《いたんしゃ》でしかなかった。

晴明は神秘を増すために唐土《とうど》の神を招き寄せたのに対して、五百年後の信長は晴明の残したものを打破するために、遠いヨーロッパの神を利用したとも言える。

第十二章　呪符セーマンの秘密

一　飛鳥に浮かび出るセーマン

五芒星がなぜ晴明の象徴となったのか

この最終章では、なぜ晴明が希代《きだい》の陰陽師になれたのかを、飛鳥《あすか》時代に大和・飛鳥に張られたバリアがあったという壮大な推測から探ろうとするものである。考古学ファンも驚かれるだろう。

先述のように、セーマンと呼ばれる五芒星《ごぼうせい》形の呪符《じゅふ》を、晴明流陰陽道《せいめいりゅうおんみょうどう》は使用する。それは、なぜだろうか。五芒星形は正五角形を基本として描かれる星形であり、陰陽五行《ごぎょう》の五行を象徴していることは、図形からでもすぐ想像出来る。しかしこれだけでは、晴明流とは対立関係にあった賀茂《かも》氏がこの図形を呪符にしたとしても少しもおかしくない。それなのに、この呪符が晴明の象徴となったのには何か深い理由があるに違いない。

▲五芒星（セーマン）

私は『簠簋抄《ほきしょう》』で、晴明の前生や出生以前の因縁《いんねん》が異常と思えるほどに詳しく記されていることが気になっていた。なぜ前生がそれほど問題だったのか。『簠簋抄』では、吉備真備《きびのまきび》と阿倍仲麻呂《あべのなかまろ》の因縁が主題であっても、暦学や天文学の書を唐から持ち帰り、その知識にも通暁《つうぎょう》していたであろう真備は、道教《どうきょう》を不用のものと断言しているくらいだ。だから、大江匡房《おおえのまさふさ》が伝えるように、真備が呪術力を駆使したとは思えない。

▲明日香村・橿原市の風景　甘樫丘《あまがしのおか》から西方を望む。中央は畝傍山。後方に二上山や葛城山系が見える。

私は次第に、むしろ真備に仮託された秦《はた》氏の存在が問題ではないかと思うようになった。真備と仲麻呂の因縁が問題なのではなく、秦氏と阿倍氏の関係にこそ注目すべきだと気付いたのである。秦氏ならば聖徳太子《しょうとくたいし》、聖徳太子なら蘇我《そが》氏と連鎖的にとらえられ、最後にはこの『簠簋抄』の前半は、晴明に関わるアベ、秦、蘇我三氏の歴史的因縁が隠されているに違いないと確信するに至った。この三氏が活躍したのは飛鳥《あすか》時代であり、中心は蘇我氏、特に馬子《うまこ》だった。蘇我氏の本拠は大和(奈良県)の飛鳥である。

私は十五年以上前に大和《やまと》三山の畝傍《うねび》、耳成《みみなし》、香具《かぐ》の山頂を結ぶ二等辺三角形の意味を解き『縄文夢通信』(徳間書店、一九八六年)を世に問い注目されたが、この時、高市《たかいち》郡明日香《あすか》村の

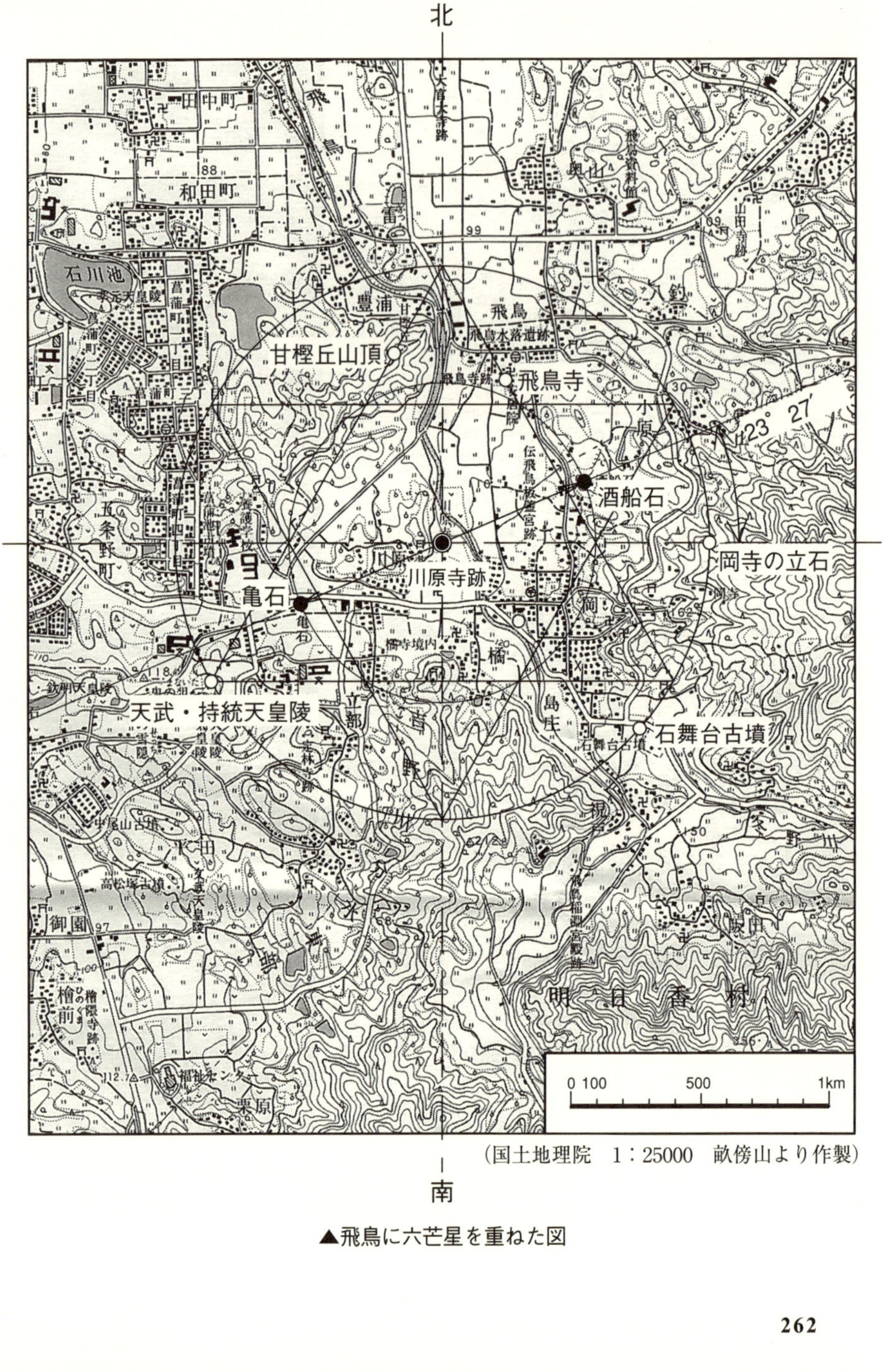

（国土地理院　1：25000　畝傍山より作製）

▲飛鳥に六芒星を重ねた図

巨石遺跡のうち酒船《さかふね》石と亀《かめ》石を結ぶ線が緯度線、すなわち正確な東西線に対して、二十三度二十七分西南、東北に傾いていることに気が付いた。この角度は地軸の公転軌道に対する傾きを正確に示している。ということは酒船石、亀石線は黄道《おうどう》を地上に写し出しているということである。古代飛鳥には天球《てんきゅう》を写し出すスーパーグラフィックのあった可能性が示されていたのである。

▲酒船石(明日香村岡)

今回、晴明について執筆を始めたことから、このことを再び考えるようになった。古代飛鳥遺跡の一大特徴は、酒船石をはじめとする数多くの巨石にあるが、そのどれもがバラエティに富んでいる。たぶんそれぞれ作られた時代は違うだろうが、酒船石と亀石を結ぶ線が黄道を示しているのならば、両石は当然、同時代の制作に違いない。そこで、まずこの両石を結ぶ線を直径とした円を地図上に描き、これに内接する正六角形の二頂点が正確に東西に位置するように配置し、これをさらに六芒星形にしてみた。この六芒星が内接する円を描く。すなわち図形は、二重の同心円と内円には正六角形、外円には六芒星形がそれぞれ内接しているということである(右図)。

驚いたことには外円上に岡寺《おかでら》の立石《たていし》、石舞台《いしぶたい》古墳、天武《てんむ》・持《じ》統《とう》天皇陵が乗ってくるのである。しかも岡寺の立石と天武・持統天皇陵に至っては、六芒星の頂点に正確に位置しているではないか。さらに、六芒星を構成する北向きの正三角形の稜線《りょうせん》に蘇我入鹿《そがのいるか》の邸宅があったと考えられる甘樫丘《あまがしのおか》山頂と飛鳥寺がきちんと乗っている。この図形のスーパーグラフィックが描かれていたかどうかは別にしても、飛鳥に六芒星によるバリアが張られていたことは間違いあるまい。ただしこの六芒星の中心、すなわち二重同心円の中心は、飛鳥でも最も古く創建された官寺の川原《かわら》寺跡（近傍点）である。すなわち酒船石、川原寺、亀石の三点を結ぶ線が黄道を示していたということになる。

　古代飛鳥に川原寺を中心とした六芒星のバリアが張られていたことはわかったが、これでは酒船石と亀石が六芒星の頂点に位置しない。位置するようにこの図形を回転もしてみたが、最初描いた図ほどにしっくりこない。というのも、重要史跡が六芒星の稜線に乗って来ないのである。そこで、次に内円に内接しさらに酒船石、亀石が頂点に来る正五角形を描き、さらにこれを晴明のシンボルである五芒星にしてみた。しかし、稜線に乗って来る遺跡は皆無である。頂点に位置するのは酒船石と亀石であるが、これははじめからそうなるように図を書いたのだから当たり前である。

▲亀石と現在の川原寺（明日香村川原）

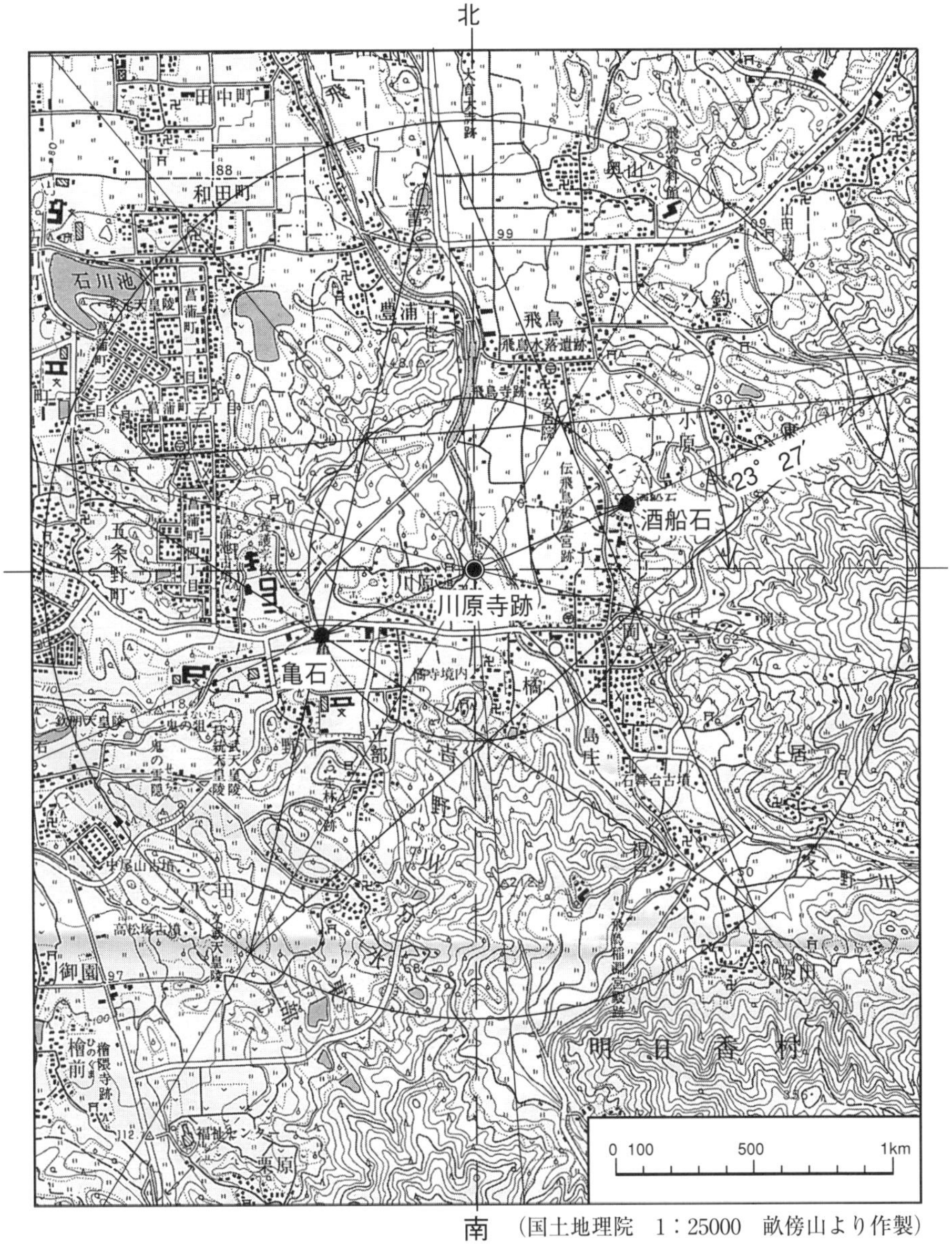

(国土地理院 1：25000 畝傍山より作製)

▲飛鳥に浮かび上がった五芒星

それでは、この作図は無駄だったのだろうか。私も、飛鳥と五芒星は無関係だと諦めかけていた。しかしよく地図をながめてみると、桜井市の安倍文殊院《あべのもんじゅいん》を通る同心円を描くと同市の崇峻《すしゅん》天皇陵や談山《たんざん》神社、橿原《かしはら》市の綏靖《すいぜい》天皇陵が円弧に乗って来るのではないかと思われた。そこで、今描いた五芒星を内円とする（つまり同心正五角形を内接させる）五芒星を描いてみた（前ページ図）。

すると、どうだろう。右記の四つの遺跡や神社は円弧状に乗るだけでなく、何と五芒星の張り出し先端の位置に正確に来ているではないか。これこそ飛鳥に描き出された五芒星、セーマンなのである。

飛鳥セーマンと黄金比

飛鳥セーマンでは、外円の半径は内円の半径の黄金比（一・六一八）の二乗倍（二・六一八）である。ただし、この場合の内円は酒船石、亀石を直径とする円に内接する正五角形によって描かれる五芒星が内接する円である。ということは、安倍文殊院（近傍点）などを通る外円の半径は、酒船石、亀石を直径とする円の半径の黄金比の四乗倍になっていることを意味する。安倍文殊院は、阿倍倉梯麻呂《あべのくらはしまろ》が大化元（六四五）年に阿倍氏の氏寺として建立したものである。阿倍仲麻呂像や安倍晴明像があることで有名だ。

こうしてはじめて飛鳥に描く五芒星は、飛鳥六芒星と関連して出来る図形であることが見えて来た。こんな時には地図上の図形を凝視すべきである。十の頂点を通る線、すなわち中心から三十六度の角度で放射する線に着目してみると、東北に張り出した星形の頂点を通る放射線上に安倍文殊院が乗る。西北に張り出した星形の頂点を通る放射線上に橿原市曽我《そが》にある宗我坐《そがにいます》宗我都比古《そがつひこ》神社が乗っている。

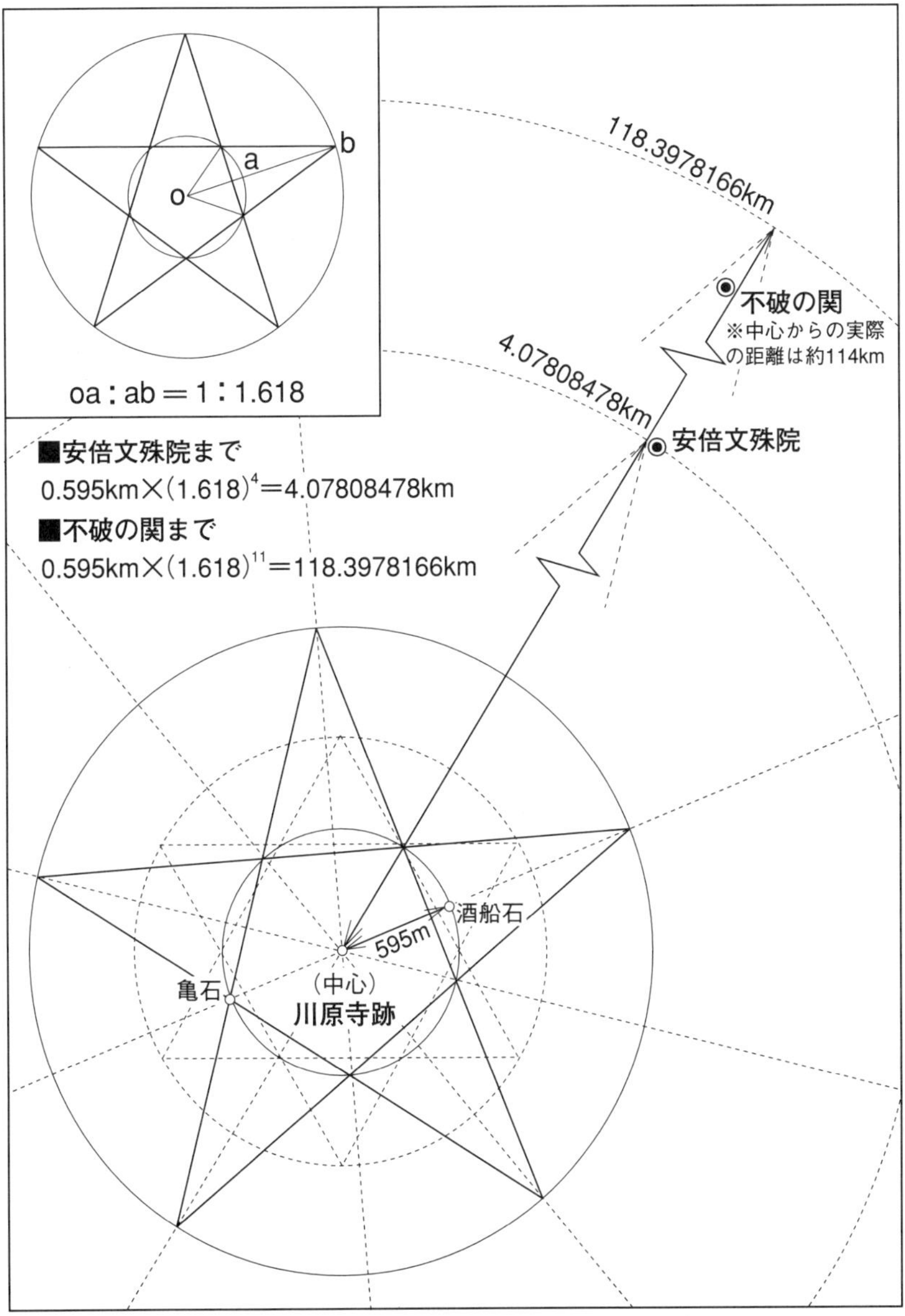

b
a
o
oa：ab＝1：1.618
118.3978166km
不破の関
※中心からの実際
の距離は約114km
4.07808478km
安倍文殊院
■安倍文殊院まで
0.595km×(1.618)^{4}＝4.07808478km
■不破の関まで
0.595km×(1.618)^{11}＝118.3978166km
酒船石
595m
亀石
(中心)
川原寺跡

▲飛鳥五芒星と黄金比の関係

そこで中心から北に延びる放射線をどんどん延長していくと、田原本町《たわらもとちょう》法貴寺《ほうきじ》（奈良県磯城《しき》郡）の千万《せんまん》院《いん》が乗るのである。私は田原本町八尾《やお》に住んでいるので、この法貴寺集落とは至近距離だ。法貴寺に、散歩の途中、ちょっと寄ってみたら、寺があった。この寺の由緒はまったく知らなかった。もし、法貴寺が秦氏と関係するなら飛鳥の川原寺（近傍点）から放射する五芒星が、アベ、蘇我、秦の三氏と深く繋がっていることが示されているとみていいのではないかと思った。

さっそく家に帰って『田原本町史』をひもとくと、法貴寺（という集落）中の寺院の項に千万院があった。その由緒が漢文で「聖徳太子が四十五歳の年、推古天皇の二十四年に誓願を建てて寺塔《じとう》などを建立する。その年七月新羅《しらぎ》国王が使者に金の仏像丈《たけ》二寸を献じさせる。秦寺に安置する。並びに薬師如来三尊像を送って来た。これを式下《しきのしも》郡法起寺に安置奉った」と記されていた。法貴寺は聖徳太子の草創で、仏法を起こす意味から「法起寺」と名付けられ、秦河勝《はたのかわかつ》に賜ったということも解説されている。千万院は、この法貴寺の法灯を受け継いでいる。

この法貴寺の西南三キロメートルほどの所に秦庄《はたのしょう》という地名があり、ここには秦楽寺《じんらくじ》という寺が大化三（六四七）年につくられたと伝えている。また法貴寺の北隣には八田《はった》という集落があり、これは秦氏がいたことを示す名であるから、田原本町一帯は飛鳥時代には秦氏の居住地だったようである。ともあれ、法貴寺は秦氏ゆかりの寺であることがわかった。ただし、金銅仏を安置した秦寺は京都の広隆寺《こうりゅうじ》であることが『日本書紀』に書かれている。これで飛鳥に描かれた五芒星は、アベ、蘇我、秦三氏と深く関わる図形であるという確信は持てた。しかし、これだけでは何とも根拠が薄弱である。

ソガ、ハタ、アベの三軸とは

さて、安倍文殊院、宗我都比古神社を乗せている放射線は星の先端を通っているが、法貴寺の放射線は星の張り出しと張り出しの中間、すなわち五角形の頂点を通るから、図形的に他の二つとは意味が違う。南に張り出した星の先端を通る放射線の裏返し線である。ちなみに、この法貴寺の千万院を通る線を延長して日本海に出る所まで引いてみた。するとこの線上には、まず京都市の伏見稲荷大社《ふしみいなりたいしゃ》や貴船《きぶね》神社、日本海に出る所で福井県小浜《おばま》市の羽賀寺《はが》が乗って来る。伏見稲荷は秦氏創建、貴船神社は呪法の神社、羽賀寺は行基《ぎょうき》の創建である。行基は稲荷神社のある伏見区深草《ふかくさ》の寺で長年修行したといわれるが、この深草も秦氏の根拠地の一つである。こうしてみると、この線は間違いなくハタ軸ということができる。この線を裏返して、五芒星の南に張り出した星形の先端をどんどん南に延長し太平洋岸まで引くと、今度は熊野(和歌山県)の那智《なち》大社が線上に乗ってくるので、これも含めて「ハタ軸」ということにした。同様にして宗我都比古神社を通る「ソガ軸」、安倍文殊院を通る「アベ軸」を設定する。

そこで、五芒星なので残るのは二軸だが、この二軸も出来るだけ延長して海岸まで引いてみよう。東南に張り出す星形の先端を通る軸を西西北に延長すると、大阪府堺《さかい》市の大鳥《おおとり》神社、さらには岡山県御津《みつ》郡の上加茂《かみかも》町・下加茂《しもかも》町の中間を通り抜ける。逆に星の先端の方を延長してみるとまず談山《たんざん》神社、さらに延々と延ばしていくと三重県志摩《しま》半島先端の大王《だいおう》町に出る。大鳥神社は藤原氏と繋《つな》がっているし、談山神社は藤原氏の氏神であるから、この軸を中臣《なかとみ》軸または藤原軸としたいところだ。しかし、飛鳥時代の中臣氏以後の藤原氏は表舞台に登場しないから、ここでは一応「カモ軸」とする。

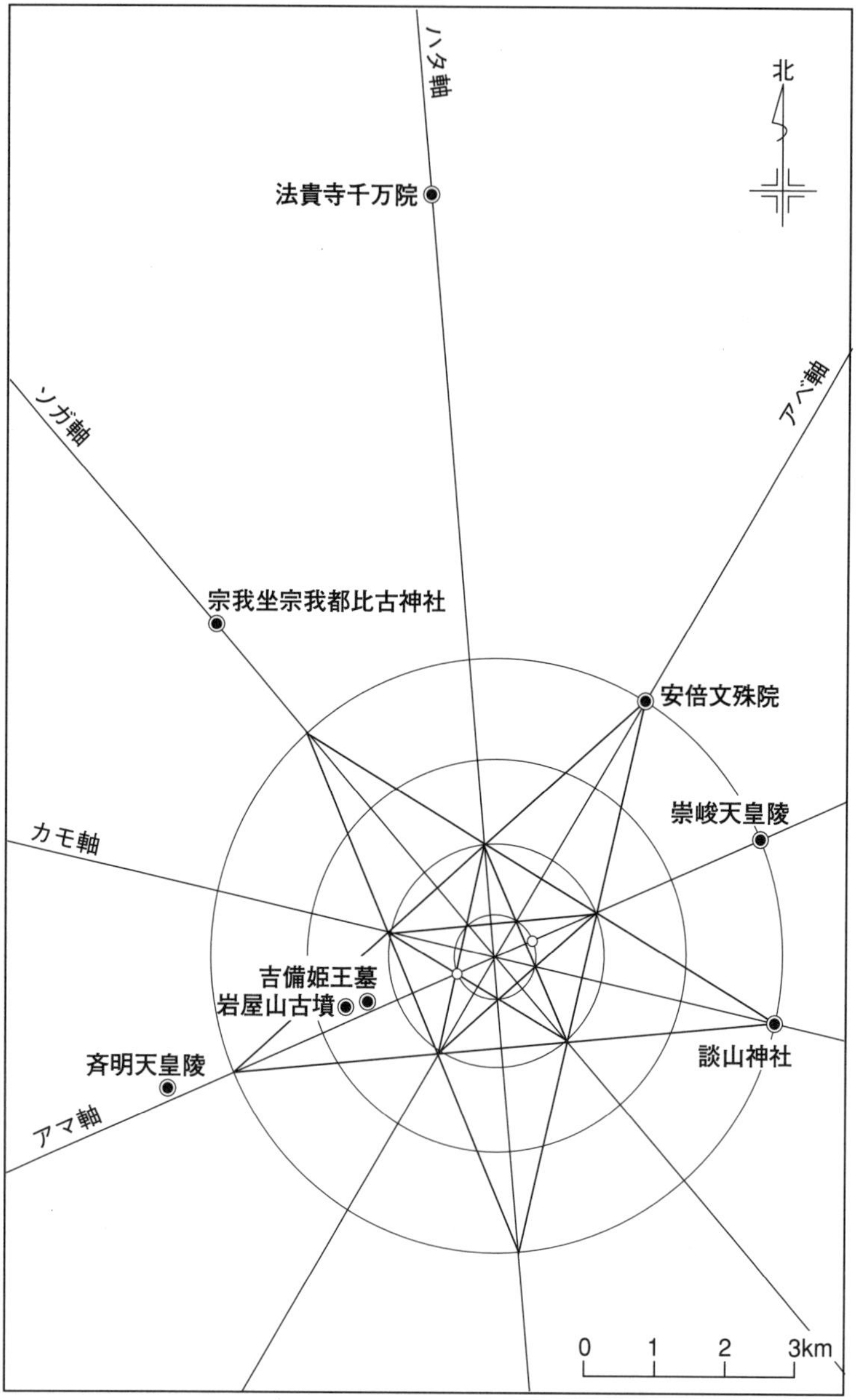

▲飛鳥五芒星とハタ軸、アベ軸、ソガ軸、カモ軸、アマ軸

残る西西南に張り出す星形の先端の線を同じように延長してみると、東東北では桜井市の崇峻《すしゅん》天皇陵、西西南には明日香村《あすか》にある吉備姫王墓《きびひめ》や岩屋山古墳《いわややま》、高取町《たかとり》の斉明《さいめい》天皇陵（車木《くるまぎ》ケンノウ古墳）、さらに延長すると和歌山県岩出《いわで》町の根来寺《ねごろじ》が乗る。これは天皇陵と関わる軸なので、天皇の姓のアマから「アマ軸」とする。

こうして見てくると五芒星の方は飛鳥を囲むバリアではなく、飛鳥を中心とした国土設計図の象徴として意識されたものであるといえよう。川原寺（近傍点）を中心とし酒船石、亀石を結ぶ線を直径とする同じ円から出来る五芒星、六芒星には大きな違いがある。つまり、五芒星は隠されていて、誰にでも知られるスーパーグラフィックではなかったであろう。まさに秘密の図形であり、この意味を熟知していたのは蘇我、秦、アベの三氏だけであった。アマもカモ（または中臣、藤原）も、この国土設計についてはほとんど関知していなかったのではないか。

次にソガ、アベ軸の延長した先について説明しよう。まず、ソガ軸であるが、北北西の延長線は丹波《たんば》国の西南を通って、現在の兵庫県篠山《ささやま》市の蘇我の近傍地をかすめている。さらに、この軸線に沿って十～二十キロメートル北東に現在も点々とソガ地名が残っている。さらに、この軸の南西にもソガ地名がある。要するに、この軸は丹波西南地方のソガ族の集住地を通り抜けているのである。飛鳥時代の権力者は蘇我氏である。その蘇我氏は自分の部民を主として東国に配置したが、西国では丹波に力点を置いて配置したようである。これに対してアベ軸を延長してみてわかったことは、北北東方向に伊賀《いが》国（三重県）国府《こくふ》の阿閇《あべ》がこの軸線の近傍に位置すること、奈良時代までの都を守る三関のうちの美濃《みの》国の不《ふ》破《わ》の関《せき》(岐阜県不破郡関ヶ原町)が軸上に乗っていることがわかった。

こうして見ると飛鳥時代、蘇我氏は大陸以来の盟友《めいゆう》であるアベ氏を東北に、秦氏を北に、自分の部民を北西に配置して飛鳥を守ったことが、図形として浮び上がって来る。しかも、これは各氏の部民を物理的に配置するというのではなく、まさに陰陽五行の象徴図である五芒星形を国土に描いて呪術的に飛鳥を守護したのだ。当然、飛鳥の五芒星は呪術図である。

それでは、国土に描かれた五芒星とはどのようなスケールであったのか。結論からいうと、アベ軸の星の先端が美濃の不破の関に来る大きさである。

奈良時代、東国から侵攻を防ぐために越前敦賀《つるが》の愛発《あらち》(福井県敦賀市)と伊勢の鈴鹿《すずか》(三重県鈴鹿郡関《せき》町)と美濃の不破に関を置いて、都防禦の拠点とした。古代の都人はこの三関さえ固めておれば、東国の反乱は防げると考えたのだ。関が設けられたのは天武天皇の時代だが、この三関が重要であることを最もよく知っていたのは自分たちも東国から大和に入ったと思われる蘇我氏であろう。この三関の中でも、最も重視されたのが不破の関である。この関は、壬申《じんしん》の乱(六七二年)直後、すでに設けられていたらしい。ここを東国軍の本軍が通ってくるからである。蘇我氏がこの軸上にアベ氏を配置したのは、アベ氏が軍事担当であってみれば当然であろう。

ソガ軸の先端は兵庫県氷上《ひかみ》郡青垣《あおがき》町であり、ここはかつては丹波国氷上郡佐治《さじ》の地である。奈良時代から交通の要地で、延喜式内社《えんぎしきないしゃ》の佐治神社がある。ここに蘇我の部民が居住していたかどうかは不明だが、この軸線上に兵庫県篠山市があり、軸線の北は現在の京都府亀岡《かめおか》市、園部《そのべ》町、福知山《ふくちやま》市で、ここにもソガ地名が点々と位置している。南には、兵庫県多可郡中町《たかなか》にソガ地名がある。福知山は、青垣から東北に十二キロメートル強と近い距離にある。いずれにしても、この軸線を挟む丹波国と播磨国（右記以外に滝野町《たきの》、新宮町《しんぐう》）にはソガ地名が多数散在している。全国で最もソガ地名の密集するところであり、青垣町一帯には蘇我の部民が居住していたと考えても少しの無理もない。

封じ込められた伊勢

さて三軸はソガ、ハタ、アベの三氏がそれぞれ国土開発を分担した領域を示していると思われるが、実はその当時の国土と考えられる近畿地方全体を、ほぼ覆う地域に描かれる五芒星の意味にこそもっと注目すべきであろう。

不破の関がアベ軸の先端に来るように描かれた五芒星は、驚くなかれ飛鳥に描かれた五芒星の中心から最小円（酒船石、亀石を直径とする）の半径の黄金比の十一乗倍、約一一八キロメートルよりも四キロメートル少ないだけであった。そうなるとむしろ、不破の関を五芒星の先端近傍とする五芒星が、畿内に描かれていたのだといえそうである。

正直いって、アベ軸の先端を不破の関にしたのは直感といっていい。この直感の根拠はこうである。三関のうち、鈴鹿の関が不破や愛発とは意味が違うように思われたからである。事実、天平宝字《てんぴょうほうじ》八（七六四）年に恵美押勝《えみのおしかつ》（藤原仲麻呂《なかまろ》）が反乱を起こした時に兵を配置したのは、不破の関と愛発の関であり、鈴鹿の関には配置されなかった。鈴鹿の関は軍事上の要点ではなかったのであろう。鈴鹿山地は古代から盗賊の巣であり、かつ鬼の住むところといわれて来た。そこに関があるというのに、なぜだろう。

これは、伊勢神宮と深く関わっているのではあるまいか。『日本書紀』によれば伊勢神宮はもと大和笠縫《かさぬい》にあったのを、崇神《すじん》天皇時代に倭姫《やまとひめ》に託して鎮祭するところを求めて、近江、美濃を巡り伊勢に至って五十鈴《いすず》川あたりに落ち着いたとある。しかし実際は、天照大神《あまてらすおおみかみ》が大和から追放され、近江、美濃を経てようやく伊勢の五十鈴川あたりに落ち着いたということなのだろう。

それなら、このことを決行したのは蘇我氏ではないのか。蘇我氏は仏教を取り入れるために物部《もののべ》氏と死闘を繰り広げたが、これに勝利した時点でアマ族の神を大和から追放してしまったのだろうか。それとも、継体《けいたい》天皇即位の条件として背後勢力であった蘇我氏が継体天皇に強要したのだろうか。継体天皇は応神天皇だけでなく崇神天皇にも投影されていることから考えると、むしろ後の方が可能性が高いかもしれない。天照大神が大和から追放されたのだとしたら、鈴鹿山地はその怨霊を封じ込めるに最もふさわしい防壁となるだろう。天照大神の怨霊と戦わせるため、鈴鹿山地に鬼を集めたのに違いない。

もし、この推理が成立するなら国土に描く五芒星の意味も明確になる。天照大神の神力から、飛鳥、大和を守る巨大呪符としてこのスーパーグラフィックは描かれたのだ。不破の関にも、当然そのような意味は込められていたであろう。この関を設けたのは天武《てんむ》天皇である。自分自身もここで天智《てんじ》天皇の皇子大友《おおとも》と戦い勝利を得て畿内に入っているから、戦術的にも畿内を守るにはここに関を置かなければならないことを熟知していたはずだ。その上、彼は蘇我氏を倒した兄天智天皇とは違って蘇我氏に親近したから、不破の関設置にはやはり蘇我氏が意識していた呪術的意味を充分に認めていたのだろう。

二　誰が国土セーマンを作ったか

陰と陽は表裏一体

このように、国土の呪術的防衛を命じたのは、蘇我氏であるだろう。しかし、蘇我氏に呪術の知識や能力が備わっていたとは思えない。誰かこれを発想し作り上げた特定の人か、氏族、さらには実務集団が存在していたはずである。それは誰なのか。

このことに入る前に、国土セーマンについてもう少し留意しておくべきことがいくつか残っている。美濃の不破《ふわ》の関や兵庫県氷上郡青垣町、熊野の那智《なち》大社などに頂点が来る五芒星を、三十六度回転させると、見かけは一八〇度南北に転倒した五芒星が見えて来る。六芒星なら南北一八〇度回転させても、見かけに何の変化もない。つまり、六芒星の回転には目立った図形変化は現れないが、五芒星ではたった三十六度回転させただけで図形が反転してしまう。この特徴こそ、この図形が表象する「陰陽」を如実に示すものである。今まで描いた五芒星を陽としたら、その反転は陰となる。陰陽常に交互に点滅しているのが世界(または宇宙)なのであるから、五芒星を回転して現れる正位と反転の繰り返しは、まさに陰陽の点滅に相応する。

それなら、今まで描いてきた五芒星の反転位の五芒星も検討してみる必要がある。今まで描いてきた五芒星は陽である。というのはこの図形でソガ、ハタ、アベの三軸とも北の方にそれを証明する遺跡や寺社を有しているが、南は判然としないからである。

とはいっても、このうち、ハタ軸は星形が明らかに見えていないのではないか。しかし、三軸のうち二軸の星形が北に展開するこの図形の方が、反転した場合よりは明らかに遺跡、寺院などとの対応がはっきりしている。この図形でハタ軸は北側に関係遺跡、寺社など次々と点在しているのに星形になっていないのは、秦氏の性格が深く関わっている。

秦氏は雄略《ゆうりゃく》天皇時代から平安京遷都までの三五〇年間、記録に現れるが表舞台でそれほど活躍していない。平安時代にも隠然たる勢力や財力を持っていたはずなのに表立つことはなかった。秦氏は影で活動する氏族なのだ。これは蘇我、阿倍両氏が目立っているのとは好対照をなす。陽の五芒星でハタ軸の星形が北には来ないで南に来るのは、まさにこのような秦氏の性格を表徴する。南には特に目立つ関連遺跡、寺社などはないのに星形が来るのはまったく同じ理由による。那智大社は、滝に対する信仰がこの社の成立を促しているが、これは想像を超える古代から連綿と続く信仰に由来するといわれている。しかし、どの時代にもこれに秦氏が直接関わったという記録も伝承もなさそうである。

それでは、この国土セーマンを作ったのは誰か。このヒントは、千田稔『鬼神への鎮魂歌』（学習研究社、一九九〇年）にあった。実は、千田こそ私に本書の執筆をすすめた御仁である。しかし、彼が本書の内容を知ったら驚くに違いない。困ったものに使用しないでほしいとクレームをつけるだろう。

この『鬼神への鎮魂歌』は、大和・斑鳩《いかるが》の藤ノ木《ふじのき》古墳の副葬品である金銅鞍金具に浮き彫りされた鬼神は、中国道教の神、兵主《ひょうず》神（蚩尤《しゅう》）であり、この古墳の被葬者は兵主神を日本に将来した人物と深く関わるのではないか、それでは被葬者は誰か、といったことが骨子となっている。
結論は被葬者は丈部《はせつかべ》氏だが、金銅鞍金具の将来者は秦氏であるということである。阿倍《あべ》氏の一族と思われる丈部氏と秦氏が深く関わるというのは、私の仮説を証明しているようで嬉しかったが、千田は、この場合の丈部氏は紀《き》氏との関係が深い方の丈部氏であるという。紀氏は蘇我氏に極めて近いから、私にとっては千田の示唆はやはり心強い。とはいえ蘇我氏と紀氏の関係は日本渡来後であり、紀氏は紀伊土着だろう。ただし、私のいうヒントとはこのことではない。千田の書に掲載されている次の兵主神社の分布と秦氏の分布である。なお、千田によると、このうち秦氏の分布の方は「井上満郎氏の著書に従って」いるとのことである。その井上氏の著書とは、『渡来人』(リブロポート、一九八七年)である。

兵主神社の分布

大和国	城上《しきのかみ》郡	穴師《あなし》坐兵主神社
〃	〃	穴師大兵主神社
和泉《いずみ》国	和泉郡	兵主神社
三河《みかわ》国	賀茂《かも》郡	兵主神社
近江《おうみ》国	野洲《やす》郡	兵主神社
〃	伊香《いか》郡	兵主神社
丹波国	氷上《ひかみ》郡	兵主神社

但馬《たじま》国　朝来《あさこ》郡　兵主神社
〃　養父《やふ》郡　兵主神社
〃　〃　更杵《さらき》村大兵主神社
〃　出石《いつし》郡　大生部《おおふべ》兵主神社
〃　気多《けた》郡　久刀寸《くとと》兵主神社
〃　城崎《きのさき》郡　兵主神社
〃　〃　兵主神社
因幡《いなば》国　巨濃《この》郡　佐弥乃《さみの》兵主神社
〃　〃　許野乃《このの》兵主神社
播磨《はりま》国　餝磨《しかま》郡　射楯《いたて》兵主神社
〃　多可《たか》郡　兵主神社
壱岐《いき》国　壱岐郡　兵主神社

また、大和国の兵主神社は穴師《あなし》(現在の桜井市)にあるが、この穴師も兵主神社と関係のある地名のように思われる。それについても「延喜式《えんぎしき》」によって、穴師と名のつく神社もあげておきたい。

和泉国　和泉郡　泉穴師神社
伊賀国　阿拝《あへ》郡　穴石神社

伊勢国　多気《たけ》郡　　穴師神社
若狭国　遠敷《おにふ》郡　　阿奈志神社

秦氏の分布

次に、井上氏の著書『渡来人』に従って、奈良時代以前の秦氏の分布を記すと、次のようになる。

京　内　左京　右京
畿　内　山背《やましろ》国葛野《かとの》郡・愛宕《おたき》郡・紀伊《き》郡・久世《くせ》郡
大和国忍海《おしのみ》郡
摂津国西成《にしなり》郡・豊島《てしま》郡・川辺《かはのへ》郡・島上《しまのかみ》郡
河内国丹比《たちひ》郡
和泉国
東海道　伊勢国朝明《あさけ》郡・飯野《いひの》郡
尾張国山田郡
伊豆国田方《たかた》郡
東山道　近江国愛智《えち》郡・神崎郡
美濃国厚見《あつみ》郡・土岐《とき》郡・賀茂郡・不破郡
北陸道　若狭国遠敷郡

山陰道　越前国足羽《あすは》郡・敦賀《つるか》郡・坂井《さかのい》郡
越中国射水《いみつ》郡・砺波《となみ》郡
丹波国船井《ふない》郡

山陽道　播磨国賀茂郡・赤穂《あかほ》郡
備前国邑久《おほく》郡・上道《かむつみち》郡
備中国都宇《つ》郡

南海道　紀伊国在田《ありた》郡
阿波国板野郡
讃岐国香川《けかは》郡・山田郡
伊予国温泉《ゆ》郡・越智《おち》郡
土佐国吾川《あかは》郡

西海道　筑前国志麻《しま》郡
豊前国上毛《かむつみけ》郡・仲津郡

先の「陽の国土五芒星」の張り出した五つの先端は、それぞれ美濃国不破郡、伊勢国英虞《あご》郡、丹波国氷上郡、紀伊国牟婁《むろ》郡ともう一つは海上であるが、海上に出る直前の地は和泉国和泉郡、海上延長線上なら阿波国板野郡である。千田のリストには、紀伊国牟婁郡と伊勢国英虞郡がない。

次に、「陰の国土五芒星」の張り出し先端は次の通りである。若狭国遠敷郡、三河国賀茂郡以外は海上に出るが、西に張り出したものの先端を延長すると播磨国赤穂郡、西南に張り出したものの海上直前の地は紀伊国日高郡、南東に張り出したものの海上直前は紀伊国牟婁郡であり、千田のリストにないのは紀伊国牟婁郡、紀伊国日高郡である。

次ページの図のように、陰陽二つの五芒星の張り出し頂点十か所のうち、千田のリストにないのは四か所であるが、この四か所のうち、さらに軸線上に何も乗ってこないのは那智大社を通るものだけである。こうして見て来ると、国土五芒星と秦氏の繋がりが深いことがうかがえる。結論を急ぐなら、この五芒星を作ったのは秦氏だったということである。秦氏は機織りのみならず金工などの技術者をたずさえていたし、秦河勝などは猿楽《さるがく》の祖に祭り上げられているくらいだから芸能とも関わっていた。この氏族は、非農耕民的色彩を強く放っている。もちろん、陰陽道の源流である道教《どうきょう》的呪術を得意としたことは繰り返し述べた。

国土セーマン成立の時期

飛鳥に描かれた五芒星は、蘇我氏がこの地を根拠地とした時に作り上げ、ここで排除されたのは死闘を演じた相手である応神《おうじん》系勢力であったのだろう。従ってこの五芒星が出来たのは、五三一年の継体《けいたい》天皇の死去直後ではあるまいか。継体天皇は、応神天皇五世の孫といわれている。これは怪しいとしても、継体天皇自身には応神系勢力と真っ向から対立する気はなかったと見ていい。履中《りちゅう》天皇の孫である仁《にん》賢《けん》天皇の娘、手白髪《たしらか》皇女を皇后にしたほどである。その継体天皇生前には、たとえ蘇我氏といえどもこ

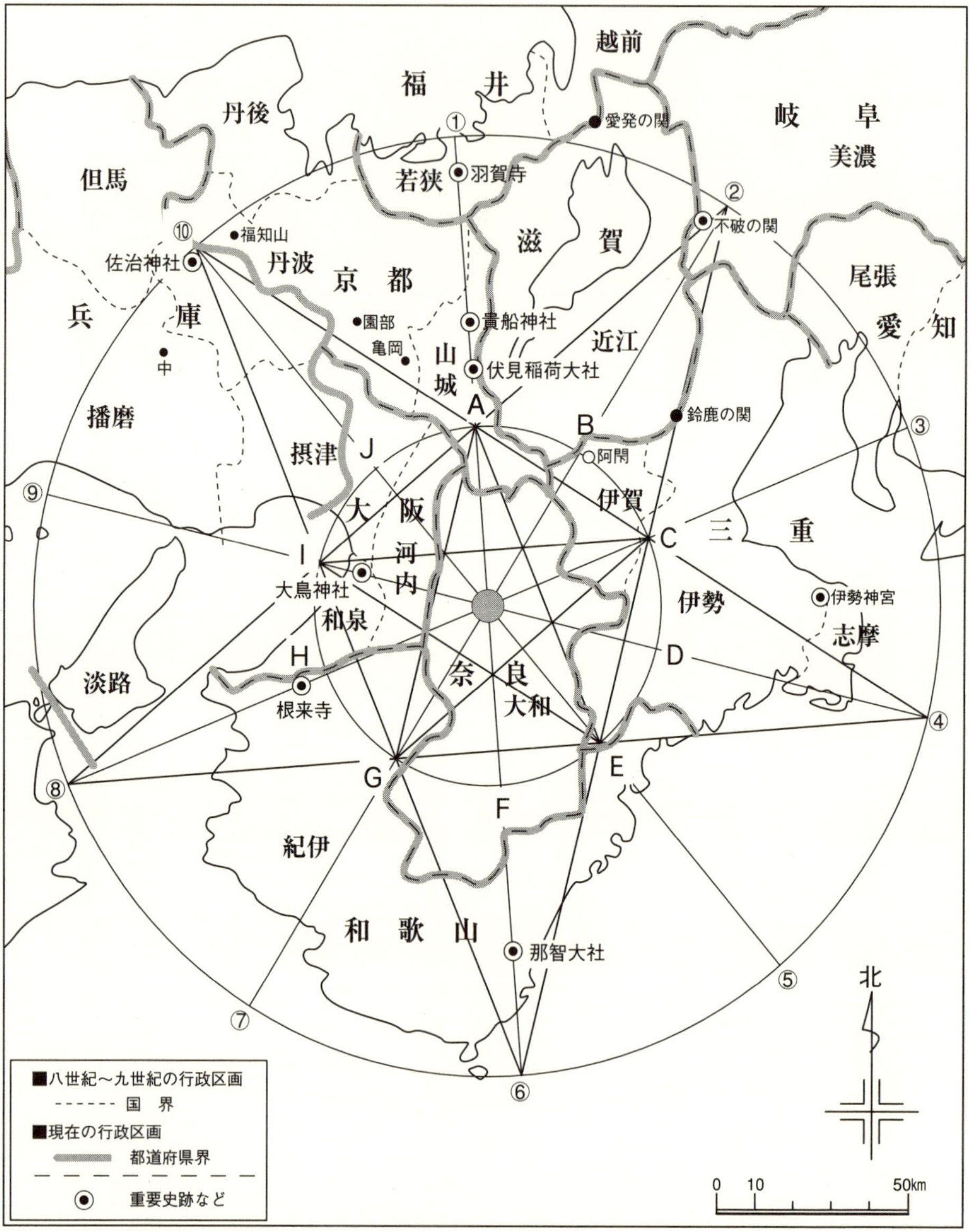

▲陰陽二つの張り出し頂点の示す位置

[右図対応地名]

①若狭国遠敷郡		福井県
②美濃国不破郡		岐阜県
③尾張国知多郡	(三河国賀茂郡)	愛知県
④志摩国英虞郡	(伊勢国度会郡)	三重県
⑤紀伊国牟婁郡		和歌山県
⑥紀伊国牟婁郡		和歌山県
⑦紀伊国牟婁郡		和歌山県
⑧阿波国板野郡		徳島県
⑨播磨国明石郡	(赤穂郡)	兵庫県
⑩丹波国氷上郡		兵庫県
A 山背国久世郡	(紀伊郡、葛野郡)	京都府
B 伊賀国阿拝郡		三重県
C 伊賀国一志郡	(伊賀国伊賀郡)	三重県
D 伊賀国飯高郡	(多気郡)	三重県
E 大和国吉野郡		奈良県
F 大和国吉野郡		奈良県
G 紀伊国伊都郡	(日高郡)	和歌山県
H 紀伊国那賀郡	(在田郡)	和歌山県
I 和泉国和泉郡		大阪府
J 摂津国豊島郡		大阪府

※(　)は放射線及び延長線上の郡

のようなことは出来なかったであろう。しかし、継体天皇死後は蘇我氏が大王《おおきみ》に卓越する地位に昇った可能性が高いから、飛鳥五芒星はその時に作ったものと思われる。

もっとも、一方の国土五芒星を作ったのはこの時点ではあるまい。それは、物部《もののべ》氏を滅ぼした五八七年以降であろう。国土五芒星、すなわち国土セーマンは呪符《じゅふ》である。二度と応神系勢力が興隆してくることのないよう天界に訴えているのである。もちろん、軍事上の防衛拠点作りでもあったのはいうまでもない。陰陽二つの五芒星の張り出し頂点は、その近傍に呪術を担う秦氏を配し、また蘇我、阿倍両氏の部民がこの各拠点で、それぞれ政治、軍事を分担したという構図だったのではあるまいか。

国土セーマンと晴明伝説の地

そこで、陰陽二つの五芒星の十か所の張り出し頂点に放射する線に着目して、現代に残る次のような晴明伝説地との関係を調べてみよう。これには、高原豊明『写真集　安倍晴明伝説』(豊喜社、一九九五年)を主として参照し、軸を中心に幅五キロメートル以内の場所を取り上げている。

南—北軸(ハタ軸)　福井県名田庄村、京都市上京区・晴明神社、奈良県奈良市、奈良県桜井市・安倍文殊院、和歌山県本宮町、和歌山県那智勝浦町・那智大社

北北西—南南東軸(ソガ軸)　兵庫県伊丹市、大阪府池田市、大阪市阿倍野区・晴明神社、東大阪市、

北北東—南南西軸（アベ軸）　奈良県川上村
和歌山県龍神村
東東北—西西南軸（アマ軸）　愛知県岡崎市、奈良県宇陀郡
西西北—東東南軸（カモ軸）　兵庫県姫路市、大阪府堺市、大阪府和泉市、大阪府河内長野市、
三重県渡会郡

五つの軸上に、晴明伝説地がまったく乗ってこないというのはない。それよりも注目すべきは、晴明伝説地の多くが千田が挙げる兵主《ひょうず》神社や秦氏の分布と重なり合っていることである。とくに、西国で晴明伝説地が集中する兵庫県佐用《さよう》町近辺や姫路市近辺などには秦氏の地が密集しているし、岡山県倉敷《くらしき》市近辺や香川県高松市近辺も同様である。さらに大阪府の大阪市から和泉《いずみ》市にかけては晴明伝説の密集地であるが、ここも兵主神社や秦氏に関係する地が多い。ただし、東国である茨城県と静岡県に晴明伝説地は集中しているが、兵主神社や秦氏の地は不明である。

となると、晴明伝説は兵主神社や秦氏の集中するところに発生しているということになり、晴明流陰陽道が秦氏に深く連繫《れんけい》していることを証明している。しかも、それが現代にまでその痕跡を伝えているのだから驚かざるをえない。秦氏の地がそれとして顕在化していたであろう時代は遅くても平安末期まででであろうから、歴史伝承の持続が千年に及ぶのは驚異というしかない。民間伝承の息の長さを思うべきである。

三　ペルシア渡りの秘術を使う晴明

晴明に託されたセーマン

さて、国土五芒星（セーマン）、飛鳥五芒星（セーマン）や六芒星は整然たる幾何学図形である。しかも、国土図形と飛鳥図形も見事な比例図形であり、結局すべての中心は、酒船石と亀石を結ぶ線に帰着した。これは、高度な数学的知識がない限り成立し得ない。特に、黄金比の特徴を把握出来ていない限り不可能である。

飛鳥時代以前から飛鳥時代末期に至る六、七世紀に、このような高度な知識を持ち、かつ高度な測量技術を見事に使いこなす人々が我が国に存在していたのだ。しかし、このことに驚いてはならない。

この頃より遥か昔の縄文時代には、すでに日本列島に精密に張り巡らした一辺五十キロメートル弱の菱形《ひしがた》太陽のネットワークが完成されていた。私は、このネットワークの交点全国七十二か所のうち十五か所ほどを実見したが、そこには例外なく巨石が置かれていた。その基点は、奈良県三輪《みわ》山山頂南下の張り出し舞台であるが、これと大和三山とが連繫して美しい幾何学紋様を浮き上がらせていた。しかも、三山山頂で出来る二等辺三角形の中線で分割された直角三角形は、一辺五対十二対十三のピタゴラス三角形である（拙著『縄文夢通信』徳間書店、一九八六年）。実は三山山頂を結ぶ二等辺三角形の中線は、三輪山山頂南下の張り出し舞台を通る冬至《とうじ》線（冬至の日に日の没する方向に正確に引かれた線）だったのである。この冬至線と五芒星のアベ軸の交点が三輪山の基点に来るなら、この国土セーマン、飛鳥セーマンも縄文の太陽ネットワークを意識して作られたことになるのだが、残念ながらそうはなっていなかった。国土、飛鳥セーマンは縄文のネットワークとは無縁のようである。

ところで、この五芒星の存在を晴明は知っていたのだろうか。晴明伝説と深く繋がっていることから考えても、晴明はこの巨大呪符の存在を知っていた、それどころか、当時は彼にしかそのことが伝わっていなかったのではないか。晴明はこの呪符を使って高度な呪術を駆使していたのだ。たぶん呪殺を実行し、依頼者の政治目的を達成させたこともあっただろう。しかし、それは表立って世間の人々には伝わらない秘中の秘である。彼が四歳しか年齢の違わない師賀茂保憲《かものやすのり》に長く仕えその報酬として天文道《てんもんどう》を譲り受けたのも、保憲には絶対出来ない呪術を、晴明が師の身代わりでほどこし、絶大な効果を上げたからではないだろうか。

安和《あんな》二(九六九)年、謀反を企んでいると源 満仲《みなもとのみつなか》などに密告されて失脚した源高明《たかあきら》が事件直前に奇妙な体験をしたことが、次に見る鎌倉前期の説話集『続古事談《ぞくこじだん》』にある。

西宮左大臣《さいぐうさだいじん》源高明が日暮れに内裏から退出し、二条大宮の辻を通り過ぎた時、神泉苑《しんせんえん》の東北の角、冷《れい》泉院《ぜいいん》の西南の角の築地塀《ついじべい》の屋根のあたりに背丈の高い者三人が立っていて、先払いの声を聞くとうつ伏せになり、声がないと身体を屋根から差し出した。左大臣は彼らの意図を察して、しきりに先払いの声を出させた。三人の怪しげな者たちは、築地を通り過ぎるあたりで左大臣の名を呼んだのである。

その後、大事件が起こって左大臣は左遷された。のち、このことに関連して安倍有行《ありゆき》という陰陽師《おんみょうじ》が「神泉苑で競馬《くらべうま》を行ったとき、陰陽師が式神《しきがみ》を招いて埋めたのを、取り除いていなかったのだ。その霊がまだそこにあると言い伝えられているので、今でも通り過ぎてはいけない」と語ったという。

有行とは晴明の曽孫である。安和の変は晴明がまだ世に表立っていない時期の事件であるが、源高明の失脚によって得をしたのは藤原道長《みちなが》の父兼家《かねいえ》や伯父《おじ》兼通《かねみち》たちであって、事件はその彼らの陰謀で、まったくのでっちあげであったことは前に書いた。兼通、兼家たちは陰陽師を使って式神を埋めるような呪詛《じゅそ》までしていたのである。これを依頼されたのは、おそらく当時の最高の陰陽師賀茂保憲であり、これを裏から支えたのが晴明ではあるまいか。晴明が直接式神を埋めたからこそ、その秘密を子孫の有行が知っていたのであろう。

安和の変は大掛かりな政治的陰謀で、この呪詛に国土セーマン、飛鳥セーマンが使われたのではないか。大掛かりな陰謀を成就させる呪術は晴明しか持ち得なかったのではないか。そのことが出来たからこそ晴明は恐れられもし、後世「化生《けしょう》の者」とさえいわれたのだ。

『簠簋抄《ほきしょう》』によると晴明は唐から帰国後、都には住まず大和国宇陀《うだ》に住んだとある。宇陀は飛鳥に近い。もし現在の桜井市境の大宇陀町本郷あたりに住んでいたとしたら、飛鳥までの距離は八キロメートル足らずである。必要な用事を充分果たしても、一日で往復出来る距離である。晴明は大掛かりな国家の大事に関わるような呪詛には、飛鳥セーマンの中心地に赴いて国土セーマンと飛鳥セーマンの呪力を呼び出したに違いない。晴明は『簠簋抄』が伝えるように、実際に宇陀に居住した時期が結構長かったのではないか。賀茂保憲から天文道を譲られる直前ぐらいまではここに居住し、保憲を裏から支えたのではあるまいか。晴明の呪術の威力が保憲を何度も救ったであろう。そうでなければ、賀茂氏が独占していた陰陽道を二つに割って、その一方を晴明に譲るはずはあるまい。晴明のライバルとされるくらい有能な息子賀茂光栄《みつよし》がいたにもかかわらず、あえてこうしたのには深い理由があるはずである。

飛鳥五芒星のルーツ

飛鳥五芒星を作ったのは秦氏であり、作らせたのは蘇我氏だろう。秦氏こそ陰陽道を日本に持ち込んだ当事者に違いないが、この秦氏の本拠地は京都の太秦《うずまさ》である。隋唐《ずいとう》時代の中国では、ペルシアのことを「大秦」と言った。「うずまさ」を太秦とわざわざ標記したのはここを開拓した秦氏であろうから、秦氏は自分たちが大秦人、すなわちペルシア人であることを公言したと想定される。

それなら、秦氏のもたらした陰陽道にはペルシア的色彩が濃厚だったのではないか。その証拠が実はあるのだ。ということは、秦氏が作った飛鳥の五芒星もペルシア渡りであって、晴明の陰陽道にもペルシア的色合いが隠されていたことになる。ペルシアは神秘主義のメッカでもあり、晴明の陰陽道にも本場中国には見られない秘教的な側面が強いのもそのせいかもしれない。

千田稔は『鬼神への鎮魂歌』で、聖徳太子にまつわる遺跡の共通点として、その軸線が北から西に二十度傾いていることを指摘している。太子が斑鳩《いかるが》から飛鳥に通ったとされる「太子道」はもちろんのこと、太子の「斑鳩宮」も法隆寺「若草伽藍《わかくさがらん》」もそうなのである。このことから、千田は聖徳太子は斑鳩宮全体の都市計画の主軸を北から西へ二十度傾けて設定したのではないかとしている。これは卓見である。ただ、彼は主軸がなぜ北から西に二十度傾いているのかには言及していない。

私は本書の執筆中に、この北から西に二十度傾いた主軸は、紀元前六世紀中葉のダリウス一世の時に最盛期であった、アケメネス朝ペルシアの首都ペルセポリスの主軸と同様であることに気付いた。ペルセポリスの主軸は、正確に北から西に二十度傾いているのだ。

今年（二〇〇〇年）九月半ばにイランに行き、再びペルセポリスを訪れたが、今回の旅では、ペルセポリスより五キロメートルほど離れた断崖に作られた代々の王墓に面して、真四角のサイコロのような石造ゾロアスター神殿があり、その主軸も正確に北から西に二十度傾いていることを確認した。この神殿は北入りである。ゾロアスター神殿の主軸が北から西に正確に二十度傾いていて、しかも北入りであるのはササン朝ペルシア時代（B.C.二二六～六四二）でも変わらなかった。ササン朝はアケメネス朝文化の復古を最大の主題としていたから、当然と言えば当然のことである。ちなみにペルセポリスも主入口は北であり、もちろんゾロアスター神殿も内部に作られていたことはいうまでもない。

聖徳太子の都市計画には間違いなくゾロアスター教、ペルシア文化の影がある。これは秦氏の思想であり、それを太子が採用したのだろう。それでは秦氏に「ゾロアスター」が認められるだろうか。太秦にある秦氏の氏神、木嶋《このしま》坐《にいます》天照《あまてる》御魂《みたま》神社には、古来からその構成が変わらないとされる有名な石造三柱鳥居があり、これは正確な正三角形の平面構成になっている（⇩P.113）。これの三辺の一つの方向が正確に北から西に二十度傾いている。さらに同社の南東にある前方後円墳の天塚《あまづか》古墳（六世紀築造、全長六三メートル）の主軸も北から西に二十度傾いていて、しかも入口に当ると思われる前方部が北にあり、

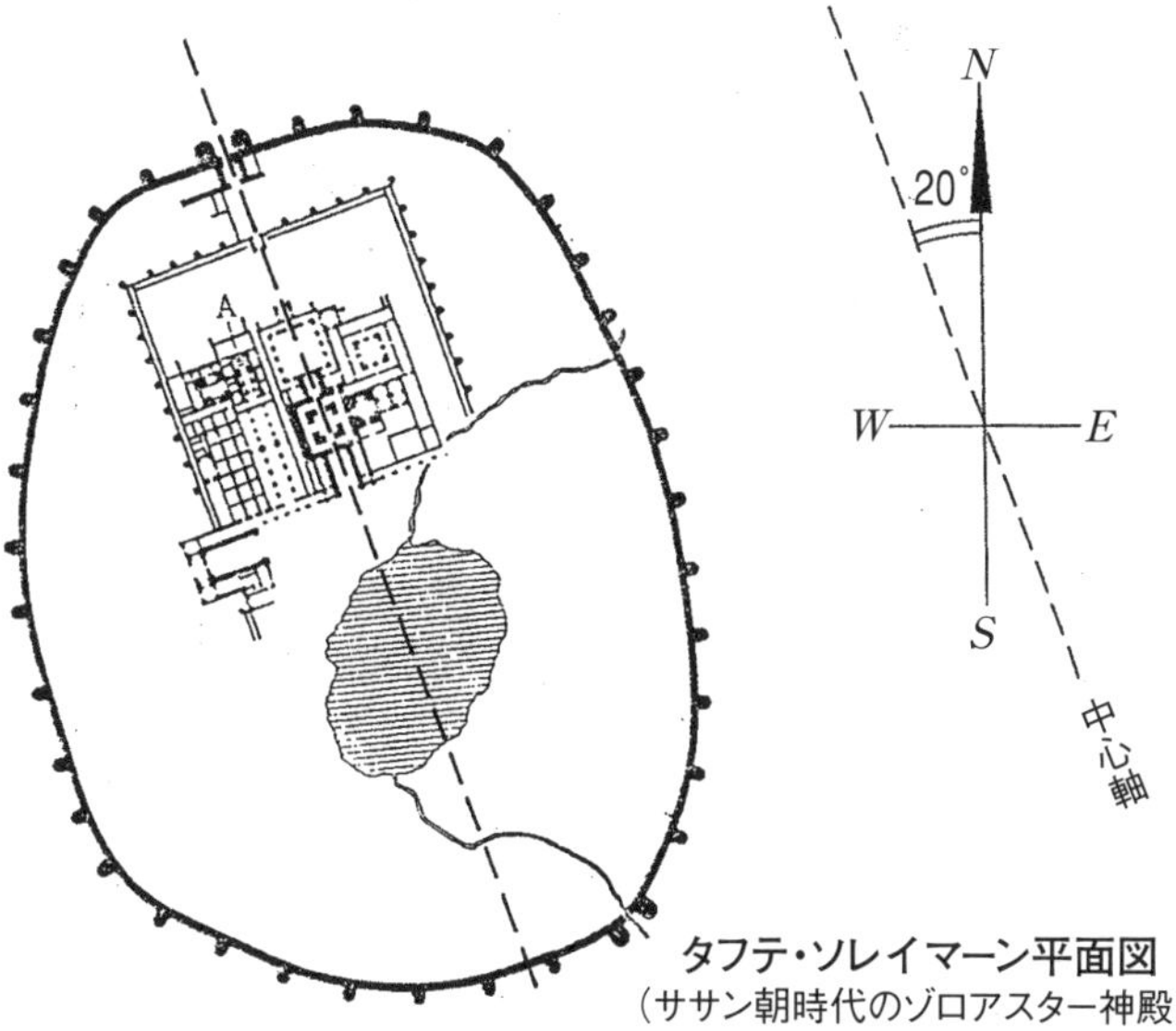

タフテ・ソレイマーン平面図
（ササン朝時代のゾロアスター神殿）

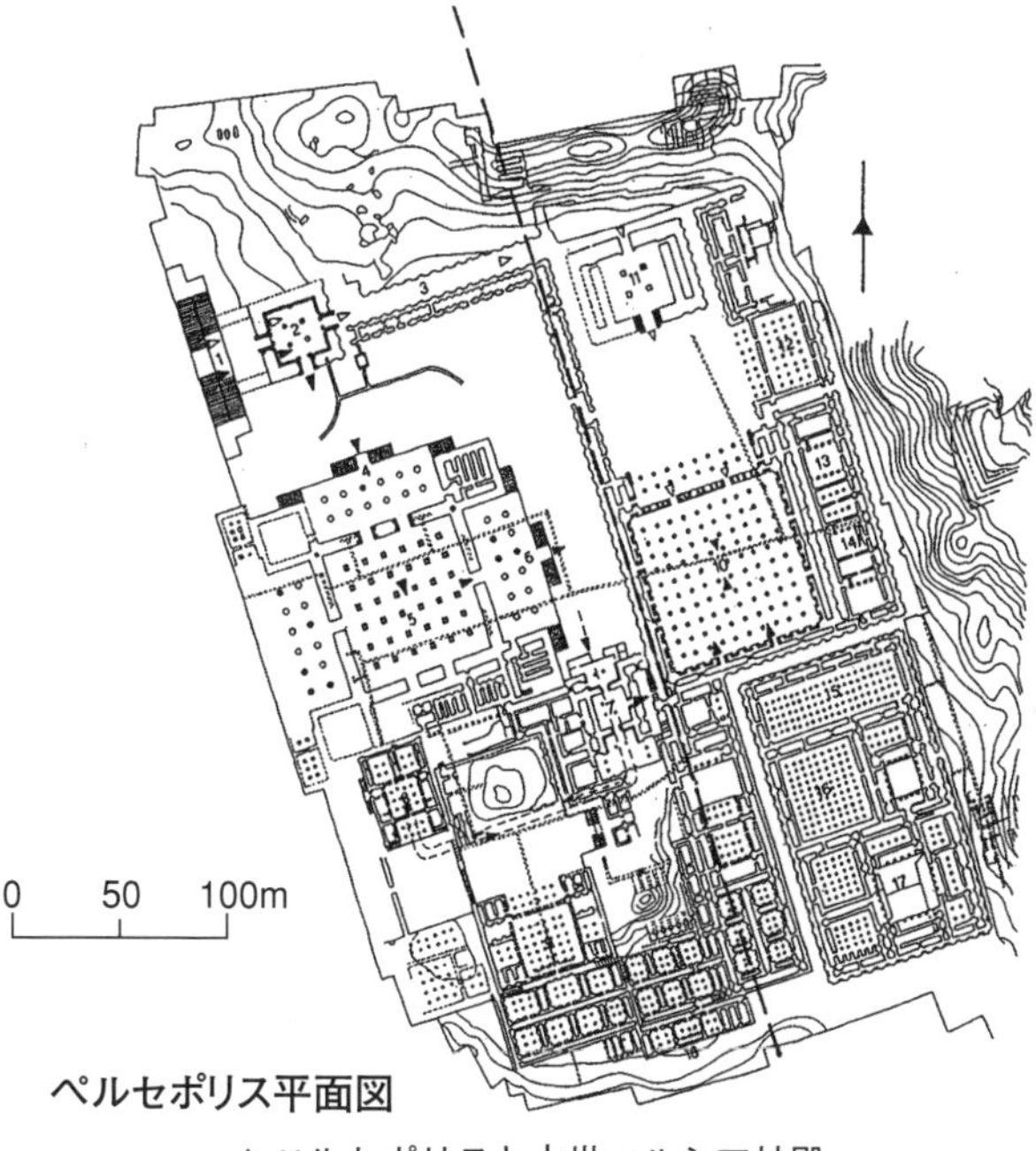

ペルセポリス平面図

▲ペルセポリスと中世ペルシア神殿

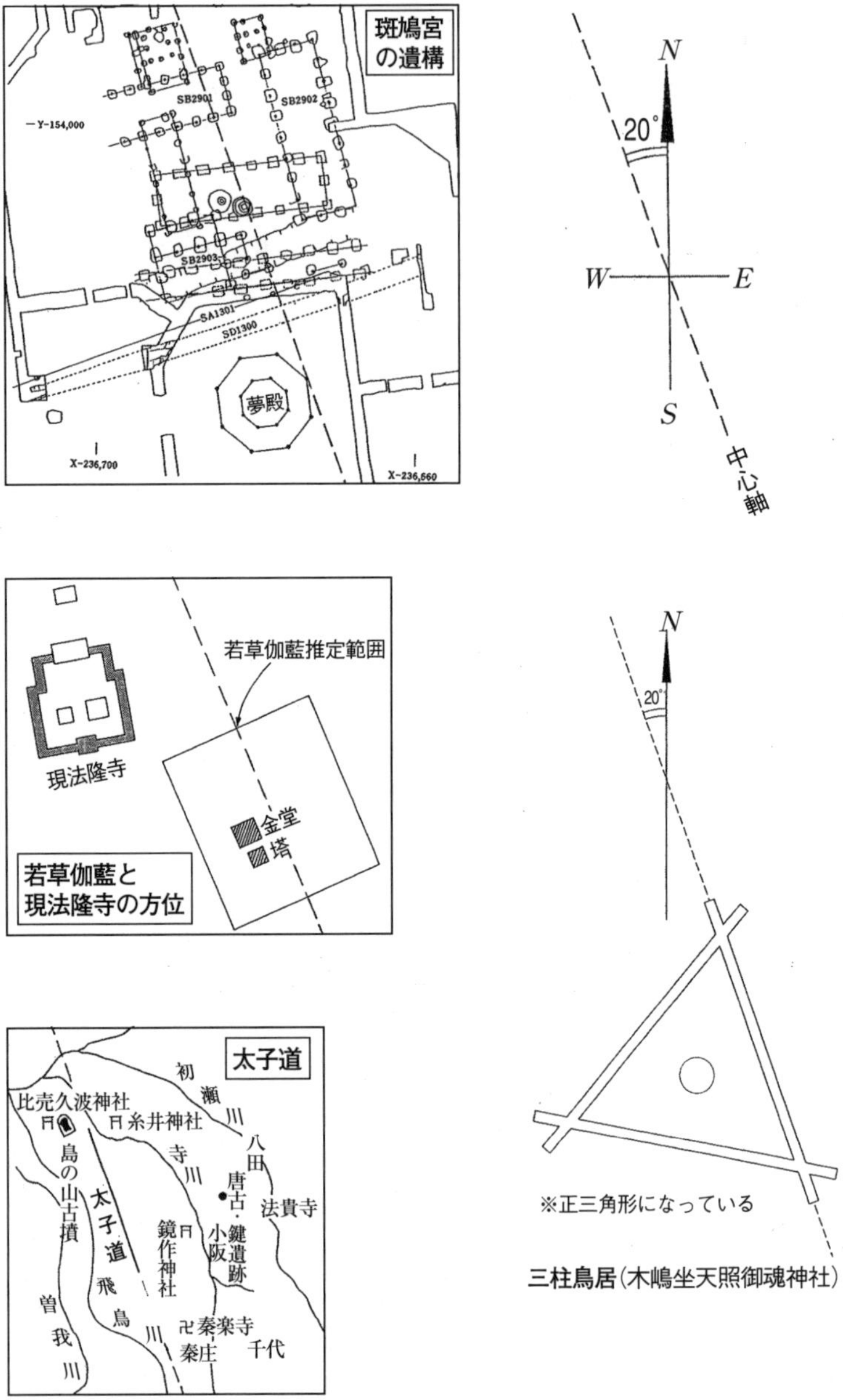

▲聖徳太子遺跡と三柱鳥居

主殿ともいえる後円部が南になっている。これは、明らかにゾロアスター神殿の構成原理と同じである。また、三柱鳥居もゾロアスター教の変種である景教《けいきょう》の痕跡ではないかと木嶋坐天照御魂神社発行の縁起に述べられている。そういういい伝えがあるのであろうか。

このことに気付いて、全国の前方後円墳《ぜんぽうこうえんふん》を調べていて重大なことを発見した。特に大仙陵古墳《だいせんりょうこふん》（仁徳《にんとく》天皇陵）のある百舌鳥《もず》古墳群（大阪府堺市）や誉田山《こんだやま》古墳（応神《おうじん》天皇陵）の古市《ふるいち》古墳群（大阪府羽曳野《はびきの》市）などの古墳群に注目してみると、そこに法則性があることがわかった。その法則とは、「古墳群の中で最大規模の前方後円墳の主軸が北から西に二十度傾き、しかも前方部が北にある」ということである。すなわち群集している墳墓の中で、太秦の天塚古墳型（ゾロアスター神殿型）の古墳が最大規模となり、しかも唯一であるということである。

ただしこの法則は、すべての古墳群に共通ではない。百舌鳥古墳群の中にはそれがなく、古市の場合には誉田山古墳（全長四一六メートル）がそれである。福島県の会津若松《あいづわかまつ》の古墳群の中では最大の大塚山《おおつかやま》古墳（全長一一四メートル）、さらに飛鳥の古墳中最大の前方後円墳である橿原市の丸山《まるやま》古墳（欽明《きんめい》天皇陵か、全長三一八メートル）がそうである。ちなみに、三世紀末から四世紀代の築造である奈良県東部の纒向《まきむく》古墳群や四世紀から五世紀代の奈良県北部の佐紀《さき》古墳群にも前方部が北側にある古墳は見当たらない。それなのに、会津の古墳群は前方部が北側にあるものが多い。ただし、大塚山のように「かつ主軸が北から南に二十度傾いている」という条件を満たすものが他にないだけである。大塚山は四世紀、誉田山は五世紀、丸山（欽明陵）は六世紀の築造である。

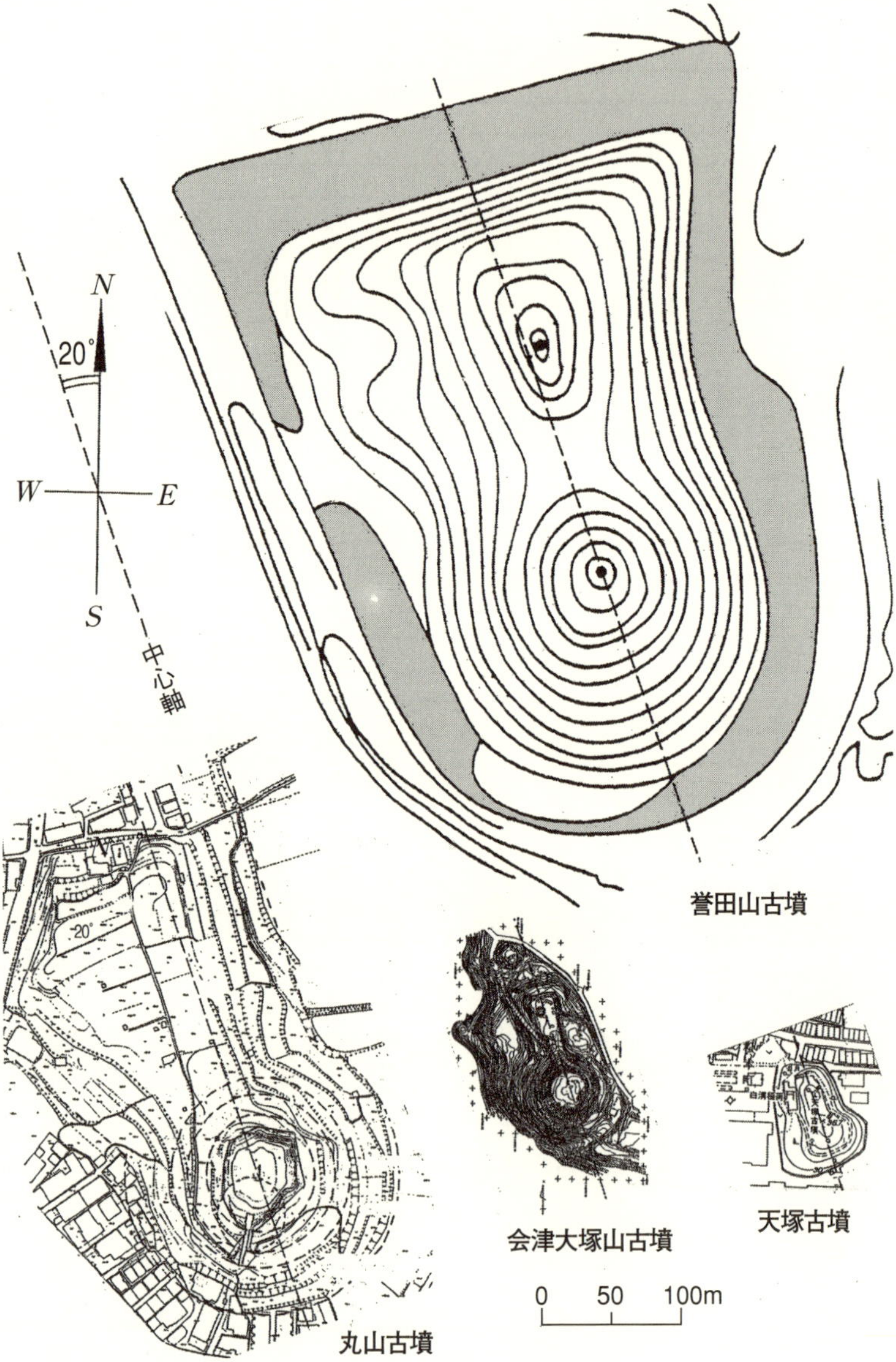

▲ゾロアスター神殿型前方後円墳

このことから、ゾロアスター神殿型古墳は東北会津で最初に作られ、次いで大阪河内、最後に飛鳥で作られているから、ゾロアスター教も東北から河内にもたらされ、最後に飛鳥で花開いたように見える。もちろんこれをもたらしたのは、秦氏であり、蘇我氏であり安倍氏でもある。大和安倍氏の嫡流も五世紀後半の雄略《ゆうりゃく》天皇の時代には現在の埼玉県の豪族であったことが、古代言語史学者の川崎真治によって論証されている（『白鳥と騎馬の王』新国民社、一九七九年）。川崎は一九七八年に埼玉県行田《ぎょうだ》市で発見された稲荷山《いなりやま》古墳出土の鉄剣銘文を解読して、その結論に至っている。晴明が東北、関東と深い関わりがあったとする『簠簋抄《ほきしょう》』の伝説も、隠された歴史の真実を伝えているに違いない。ともあれ、飛鳥五芒星はペルシア発、北ユーラシア、東北日本経由の秘符であることは間違いないだろう。

反仮象の権化、神を望む

安倍晴明のことはこれですべて終わった。ここで巻を閉じるべきだが、仮象の権化《ごんげ》である晴明の像をより鮮明にするため、私はこれまで反仮象の権化である織田信長と比較してきた。ここで超合理主義者信長の心的変貌《へんぼう》を書いて締めくくりとしたい。

信長は当時の社会の権威を一切認めず、次から次へと破壊していった。比叡山焼き打ちはその最たるものであるが、破壊された権威側、たとえば朝廷、仏教、室町幕府なども手をこまねいていたわけではなかろう。現在でも、高知県の山間地に「いざなぎ流」という陰陽系の呪術集団が存在するから（⇩P.157）、今から四百年以上前の戦国末期には、強力な呪術者集団が至る所に存在したであろう。その呪術者集団を総動員して信長の反勢力は呪詛したはずである。しかし、信長にはいっこうにその効果がなかった。むしろ反勢力の大立者《おおだてもの》武田信玄《たけだしんげん》は信長との決戦を目前に大病となり、そのままあの世に去ってしまった。まるで信長の呪詛返しにあったように。もちろん超合理主義者信長はそんなことをするはずはない。信玄が死去して、反信長勢力は一挙に瓦解《がかい》してしまった。

これ以後の信長は、超合理主義を無人の野を行くが如く推進し、天下統一へとひた走る。しかし彼の最晩年、奇妙な行動が家臣を戸惑わせ、宣教師フロイスを怒りに震わせることになる。

信長は近江の安土《あづち》城の近くに総見寺《そうけんじ》を建立するが、これは単なる仏寺ではなかった。この寺の主尊は釈迦如来《しゃかにょらい》ではない。信長は安土の民に以下のような布告をした。まずこの寺を拝めば富栄え、子孫と長寿に恵まれる、次に八十まで長生きし、病気は治り希望は叶えられ平安になる。三に「予(信長)が誕生日を聖日とし、当寺へ参詣することを命じる」、四に以上すべてを信じるものは約束は果たされる、というのだ。主尊は信長自身であり、仏像の代わりに御神体《ごしんたい》にはボンサンという名の石が置かれた。フロイスは「信長がその富、権力、身分のために陥った大いなる慢心と狂気の沙汰《さた》」といっている。フロイスにとって信長は、仏教と神道の破壊者でありキリスト教の保護者であったから、信長自身は入信しなくてもキリストの神を否定し去るとは思ってもみなかった。それなのに唯一絶対の神は信長自身とは何たる慢心、何たる狂気と、じだんだ踏んで口惜しがっている。信長は家臣にも自分を拝め、お賽銭《さいせん》を用意しておけと命じ、家臣をおろおろさせた様が『武功夜話《ぶこうやわ》』に活写されている。

家臣にも信長の真意が理解出来なかった。それまでは家臣に対しては鬼神のような存在であっても、神仏に無頓着冷淡な主君であった信長が、突然こんなことを言い出したのだから、家臣が戸惑ったのも無理はない。信長は朝廷も天皇も一切廃すつもりだったようである。そのことに朝廷も気付いたから、明智光秀をそそのかして謀反させたのだ。ここではじめて、信長は巨大な呪詛返しに会ったともいえる。

ともあれ信長は自分を唯一絶対の神としよう、いや、そうなろうと希望したことだけは確実である。神仏を完全に否定していた彼にしては、明らかに論理の矛盾である。超合理主義者であり、冷徹明晰な信長のことであるから、そのことは十分に承知だったのであろう。それでも、唯一絶対の神という概念は使いたかったのだ。これは彼の叫び、むしろヒステリーに近い叫びであったに違いない。迷信の海の中にたった一人存在した生まれながらの超合理主義者にしてみれば、自分の政治や軍事には従うが、決して神も仏も捨てない彼以外の人々の頑迷《がんめい》固陋《ころう》に疲れはてていたのではないか。神や仏を捨てないなら、この俺が神になってやる、文句あるかというのがこのヒステリー的叫びだったのだろう。

晴明が生存していたら利休のような存在になったのではないかといったが、逆に信長が晴明の時代に生存していたらどうだったのか。怪しげな夢が現実を支配していた平安中期は、まさにゆめがうつつでうつつがゆめだった。そんな時代だからこそ絢爛《けんらん》華麗な芸術を生み出しはしたが、政治は停滞の極みにあった。この時代に信長が生れていたらやはり、化物《ばけもの》としてこの世から追放されていただろう。たぶん生存すら許されなかっただろう。独創性においてあらゆる分野を越えて日本が生んだ最高の天才信長も哀れなことになっていたに違いない。仮象の権化は反仮象の世界でも生き抜けるが、反仮象の権化は仮象の世界では生存すら許されないということか。

あとがき

編集者の西田孝司さんから本書の執筆を依頼された時は正直いって戸惑った。安倍晴明本はいまが盛りと書店の店頭を飾っているのにいまさら何が書けるだろうかと思ったからだ。それでも、早速いま出ている晴明本を集めて読んでみた。使っている史料は『今昔物語集』『宇治拾遺物語』など限られていた。これに江戸初期に出来た『簠簋抄』さえ加えれば、大方の著作も似たりよったりの内容となってしまうのがよくわかった。ただ諸本を読んでみて、これからでも書けることは二つあると考えた。

一つは、諸本の著者たちに神秘体験や超常能力を有する人々が皆無であるが、私には少々その傾向があり、体験もなくはないので、その視点から晴明の陰陽道の真の姿を復元、解明できるのではないかということ。次に、『簠簋抄』は、晴明誕生以前の陰陽道伝来の因縁を異常に詳細に叙述しているが、これはなぜだろう。このことを解明したら、諸本の著者には見えなかった晴明の何事かが立ち現れてくるのではないかということであった。

前者よりも後者の方が私には容易であった。わが家は安倍貞任の子孫だと父から聞かされていて、私は平安後期に朝廷に十年以上にわたって徹底抗戦し、ついに滅んだ陸奥安倍氏について相当詳細に調べていた。だから、晴明の大和安倍氏もおぼろげながらその姿が見えていた。このことは、本書執筆には大きかった。晴明の生存していた時代に陸奥安倍氏も巨大な存在になりつつあり、その基礎は完全に築かれていたから、大和安倍氏との関係も容易に想像出来た。

前者に関しては、伝説化された晴明の超常能力の万分の一ほどは、私にも備わっているという自覚があった。だから、単に驚いたり感心するということにはならなかった。有体にいうなら、晴明は私にはリアリティがある。奇跡のメカニズムも何となくわかるのである。晴明は、いま流にいうなら仮象世界の王者である。それだからこそ、現在の晴明ブームなのであろう。しかし、時代とは鋭敏なものだとつくづく思う。いまから千年以上も前の人物を一躍寵児としてしまうまさに仮象世界の不思議さ。神秘体験や超常能力が見せていた奇跡よりも、むしろこっちの方がよほど奇跡的ではあるまいか。

私は建築家であるが、父が近代政治史の研究者だったせいか子供の頃から歴史に親しみ、いつの間にか歴史の著述もするようになっていた。それよりも神秘主義、特に空間にかかわる神秘主義は私が伐り開いた分野かもしれないという思いが強い。建築家であるから空間に関心を抱くのは当然であるが、現代の建築家は空間を神秘の対象として見ることはない。鉄とガラスとコンクリートの箱を作る彼らには空間とは縦、横、高さの物理的三次元空間でしかない。しかし、私には違った形で空間は立ち現れているいる。スペイン、バルセロナの奇跡の建築家アントニオ・ガウディのように何とも神秘的様相をおびていのである。私の設計する建物も現代のガウディとよくいわれる。このような空間感覚を全面稼働して、私は安倍晴明の奇跡や神秘に挑んだつもりである。成功していたら望外の喜びである。

最後に本書をまとめることをすすめて下さり、そのうえ激励していただいた畏友、千田稔国際日本文化研究センター教授に御礼申し上げる次第である。

二〇〇一年一月

渡辺豊和

参考文献

●本書の執筆にあたり、次の史料や著書を参考にした。（発行年順）

『織田信長』　桑田忠親、角川新書、一九六四年
『古今著聞集』　岩波書店、一九六六年
『風土記』　岩波書店、一九六八年
『鬼の研究』　馬場あき子、三一書房、一九七一年
『ユング自伝』　ヤッフェ編、河合隼雄他訳、みすず書房、一九七三年
『宇治拾遺物語』　小学館、一九七三年
『日本の歴史2　古代国家の成立』　直木孝次郎、中公文庫、一九七三年
『日本の歴史3　奈良の都』　青木和夫、中公文庫、一九七三年
『日本の歴史4　平安京』　北山茂夫、中公文庫、一九七三年
『日本の歴史5　王朝の貴族』　土田直鎮、中公文庫、一九七三年
『日本の歴史6　武士の登場』　竹内理三、中公文庫、一九七三年
『回想の織田信長』　松田毅一・川崎挑太編訳、中公新書、一九七三年
『日本の歴史11　戦国大名』　杉山博、中公文庫、一九七四年
『今昔物語集』　小学館、一九七四年
『古代東北の覇者』　新野直吉、中公新書、一九七四年
『神社』　岡田米夫、近藤出版社、一九七七年

『日本史』 柳谷武夫訳、平凡社東洋文庫、一九七八年
『易』 本田済、朝日新聞社、一九七八年
『白鳥と騎馬の王』 川崎真治、新国民社、一九七九年
『信長公記』 太田牛一・榊山潤訳、教育社、一九八〇年
『大阪の古墳』 石部正志、松籟社、一九八〇年
『狐』 吉野裕子、法政大学出版局、一九八〇年
『夢診断』 秋山さと子、講談社現代新書、一九八一年
『ゾロアスター教』 メアリー・ボイス、山本由美子訳、筑摩書房、一九八三年
『室町期物語二』 美濃部重克・田中文雅編、三弥井書店、一九八五年
『霊界日記 第六巻』 イマヌエル・スエーデンボルグ、静思社、一九八五年
『鬼がつくった国、日本』 小松和彦・内藤正敏、光文社、一九八五年
『渡来人』 井上満郎、リブロポート、一九八七年
『ユングと共時性』 イラ・プロゴフ・河合隼雄訳、創元社、一九八七年
『古代を考える 古墳』 白石太一郎編、吉川弘文館、一九八八年
『鬼神への鎮魂歌』 千田稔、学習研究社、一九九〇年
『日本史を彩る道教の謎』 高橋徹・千田稔、日本文芸社、一九九一年
『近代庶民生活誌⑲』 南博編、三一書房、一九九二年
『図説 福島の古墳』 福島県立博物館、一九九二年
『安倍晴明伝説』 高原豊明、豊喜社、一九九五年
『陰陽道物語』 滝沢解、春秋社、一九九六年
『古墳が消える時』 橿原考古学研究所編、学生社、一九九七年

『安倍晴明』 藤巻一保、学習研究社、一九九七年
『「安倍晴明」ワールド』 百瀬明治、コアラブックス、一九九九年
『仮象小史』 ノッゥルト・ボルッ・山本尤訳、法政大学出版局、一九九九年
『陰陽師 安倍晴明』 志村有弘、角川文庫、一九九九年
『総特集 安倍晴明』 河出書房新社、二〇〇〇年
『安倍晴明 闇の伝承』 小松和彦、桜桃書房、二〇〇〇年

『安倍晴明／占いの秘密』協力者一覧（敬称略・五十音順）

●本書の刊行にあたり、次の各氏ならびに諸機関に、貴重な資料の提供をいただくとともに取材のご協力、およびご教示をたまわりました。

明野町教育委員会　阿倍王子神社　安倍晴明神社　飯島ふじ江　和泉市教育委員会　上田宏子　愛媛県歴史文化博物館
延暦寺　王子書店　大江町役場　太田俊明　岡山市教育委員会　香川町教育委員会　学習研究社　上御霊神社　北田栄造
吉祥草寺　吉備寺　京都市教育委員会　京都国立博物館　信太森葛葉稲荷神社　鎌達稲荷神社　金光町役場　下御霊神社
清浄華院　晴明神社　関口和哉　ソーケンレイアウトスタジオ　高原豊明　高松市教育委員会　高松市夫　T・M・H・
天社土御門神社本庁　東京国立博物館　灰掛薫　梅林寺　長谷川靖高　パルス・クリエイティブ・ハウス　聖神社
平泉町役場　藤田美術館　船橋市西図書館　増谷年彦　山口喜堂　山田哲寛　楽音寺

●写真の撮影については、堀牧子氏の手をわずらわせた。記して感謝申し上げます。

● 著者紹介

渡辺豊和（わたなべ・とよかず）

一九三八年秋田県角館町生まれ。福井大学卒。一九七二年から渡辺豊和建築工房を主宰している。現在、京都造形芸術大学教授として、専門の建築以外に神秘学講座を開講するなど、占いや風水を見る研究者としても知られる。工学博士（東京大学）。著書に『芸能としての建築』（晶文社）、『大和に眠る太陽の都』（学芸出版社）、『縄文夢通信』（徳間書店）、『建築のマギ（魔術）』（角川書店）などがある。また、歴史的建築作品として『西脇市立窯陶芸館』（前方後円墳型地下廻廊の小博物館）、対馬豊玉町文化の郷（文化会館、公民館、郷土館）やプロジェクトとして「再生平安京」などがある。

安倍晴明／占いの秘密

二〇〇一年二月一日　第一刷印刷
二〇〇一年二月十日　第一刷発行

著　者　渡辺豊和
発行者　益井英博
印刷所　日本写真印刷株式会社
発行所　株式会社　文英堂

東京都新宿区岩戸町一七　〒162-0832
電話（〇三）三二六九-四二三一（代）
振替　〇〇一七〇-三-八二四三八
京都市南区上鳥羽大物町二八　〒600-8691
電話（〇七五）六七一-三一六一（代）
振替　〇一〇一〇-一-六八二四

ISBN4-578-12981-0　C0021

Printed in Japan
●落丁・乱丁本はお取りかえします。